Selbstmarketing für Wissenschaftler*innen

D. Georg Adlmaier-Herbst · Annette Mayer

Selbstmarketing für Wissenschaftler*innen

Methoden, Modelle und Instrumente

Mit einem Beitrag von Dr. Nicholas Qyll

D. Georg Adlmaier-Herbst
Berlin Career College
Universität der Künste Berlin
Berlin, Deutschland

Annette Mayer
Zentraleinrichtung für wissenschaftliche
Weiterbildung und Kooperation (ZEWK)
Technische Universität Berlin
Berlin, Deutschland

ISBN 978-3-658-33838-1   ISBN 978-3-658-33839-8 (eBook)
https://doi.org/10.1007/978-3-658-33839-8

Die Deutsche Nationalbibliothek verzeichnet diese Publikation in der Deutschen Nationalbibliografie; detaillierte bibliografische Daten sind im Internet über http://dnb.d-nb.de abrufbar.

© Der/die Herausgeber bzw. der/die Autor(en), exklusiv lizenziert durch Springer Fachmedien Wiesbaden GmbH, ein Teil von Springer Nature 2021
Das Werk einschließlich aller seiner Teile ist urheberrechtlich geschützt. Jede Verwertung, die nicht ausdrücklich vom Urheberrechtsgesetz zugelassen ist, bedarf der vorherigen Zustimmung des Verlags. Das gilt insbesondere für Vervielfältigungen, Bearbeitungen, Übersetzungen, Mikroverfilmungen und die Einspeicherung und Verarbeitung in elektronischen Systemen.
Die Wiedergabe von allgemein beschreibenden Bezeichnungen, Marken, Unternehmensnamen etc. in diesem Werk bedeutet nicht, dass diese frei durch jedermann benutzt werden dürfen. Die Berechtigung zur Benutzung unterliegt, auch ohne gesonderten Hinweis hierzu, den Regeln des Markenrechts. Die Rechte des jeweiligen Zeicheninhabers sind zu beachten.
Der Verlag, die Autoren und die Herausgeber gehen davon aus, dass die Angaben und Informationen in diesem Werk zum Zeitpunkt der Veröffentlichung vollständig und korrekt sind. Weder der Verlag noch die Autoren oder die Herausgeber übernehmen, ausdrücklich oder implizit, Gewähr für den Inhalt des Werkes, etwaige Fehler oder Äußerungen. Der Verlag bleibt im Hinblick auf geografische Zuordnungen und Gebietsbezeichnungen in veröffentlichten Karten und Institutionsadressen neutral.

Planung/Lektorat: Barbara Roscher
Springer Gabler ist ein Imprint der eingetragenen Gesellschaft Springer Fachmedien Wiesbaden GmbH und ist ein Teil von Springer Nature.
Die Anschrift der Gesellschaft ist: Abraham-Lincoln-Str. 46, 65189 Wiesbaden, Germany

Vorwort

Immer mehr Wissenschaftler*innen möchten sich im akademischen Umfeld klar und deutlich positionieren und in der Öffentlichkeit überzeugend präsentieren – sei es aufgrund von Wettstreit bei Stellenbesetzungen, dem Kampf um Fördergelder oder kritischen Fragen der Öffentlichkeit über den Sinn von Forschung. Jeder Wissenschaftler und jede Wissenschaftlerin hat die Chance, die eigene Persönlichkeit, Kompetenzen und Leistungen erfolgreich nach außen zu vermitteln. Netzwerke und Social Media sind hierfür sehr wichtig. Vor allem junge Wissenschaftler*innen nutzen die neuen Formen der Wissenschaftskommunikation zum Selbstmarketing teilweise sehr professionell – auch über die Grenzen der Wissenschaft hinaus. Social Media eröffnet ihnen völlig neue Wege der Positionierung als Meinungsbildner*innen und den Auf- und Ausbau des eigenen Expert*innenstatus.

Ziel des Selbstmarketing von Wissenschaftler*innen ist, wichtige Bezugsgruppen wie Entscheider*innen, Geldgeber und Multiplikatoren*innen zu überzeugen, die Wissenschaftler*innen in ihren Anliegen zu unterstützen. Um dieses Ziel zu erreichen, sollten sich die Wissenschaftler*innen bekannt machen und bei wichtigen Bezugsgruppen das klare Bild ihrer Person und ihrer wissenschaftlichen Tätigkeit aufbauen. Langfristig sollten sie gelungene Beziehungen zu ihren Bezugsgruppen aufbauen und gestalten, zum Beispiel zu Kolleg*innen, Geldgeber, Entscheider*innen, Politiker*innen und Journalist*innen. Kritiker*innen sollten sie professionell begegnen.

Ins Rampenlicht kamen viele Forscher*innen durch die Corona-Krise. Der SPIEGEL titelt am 22.12.2020 über die Corona-Experten Anthony Fauci, Anders Tegnell und Christian Drosten:

> Gefragt, gefeiert, gehasst. Nie waren Wissenschaftler so präsent in der öffentlichen Debatte wie in diesem Jahr. Epidemiologen und Virologen standen plötzlich im Rampenlicht. Wo sie scheitern, gewinnt das Virus.

In diesem Artikel schreibt die Journalistin Rafaela von Bredow:

> Gab es je eine Zeit, in der Zeitungen über die „sinnlichen Lippen" eines Wissenschaftlers fabulierten? Haben sich Menschen zuvor das Antlitz eines Epidemiologen auf den Arm

tätowiert? Gab es das: dass eine wütende Menge bei einer Wahlkampfveranstaltung den Kopf eines hochrangigen Forschers forderte? Wann wurden zuletzt Wissenschaftler öffentlich derart verflucht, beschimpft, beleidigt? Und zugleich: gefeiert, gelobt, verehrt? Das neuartige Coronavirus hat die Welt verändert, auch die der Wissenschaft. Es zerrt Forscherinnen und Forscher weltweit aus ihren Labors heraus ins Rampenlicht; viele begeben sich auch freiwillig dorthin. Ihre Arbeiten werden bis ins Detail analysiert, ihre Ergebnisse und Einschätzungen im 24/7-Rhythmus der sozialen Netze abgefragt, um den Globus gejagt, seziert und kommentiert.

Neue Wissenschaftler treten in die akademische Arena: Neue Forschungsgebiete sind digitale Technologien wie die Nanotechnologie, neue Geschäftsmodelle wie die Plattformökonomie, neue Produkte und Leistungen wie selbstfahrende Autos und neue Beziehungen durch Social Media. Einige Experten sind schon zur Marke geworden wie die Expertin für Künstliche Intelligenz Katharina Zweig, der Google Chefforscher Raymond Kurzweil und der Roboterexperte Rolf Pfeifer. Sie sind die Leuchttürme in der Welt der Digitalisierung. Sie weisen den Weg in die Zukunft. Sie können die Stärken der Digitalisierung aufzeigen und auf Bedenken, Unsicherheiten und Ängste in der Bevölkerung eingehen. Aktuell sind beispielsweise Wissenschaftler*innen für Biotechnologie, E-Mobility und E-Health gefragt.

Grundlage für das Selbstmarketing ist, dass die Wissenschaftler*innen sich und ihre wissenschaftlichen Leistungen klar im akademischen Umfeld positionieren und überzeugend und glaubwürdig vermitteln. Vielleicht haben Sie jedoch Fragen oder wünschen sich Unterstützung, wie Sie sich und Ihre Arbeit optimal präsentieren können.

Zu diesem Buch
In diesem Praxisbuch geht es um das Selbstmarketing für die Person des Wissenschaftlers/der Wissenschaftlerin. Es ergänzt damit die vielen guten Publikationen über Wissenschaftskommunikation, in denen es im Schwerpunkt vor allem um die verständliche und interessante Vermittlung von Forschungsthemen und -inhalten geht. Wir führen Sie anhand von wissenschaftlich fundierten Modellen, praxiserprobten Tools und vielen Checklisten durch das eigene Selbstmarketing:

- Sie bestimmen Ihre Ziele als Wissenschaftler*in,
- Sie entwickeln Ihre individuelle Positionierung im wissenschaftlichen Umfeld,
- Sie definieren Bezugsgruppen und kommunizieren wirkungsvoll.

Auch auf den kritischen Dialog können Sie sich anhand von zahlreichen Techniken und Instrumenten vorbereiten. Dieses Buch führt Sie durch alle Schritte, um sich und Ihre Leistungen zu präsentieren und sich authentisch darzustellen. Ziel: Ihre wichtigen Bezugsgruppen verbinden Sie mit relevanten Eigenschaften, die Sie einzigartig und attraktiv machen.

> **Ziel des Buches**
> Sie
>
> - kennen Modelle und Techniken, ein eigenes Profil als Wissenschaftler*in zu erstellen;
> - können sich damit im wissenschaftlichen Umfeld klar und deutlich positionieren;
> - kennen wirkungsvolle und praxiserprobte Maßnahmen, um ihr Anliegen an wichtige Bezugsgruppen zu vermitteln;
> - kennen die Elemente eines Konzeptes für das eigene Selbstmarketing.

Dieses Buch ist ausgerichtet am Bedarf für Selbstmarketing von Wissenschaftler*innen. Es greift aktuelle Themen auf und blickt in die Zukunft von Innovationen in der Digitalisierung wie E-Health, Biotechnologie, Nanotechnologie und Robotik. Das Buch richtet sich an Wissenschaftler*innen, Forschende, Nachwuchswissenschaftler*innen, Studierende, freie Forscher*innen (Researcher) und Institutsinhaber*innen.

Aufbau des Buches
Das erste Kapitel bietet Ihnen einen Einstieg in die Bedeutung und die Bausteine des Selbstmarketing für Wissenschaftler*innen. Im zweiten Kapitel erfahren Sie, wie Sie Ihr Selbstverständnis über Ihre Kompetenz, Ihre Leistung und Ihr Erscheinungsbild festlegen und entwickeln können. Überdies erläutern wir Ihnen, wie Sie Ihr Selbstverständnis authentisch leben können. Das Selbstverständnis fließt zusammen in das Erlebnisversprechen, also jene Zusage, die Sie als Wissenschaftler*in Ihren Bezugsgruppen machen. Kap. 4 zeigt Ihnen Wege zur klaren Positionierung im wissenschaftlichen Umfeld. Kap. 5 zeigt Ihnen, wie Sie wichtige Bezugsgruppen erkennen und beschreiben können. Kap. 6 listet die Ziele auf, die Ihr Selbstmarketing erreichen kann. Kap. 7 zeigt Ihnen, wie Sie Ihre einzigartige Persönlichkeit als Wissenschaftler*innen vermitteln können. Social Media spielt hierbei eine zunehmend große Rolle. Daher haben wir als Kap. 8 einen Gastbeitrag von Nicholas Qyll aufgenommen, der Ihnen die Potenziale von Social Media in der Wissenschaft vorstellt. Kap. 9 geht auf wirkungsvolle Techniken im Selbstmarketing ein, nämlich Bilder und Storytelling. Da mitunter die Kommunikation im Selbstmarketing gestört sein kann, gibt Ihnen Kap. 10 hilfreiche Tipps für den Umgang mit solchen Störungen. In Kap. 11 erfahren Sie schließlich, wie Sie das Konzept für Ihr Selbstmarketing erstellen können. Im Literaturteil finden Sie die verwendeten Quellen des Buches.

Hinweise
Einige Hinweise:

- Dieses Buch ist die Vertiefung des *essential*-Bandes „Der Forscher als Marke" von Georg Adlmaier-Herbst und Annette Mayer, das 2021 im Springer Verlag erschienen ist. In diesem Buch stellen wir den Prozess der Vermittlung der eigenen Person und deren Leistung in den Vordergrund. Themen wie Social Media, Storytelling und Bildeinsatz vertiefen wir.
- Das Buch ist ein Grundlagenwerk. Mehr kann es nicht sein, weil die vielen Facetten des Themas eigene Bücher füllen, wie Influencer-PR, Social-Listening und Wissenschaftskommunikation über die Inhalte der Forschung.

Danksagung
Wir widmen dieses Buch unseren Familien. Danken möchten wir allen Mitarbeiter*innen von Springer, die am Zustandekommen dieses Buches beteiligt waren, wie den Kolleg*innen aus dem Lektorat, der Herstellung und dem Marketing.

Wir wünschen Ihnen viel Spaß bei der Lektüre und viele Anregungen.

Berlin 2021
D. Georg Adlmaier-Herbst
Annette Mayer

Inhaltsverzeichnis

1	Einführung in das Selbstmarketing	1
	1.1 Bedeutung des Selbstmarketing für Wissenschaftler*innen	1
	1.2 Bausteine des Selbstmarketing	7
	1.3 Wichtigste Botschaften	8
	1.4 Aufgaben	8
2	Selbstverständnis über die eigene Person	11
	2.1 Bedeutung	11
	2.2 Kompetenz und Leistung	12
	2.3 Persönlichkeit	14
	2.3.1 Motive	14
	2.3.2 Rolle der Gefühle	19
	2.3.3 Erkundung eigener Ziele	20
	2.4 Erscheinungsbild	22
	2.4.1 Bedeutung	22
	2.4.2 Äußeres	24
	2.4.3 Kommunikation	27
	2.4.4 Verhalten	29
	2.5 Authentizität	30
	2.5.1 Bedeutung	30
	2.5.2 Echtheit statt Perfektion	31
	2.5.3 Vertrauen	32
	2.6 Übersicht: Erscheinungsbild	33
	2.7 Wichtigste Botschaften	33
	2.8 Aufgaben	34
3	Erlebnisversprechen der Wissenschaftler*innen	35
	3.1 Bedeutung	35
	3.2 Bestandteile	36
	3.3 Wirksamkeit	37

	3.4	Erlebnisdimensionen	38
	3.5	Wichtigste Botschaften	39
4	**Die Positionierung**		**41**
	4.1	Vorgehen	42
	4.2	Wirkprinzipien	43
		4.2.1 Superdimension Klarheit	43
		4.2.2 Attraktivität	44
	4.3	Wichtigste Botschaften aus diesem Kapitel	46
	4.4	Aufgaben	46
5	**Bezugsgruppen**		**47**
	5.1	Priorisierung	50
	5.2	Motive Ihrer Bezugsgruppen	51
	5.3	Beziehungsangebot formulieren	52
	5.4	Wichtigste Botschaften	55
	5.5	Aufgaben	56
6	**Ziele des Selbstmarketing**		**57**
	6.1	Vier Ziele des Selbstmarketing	57
		6.1.1 Bekanntheit	58
		6.1.2 Messung von Bekanntheit	60
		6.1.3 Wissen aufbauen	61
		6.1.4 Meinungen	61
		6.1.5 Bereitschaft	62
	6.2	Wichtigste Botschaften	63
	6.3	Aufgaben	63
7	**Vermitteln der Persönlichkeit**		**65**
	7.1	Allgemeine Anforderungen	65
	7.2	Kanäle, Mittel und Maßnahmen	66
		7.2.1 Persönliche Kommunikation	66
		7.2.2 Printkommunikation	68
		7.2.3 Digitale Kommunikation	68
	7.3	Kraftvoller Mix	71
	7.4	Positionierung über Instrumente	71
	7.5	Wichtigste Botschaften	72
	7.6	Aufgaben	72
8	**Gastbeitrag: Social Media im Selbstmarketing**		**73**
	8.1	Einleitung	74
	8.2	Social-Media-Strategie: grundlegende Entscheidungen	76
		8.2.1 Bezugsgruppe: die Ansprache der richtigen Nutzer	79
		8.2.2 Kanäle: die Auswahl der passenden Plattformen	81

		8.2.3	Content: Aufbereitung relevanter Inhalte	92
		8.2.4	Social-Media-Analyse: die Auswertung der Maßnahmen	98
	8.3	Best Cases		99
		8.3.1	Bekannte Wissenschaftlermarken	99
		8.3.2	Fallbeispiel: @diewissenschaftlerin	99
	8.4	QuickGuide zur erfolgreichen Strategie		106
	Weiterführende Literatur			108
9	**Wirkungsvolle Techniken im Selbstmarketing**			**109**
	9.1	Bilder		109
		9.1.1	Bedeutung	110
		9.1.2	Eigenschaften von Bildern	111
		9.1.3	Funktionen von Bildern	112
		9.1.4	Bilder von Menschen	113
		9.1.5	Praxistipps für gelungene Bilder	115
	9.2	Storytelling		119
		9.2.1	Bedeutung	119
		9.2.2	Storytelling als Erzählkunst	120
		9.2.3	Eigenschaften	122
		9.2.4	Komponenten	123
		9.2.5	Held*innenreise als Dramaturgie	126
		9.2.6	Geschichten für abstrakte Themen	128
		9.2.7	Tipps für gute Geschichten	130
	9.3	Wichtigste Botschaften		134
	9.4	Aufgaben		135
10	**Störungen und Konflikte**			**137**
	10.1	Begriffe		138
	10.2	Anlässe für Störungen		138
	10.3	Vorbeugung von Störungen		139
	10.4	Vorbereitung auf Konflikte		140
	10.5	Bewältigung von Störungen		141
		10.5.1	Gewaltfreie Kommunikation	143
		10.5.2	Statement	144
		10.5.3	Zehn Antworttechniken	145
	10.6	Wichtigste Botschaften		148
	10.7	Aufgaben		148
11	**Das Konzept für Ihr Selbstmarketing**			**149**
	11.1	Bedeutung		149
	11.2	Die vier Schritte der Planung		150

11.3	Analyse		151
	11.3.1	Sammeln von Informationen	151
	11.3.2	Bewertung	152
	11.3.3	Aufgabe	153
11.4	Planung		154
	11.4.1	Ziele	154
	11.4.2	Strategien	155
	11.4.3	Mittel und Maßnahmen	157
	11.4.4	Weitere Planungselemente	157
11.5	Kreation		157
11.6	Kontrolle		158
	11.6.1	Zeitpunkte	158
	11.6.2	Kontrollinstrumente	159
11.7	Übersichten		160
	11.7.1	Konzeption des Selbstmarketing	160
	11.7.2	Personality Canvas	160
11.8	Wichtigste Botschaften		161
11.9	Aufgaben		161

12 Anhang zur Selbstbeurteilung 163

Literatur 173

Über die Autoren

Prof. Dr. D. Georg Adlmaier-Herbst ist Autor der Bücher „Der Mensch als Marke" (2004) und „Der Forscher als Marke" (2021). Er leitet die Forschungsstelle Berliner Management Modell für die Digitalisierung (BMM) am Berlin Career College der Universität der Künste Berlin. Er unterrichtet im Masterstudiengang Wissenschaftsmanagement an der Technischen Universität Berlin. Außerdem ist er seit vielen Jahren Modulverantwortlicher in mehreren Executive-Lehrgängen an der Universität St. Gallen.

Prof. Dr. Annette Mayer leitet die Zentraleinrichtung Wissenschaftliche Weiterbildung und Kooperation (ZEWK) und das Center for Junior Scholars der Technischen Universität Berlin. Sie ist Sprecherin des Masterstudiengangs Wissenschaftsmanagement der TU Berlin.

Gemeinsam haben die beiden Autoren den *essential*-Band „Der Forscher als Marke" geschrieben, der 2021 im Springer Verlag erschienen ist.

Einführung in das Selbstmarketing

1

> **Zusammenfassung**
>
> Dieses Kapitel gibt Ihnen einen Überblick, welche Bedeutung das Selbstmarketing für Wissenschaftler*innen hat, welche Ziele das Selbstmarketing verfolgt und warum es sich lohnt, sich selbst aktiv, systematisch und langfristig seinen wichtigen Bezugsgruppen zu präsentieren.

1.1 Bedeutung des Selbstmarketing für Wissenschaftler*innen

Immer mehr Wissenschaftler*innen drängen in die akademische Arena. Dies erschwert die Orientierung für Bezugsgruppen wie zum Beispiel Multiplikator*innen, andere Wissenschaftler*innen, Personen aus der Politik. Die Situation verschärft, dass neue wissenschaftliche Themen und Leistungen unklar bleiben oder als austauschbar wahrgenommen werden. Es wird daher für Wissenschaftler*innen die Frage immer wichtiger, wie sie sich im wissenschaftlichen Umfeld eine klare Position aufbauen und diese kontinuierlich entwickeln können.

Selbstmarketing für Wissenschaftler*innen bedeutet, sich bei wichtigen Bezugsgruppen bekannt zu machen und das einzigartige Vorstellungsbild der eigenen Person und der eigenen Leistungen in den Köpfen dieser Bezugsgruppen langfristig zu gestalten. Das Ziel: Wichtige Bezugsgruppen, wie die Scientific Community, Geldgeber und Medien, sollen den Wissenschaftler oder die Wissenschaftlerin mit bestimmten Eigenschaften verbinden, die diese Person einzigartig und attraktiv machen. Das einzigartige Profil sorgt dafür, dass die Person schnell und klar erkennbar ist (Identifizierung),

© Der/die Autor(en), exklusiv lizenziert durch Springer Fachmedien Wiesbaden GmbH, ein Teil von Springer Nature 2021
D. G. Adlmaier-Herbst und A. Mayer, *Selbstmarketing für Wissenschaftler*innen*,
https://doi.org/10.1007/978-3-658-33839-8_1

sich von anderen abhebt (Differenzierung) und als attraktivste aller Alternativen wahrgenommen wird (Profilierung).

▶ Erkennen, Unterscheiden, Vorziehen: Durch Selbstmarketing werden Sie zum Gesicht in der Menge.

Die Journalistin Miriam Meckel schreibt am 22. Dezember 2020 im Handelsblatt über den „Erklärer des Jahres" Christian Drosten:

> Er ist ein Wissenschaftler mit Überzeugung und einer, der sehr gut kommunizieren kann – mit Hingabe, Kompetenz und einer Portion Lässigkeit.

Der Wissenschaftler oder die Wissenschaftlerin kann sogar stellvertretend für die gesamte Kategorie stehen: Bei bestimmten Merkmalen denkt man sofort an ihn oder sie und – umgekehrt – assoziiert man den Menschen sofort mit bestimmten Merkmalen. Beim Gedanken an eine in der Physik bekannte Persönlichkeit fällt vielen Menschen (nur) Albert Einstein ein.

Sicher, für Wissenschaftler*innen stehen die Inhalte der Arbeit im Zentrum: Erkenntnisse über die Welt zu gewinnen, damit Fragen zu beantworten und Probleme zu lösen. Jedoch kann das erfolgreiche Selbstmarketing sowohl in der akademischen Welt als auch in der Öffentlichkeit das erfolgreiche Einwerben von Drittmitteln unterstützen, das Knüpfen von Kooperationen erleichtern und die gesellschaftliche Aufmerksamkeit für die Wissenschaft ausbauen. Das aktuelle Beispiel der Corona-Krise zeigt, welche Bedeutung Wissenschaftler*innen sowohl in der Fachwelt als auch in der breiten Öffentlichkeit zukommt: Sie sind Informationsgebende, Meinungsbildner*innen, Ratgebende und wichtige Vertrauensanker, wo Inhalte für Laien nicht mehr verstehbar sind, und sie geben eine Orientierung in Hinsicht auf ein angemessenes Verhalten.

Beispiel Massenmedien: Bisher war es für die Karriere von Wissenschaftler*innen wichtig, eine möglichst lange Liste von Veröffentlichungen in Fachpublikationen vorzuweisen – die öffentliche Präsenz in den Massenmedien hat weniger zum guten Image von Forschenden in der Scientific Community beigetragen. Dies ändert sich gravierend: Aufgrund des großen Interesses der Öffentlichkeit an Wissenschaft und Forschung hat sich der Stellenwert von Publikumsmedien auch bei Wissenschaftler*innen geändert. Immer mehr fördert es die Karriere, wenn eine Wissenschaftlerin oder ein Wissenschaftler als Interviewpartner*in in populären Medien wie Wissenschaftssendungen, Forschungsbeilagen in Wochenzeitschriften oder auf YouTube erscheint. Gerade die Naturwissenschaften rücken durch Themen wie den Klimawandel immer stärker in den Fokus der Öffentlichkeit.

Für die wissenschaftliche Karriere und den Erfolg der eigenen Forschung ist Reputation in der Wissenschaft wichtig. Wer in der Wissenschaft als Forscher*in wahrgenommen wird, erhält mehr Möglichkeiten, Vorträge zu halten und Publikationen zu

1.1 Bedeutung des Selbstmarketing für Wissenschaftler*innen

veröffentlichen. Die Möglichkeiten steigen, allein oder mit anderen zusammen Projektgelder zu erhalten – die wissenschaftlich arbeitende Person muss nicht lange erklären, was sie bietet. Solche Chancen ermöglichen, die nächsten Karriereschritte ins Auge zu fassen, zum Beispiel im Rahmen von Juniorprofessuren oder der Beschäftigung als wissenschaftliche Mitarbeiter*innen.

Durch Selbstmarketing in der Wissenschaft fördern Wissenschaftler*innen nicht nur ihre Reputation, sondern entwickeln auch ihre eigene Forschung weiter: Durch die Sichtbarkeit der Person und ihrer Forschung werden andere Wissenschaftler*innen aufmerksam und können so Verbindungen herstellen, auch zu ihrer eigenen Forschung.

▶ Selbstverständlich steht die wissenschaftliche Leistung des Wissenschaftlers bzw. der Wissenschaftlerin im Mittelpunkt; jedoch kann Selbstmarketing beitragen, die eigenen wissenschaftlichen Ziele besser zu erreichen.

Wichtig sind also zum einen die wissenschaftliche Arbeit, zum anderen die Person des Wissenschaftlers bzw. der Wissenschaftlerin. Warum kann die Person so wichtig sein? Hier weitere Beispiele für die Bedeutung des Selbstmarketing für Wissenschaftler*innen:

- **Mehr Renommee für die Wissenschaftseinrichtung (vgl. Abb. 1.1):** Durch Konkurrenz der Hochschulen und Forschungseinrichtungen wächst der Druck zur Positionierung und Profilierung – auch für die dort Forschenden. Renommierte Wissenschaftler*innen erhöhen die Attraktivität der Forschungsstätte für Studierende, Forscherkolleg*innen etc. Das Renommee der Wissenschaftler*innen kann sich auf

Abb. 1.1 Parkplatz für Nobelpreisträger der Universität Berkeley

die Hochschule übertragen und – umgekehrt – von der Hochschule auf den Wissenschaftler bzw. die Wissenschaftlerin, wie das Beispiel der Harvard Medical School zeigt.
- **Einwerben von Forschungsgeldern:** Durch den zunehmenden Wettstreit um Forschungsgelder wird es zunehmend notwendig, die Forschungsprojekte und die beteiligten Wissenschaftler*innen professionell darzustellen. Wissenschaftler*innen sollen sich heute schon beim Förderantrag Gedanken machen, wie sie ihre Studienergebnisse einer breiten Öffentlichkeit präsentieren. Bei der Deutschen Forschungsgemeinschaft (DFG) gibt es extra Fördermittel für den Bereich Kommunikation.
- **Erleichterung beim Aufbau von Kooperationen:** Wissenschaft ist Teamwork. Selbstmarketing erhöht die Chance, stark umworbene Kooperationspartner*innen zu finden.
- **Rekrutierung von wissenschaftlichem Nachwuchs:** Dies gelingt zum einen durch gute Vermittlung von Forschung in der Lehre; zum anderen strahlt das Renommee der Wissenschaftler*innen auf internationale Nachwuchskräfte aus und trägt dazu bei, diese für die Zusammenarbeit zu gewinnen.
- **Legitimation von Forschung in der Öffentlichkeit:** Forschung ist nicht mehr nur faszinierend: Wissenschaftler*innen müssen zunehmend erklären, welchen Sinn ihre Forschung hat und wie sie zum Allgemeinwohl beiträgt. Beispiel: Big Data: Einerseits kann das Sammeln und Aufbereiten großer Datenmengen zu dramatischen Durchbrüchen in der Medizin führen; andererseits entstehen Ängste und Kontrollverlust über den Umgang mit den Daten. Aufgabe von Forschenden in der Öffentlichkeit ist daher zunehmend auch, den verantwortungsvollen Umgang mit persönlichen Daten in der Forschung aufzuzeigen.
- **Interesse in der breiten Öffentlichkeit herstellen:** In den vergangenen Jahren ist der Bedarf an qualifizierter Berichterstattung über Wissenschaft und Forschung enorm gestiegen. Wissensshows wie „Die große Show der Naturwunder" mit Ranga Yogeshwar brauchen interessante Themen und qualifizierte Gäste aus der Forschung.
- **Vertrauensanker:** Wissenschaftler*innen als Menschen sind wichtige Vertrauensanker, wo Laien Inhalte nicht verstehen oder sich selbst Expert*innen uneins sind. Dann nämlich vertraut das Publikum jener forschenden Person, von der sie ein klares Bild haben und die sie als Mensch überzeugt. Journalist*innen lieben telegene Wissenschaftler*innen, die z. B. eine klare Position zu der Corona-Thematik vertreten und regelmäßig interviewt werden können wie der Virologe Christian Drosten. „Wer ist am besten qualifiziert, Einflüsse von Wissenschaft auf die Gesellschaft zu erklären?" Spitzenplatz in der Umfrage der Science and Technology 2010 European Commission belegen Wissenschaftler*innen an Universitäten und Bundesforschungsanstalten. Platz zwei geht an Wissenschaftler*innen aus der Industrie. Was an der Glaubwürdigkeit von Wissenschaftler*innen kratzt sind: 1) Wissenschaftler*innen sind stark abhängig von ihren Geldgebern. 2) Wissenschaftler*innen passen die Ergebnisse ihren eigenen Erwartungen an. 3) Wissenschaftler*innen machen häufig Fehler (Quelle: 1008 Befragte im Wissenschaftsbarometer – Wissenschaft im Dialog/ Kantar Emnid (2018).

- **Wissenschaft ist wesentlich unterhaltender geworden:** Viele Menschen interessieren sich für Wissenschaft auch deshalb, weil sie in den vergangenen Jahren wesentlich unterhaltsamer geworden ist. TV-Sendungen und YouTube-Angebote präsentieren Themen aus der Forschung in spannender Weise und befriedigen damit das Bedürfnis nach Unterhaltung und Entspannung sowie der Flucht vor dem Alltag. Wissensshows sind erlebnisreiche Berichte über aktuelle Forschungsthemen für Zuschauer*innen jeden Alters. Sendungen erreichen ein Millionenpublikum wie „Abenteuer Wissen" und „Abenteuer Forschung", es gibt die „Große Show der Naturwunder" und „Clever – die Show, die Wissen schafft". Wissenschaftler*innen, wie der Forensiker Mark Benecke, avancieren zu „Popstars der Wissenschaft". Benecke produziert eine wöchentliche Hörfunksendung beim Sender Radio Berlin-Brandenburg (rbb), er ist häufiger Gast in TV-Serien und Talkshows und er hat zahlreiche populärwissenschaftliche Bücher publiziert.

Neue Kanäle für Selbstmarketing
Social Media tragen – auch in Forscher*innenkreisen – erheblich zur Verbreitung und Diskussion von Forschungsergebnissen bei (siehe ausführlich Kap. 8):

- **Reichweite:** Durch Vernetzung von User*innen ist hohe Reichweite und große Aufmerksamkeit möglich.
- **Transparenz:** Die Kommunikation über wissenschaftliche Ergebnisse machen Forschungsprozesse transparent, besser nachvollziehbar und sie erhöht das Vertrauen in die Wissenschaft.
- **Ergänzende Veröffentlichungen:** Wissenschaftler*innen ergänzen ihre Veröffentlichung im traditionellen Publikationssystem: Sie greifen wissenschaftliche Inhalte jeglicher Art auf, veröffentlichen sie zeitnah auf Plattformen wie Mendeley, ResearchGate und Academia und ermöglichen Kommentare und die Diskussion.
- **Bewertung von Veröffentlichung:** Das Startup „impactstory" (profiles.impactstory.org) zeigt, wie oft Artikel eines Journals in anderen Publikationen zitiert werden. Bewertet sind auch Erwähnungen in Blogs, sozialen Netzwerken und populärwissenschaftlichen Magazinen. Studien zeigen, dass Fachartikel, über die viel im Netz gesprochen wurde, auch in der Wissenschaft mehr Gehör finden (Abschn. 8.1).
- **Finanzielle Unterstützung** bieten Crowdfunding-Plattformen wie Startnext (startnext.com).
- **Social Media** ermöglichen vielen Menschen die Teilnahme am wissenschaftlichen Diskurs, die bisher ausgeschlossen waren. Sie können sich sogar mit eigener Forschung beteiligen, wie das Beispiel von Citizen Science zeigt.
- **Selbstreflektion:** Liken und Sharen ermöglichen Verbreitung und Bewerten von Inhalten und dienen der Selbstreflektion. Dies ergänzt das klassische Zitieren und Peer Review und gibt Hinweise auf den Einfluss und die Relevanz wissenschaftlicher Inhalte.

- **Recherche und Kontrolle der Qualität** wissenschaftlicher Arbeit wird auf viele Menschen verteilt, wie die Plattformen für Plagiatverdacht zeigen, auf denen sich tausende von Menschen an den Prüfungen beteiligen.

Sogar Humor ist erlaubt wie im Fall von Mathematiker*innen, die rappen, Physiker*innen, die Witze erzählen, und Mediziner*innen, die über Gehirn und Darm sprechen. Alles unter wissenschaftlichen Gütekriterien.

Fazit
Immer mehr Wissenschaftler*innen ist es gelungen, sich und ihre Themen in das akademische Umfeld, aber auch in die breite Öffentlichkeit zu tragen. Beispiele sind die Nobelpreisträger*innen Daniel Kahneman (Wirtschaftswissenschaften), Eric Kandel (Medizin) und Elisabeth Blackburn (Medizin), die sich in TED-Talks präsentieren. Diese Beispiele zeigen auch, wie es möglich ist, den Spagat zwischen der Karriere nach klassischen wissenschaftlichen Maßstäben (Publikationen in wissenschaftlichen Journalen, Vorträge auf Fachkonferenzen etc.) und der Vermittlung der eigenen Arbeit an die breite Öffentlichkeit zu meistern. Immer noch gelten beide als getrennte Welten, doch sie überschneiden sich immer stärker durch die Veränderungen in Forschung/Wissenschaft und Gesellschaft.

Durch Selbstmarketing eröffnen sich für Wissenschaftler*innen vielfältige Wege, um über aktuelle Diskurse und Trends informiert zu bleiben, sich selbst in diese Diskussionen einzubringen, Themen auf die Tagesordnung zu setzen („Agenda Setting") und sich zu vernetzen. Sie können die eigene Forschung präsentieren und mit wichtigen Bezugsgruppen austauschen. Hierdurch üben sie die adressatengerechte Vermittlung von Forschung aus und tragen bei, Wissenschaft verständlich und zugänglich zu machen. Durch Austausch mit Fachkolleg*innen erhalten die Wissenschaftler*innen frühes Feedback über ihre Arbeiten. Studien zeigen, dass die in Social Media geteilten Forschungsarbeiten häufiger in traditionellen Publikationen zitiert sind (siehe Kap. 8).

> **Nutzen des Selbstmarketing für Wissenschaftler*innen**
> Viele Aspekte sprechen für das eigene Selbstmarketing als Wissenschaftler*in. Folgende Vorteile hat es, sich damit bewusst, systematisch und kontinuierlich auseinanderzusetzen:
>
> - **Klares Selbstbild:** Der Wissenschaftler bzw. die Wissenschaftlerin gewinnt ein klares Vorstellungsbild von seiner bzw. ihrer eigenen Persönlichkeit und Leistung (Selbstbild) und kann dieses gezielt und langfristig entwickeln.
> - **Klare Positionierung:** Der Wissenschaftler bzw. die Wissenschaftlerin kann ein klares Profil ausarbeiten und sich hiermit klar im akademischen Umfeld positionieren.

- **Ausrichtung aller Aktivitäten:** Der Wissenschaftler bzw. die Wissenschaftlerin kann alle Aktivitäten auf sein bzw. ihr Kernanliegen als Wissenschaftler*in konzentrieren. Deutlich ist, was für das eigene Selbstmarketing wichtig ist und welche Aktivitäten wegfallen können.
- **Mehr Unterstützung durch Bezugsgruppen:** Wichtige Bezugsgruppen, die das Handeln der Wissenschaftlerin bzw. des Wissenschaftlers unterstützen, werden sich aufgrund ihres Vorstellungsbildes vom Wissenschaftler*innen (Fremdbild) positiver verhalten als ohne dieses.

1.2 Bausteine des Selbstmarketing

Selbstmarketing besteht aus vier Bausteinen:

1. **Eigenes Selbstverständnis entwickeln:** Sie entwickeln das Selbstverständnis Ihrer einzigartigen Persönlichkeit als Wissenschaftler*in und Ihrer wissenschaftlichen Leistung.
2. **Positionieren:** Sie positionieren sich im wissenschaftlichen Umfeld.
3. **Vermitteln:** Sie vermitteln Ihre Positionierung wirkungsvoll an wichtige interne und externe Bezugsgruppen.
4. **Wirken:** Sie erzeugen ein klares Vorstellungsbild (Image) von Ihrem Anliegen als Wissenschaftler*in bei Ihren wichtigen Bezugsgruppen. Dieses Vorstellungsbild führt dazu, dass diese Bezugsgruppen bereit sind, sich Ihnen gegenüber positiver zu verhalten als ohne dieses Bild: Zum Beispiel empfehlen wichtige Unterstützer*innen und Meinungsbildner*innen Sie eher weiter.

Mit dem starken und klaren Bild Ihrer Persönlichkeit können Sie Vertrauen schaffen, denn man vertraut nur dem, den man kennt. Dieses Vertrauen kann den Grundstein für langfristige Beziehungen legen, denn man bleibt nur jenem Menschen treu, dem man vertraut.

Selbstmarketing als systematischer und langfristiger Prozess
Selbstmarketing ist ein systematischer und langfristiger Prozess: Sie ergründen, was Sie kennzeichnet, was Sie von anderen unterscheidet und was Sie für Ihre Bezugsgruppen einzigartig und attraktiv macht. Dies vermitteln Sie Ihrem Umfeld. Sie entwickeln sich zu einem vertrauten Menschen, der in den Köpfen Ihrer Bezugsgruppen eine attraktive Alleinstellung einnimmt.

Das Konzept ist Ihr konkreter Vorgehensplan, der aus vier Schritten besteht:

1. **Analyse:** Im ersten Schritt analysieren Sie Ihre Ausgangssituation und leiten die Aufgaben für Ihr Selbstmarketing ab.
2. **Planung:** Im zweiten Schritt planen Sie anhand von Zielen, Strategien und Maßnahmen, wie Sie diese Aufgaben lösen.
3. **Gestaltung:** Im dritten Schritt erwecken Sie Ihre Planung zum Leben durch wirkungsvolle Texte, Bilder und Aktionen.
4. **Erfolgskontrolle:** Im vierten Schritt legen Sie fest, wie Sie das Erreichen Ihrer Ziele steuern und den Erfolg Ihres Selbstmarketing kontrollieren.

Dieser Plan sieht auch vor, wie Sie sich, Ihre Leistung und Ihr Image in den kommenden Jahren entwickeln. Professionelles Selbstmarketing ist vorausschauend (siehe ausführlich Kap. 11).

1.3 Wichtigste Botschaften

- Als Wissenschaftler*in verfolgen Sie ein Anliegen und eigene Ziele. Diese Ziele können Sie womöglich besser, schneller und wirksamer erreichen, wenn Bezugsgruppen Sie in Ihrem Anliegen unterstützen, wie Kolleg*innen, Journalist*innen, Geldgeber, Multiplikator*innen und Meinungsbilder*innen.
- Selbstmarketing ist der Prozess, die eigene Person und die wissenschaftliche Leistung klar zu definieren, sie im wissenschaftlichen Umfeld zu positionieren und zu kommunizieren.
- Selbstmarketing ist ein systematischer und langfristiger Prozess, um sich als Wissenschaftler*in gezielt und dauerhaft zu profilieren.
- Ziel ist, dass Sie bekannt sind und das gewünschte Vorstellungsbild (Image) von sich und Ihrer wissenschaftlichen Leistung aufgebaut haben. Dieses Vorstellungsbild führt dazu, dass wichtige Bezugsgruppen Ihre Leistung einer anderen Leistung vorziehen.
- Aufbau und Entwicklung des Images erfolgen in vier Schritten: Analyse, Planung, Umsetzung und Kontrolle.

1.4 Aufgaben

Was sind Ihre Ziele als Wissenschaftler*in? Selbstmarketing kann Sie unterstützen, Ihre Ziele noch besser zu erreichen. Legen Sie daher Ihre Ziele fest.

Meine Ziele als Wissenschaftler*in
- Bekannter in Fachkreisen werden,
- allgemeine Bekanntheit steigern,

1.4 Aufgaben

- Reputation verbessern,
- klares Profil aufbauen,
- Forschungsergebnisse veröffentlichen,
- Netzwerk von einflussreichen Personen aufbauen,
- Meinung der breiten Öffentlichkeit verbessern,
- Bekanntheit von Forschungsthemen steigern,
- Aufmerksamkeit für Themen schaffen (Agenda Setting),
- Wissenschaft verständlich machen,
- Leistungen der eigenen wissenschaftlichen Einrichtung herausheben,
- Legitimation/Akzeptanz für bestimmte Technologien schaffen,
- Forschungsgelder einwerben,
- Erweiterung Handlungsspielraum (durch Genehmigungen zur Forschung),
- Schutz (zum Beispiel durch Patente),
- faszinieren und unterhalten,
- Partizipation ermöglichen,
- Gewinnung von Forschernachwuchs,
- Nachwuchs fördern,
- mit der Öffentlichkeit kommunizieren,
- eigene Forschung legitimieren,
- wissenschaftlichen Nachwuchs rekrutieren,
- neue Studierende gewinnen,
- leichter Kooperationen eingehen,
- Stellensuche,
- (internationale) Kooperationen zu erfolgreichen Kolleg*innen der gleichen Fachdisziplin aufbauen,
- internationale Forschungskooperationen,
- transdisziplinäre Forschungskooperationen (Forschen mit der Gesellschaft),
- weitere: _____.

Selbstverständnis über die eigene Person 2

> **Zusammenfassung**
>
> Selbstmarketing setzt voraus, das Selbstverständnis der eigenen Persönlichkeit und der eigenen einzigartigen Leistung zu entwickeln. Dieses Selbstverständnis ist die Basis für sämtliche weiteren Aktivitäten der Positionierung und Vermittlung Ihrer Person und Ihrer Leistung. Dieses Kapitel gibt Ihnen Anregungen, welche Bausteine für das Selbstverständnis im Selbstmarketing wichtig sind und wie Sie diese Bausteine erarbeiten und entwickeln können.

2.1 Bedeutung

An Universitäten und Forschungseinrichtungen arbeiten eine riesige Menge an Wissenschaftler*innen: Oft wecken nur jene Aufmerksamkeit und Interesse, die über die ausgewiesene Fachkompetenz hinaus eine starke und einzigartige Persönlichkeit haben. Ihre Persönlichkeit dient dem Erkennen, dem Unterscheiden und dem Profilieren. Warum dies so wichtig ist? Einige Beispiele:

- **Aufmerksamkeit:** Wissenschaftler*innen als Persönlichkeiten wecken Aufmerksamkeit und dienen der Differenzierung im Wettbewerb. Der Wissenschaftler oder die Wissenschaftlerin wird zum Gesicht in der Menge wie die Beispiele von Marie Curie, Stephen Hawking und Hans Rosling zeigen.
- **Erlebnisse:** Menschen strahlen Gefühle aus, die bei den Bezugsgruppen selbst Gefühle auslösen können – seien dies Sicherheit, Geborgenheit, Leistung, Erfolg, Macht, Freisein etc. Ein großartiges Beispiel ist Hans Gösta Rosling. Er war bis zu seinem frühen Tod Professor für Internationale Gesundheit am Karolinska Institutet

und Direktor der Gapminder-Stiftung in Stockholm. Er hielt weltweit Vorträge, mitunter einige TED Talks, in denen er die Verwendung von Statistiken zur Analyse von Entwicklungsproblemen bewarb. Wir empfehlen Ihnen, sich bei TED einen seiner spektakulären Vorträge anzusehen (www.ted.com).

- **Vertrauensanker:** Andere Menschen können im Bruchteil einer Sekunde auffallen; innerhalb von nur einer Sekunde kann eine erste Meinung von ihnen entstehen. Selbst wenn mehr Zeit als eine Sekunde zur Verfügung steht, ändert sich die Meinung über die Person oft nicht. Vertrauenswürdigkeit ist eines der ersten Merkmale, die bei einer anderen Person eingeschätzt werden. Warum dies so schnell geschieht? Für Menschen ist es sehr wichtig, andere Menschen schnell einschätzen zu können – nach dem Motto: „Bist Du mein Freund oder meine Feindin?", „Kann ich von Dir lernen?", „Bist Du interessant für mich?". Studien wie die von Alexander Todorov, Psychologe an der Princeton University und Experte für Gesichtswahrnehmung, zeigen: Schon 30 ms reichen aus, um die Vertrauenswürdigkeit einer Person einzuschätzen; dies ist unterhalb der Bewusstseinsschwelle (Todorov, 2017). Bei Menschen, die vertrauenswürdig sind, sinkt das wahrgenommene Risiko, enttäuscht zu werden. Wie wichtig Menschen für das Entstehen von Vertrauen sind, zeigt das Beispiel des Internets, in dem viele Informationen und Meinungen zu finden sind, aber Vertrauen durch den fehlenden direkten Kontakt umso wichtiger ist: Fotos von Wissenschaftler*innen können auf der Website sehr vertrauensbildend wirken – zumal, wenn sie mit Namen und Funktion der Wissenschaftlerin oder des Wissenschaftlers im Wissenschaftssystem ergänzt sind.
- **Organisationspersönlichkeit:** Das klare Bild von der Wissenschaftlerin bzw. dem Wissenschaftler mitsamt den wahrgenommenen Eigenschaften können auf die Wissenschaftsorganisation übertragen werden.

▶ Künftig wird die Bedeutung von Wissenschaftler*innen weiter steigen, weil es in Zeiten von Digitalisierung wichtiger werden wird, schnelle, dynamische Entwicklungen und den Einsatz von Technologien verstehen und beurteilen zu können.

2.2 Kompetenz und Leistung

Grundlage Ihres Selbstmarketing ist Ihre individuelle Leistung, die auf Ihrer Kompetenz beruht: Zeigen Sie Ihren Bezugsgruppen durch Selbstmarketing, was Sie leisten können, und beweisen Sie, warum Sie dies einzigartig können (siehe Tab. 2.1): Vielleicht haben Sie sich mit diesem Thema an unterschiedlichen (auch internationalen) Institutionen beschäftigt? Sind Sie Teil einer wissenschaftlichen Community? Haben Sie lange Erfahrung? Beherrschen Sie bestimmte Arbeitstechniken? Können Sie gut mit Menschen

2.2 Kompetenz und Leistung

Tab. 2.1 Kompetenzen

Kompetenzen	Art der Kompetenz (Beispiele)
Fachkompetenzen Fertigkeiten und Kenntnisse aus Erfahrung, Verständnis fachspezifischer Fragen und Zusammenhänge sowie Fähigkeit, diese Probleme technisch einwandfrei und zielgerecht zu lösen	Promotion Habilitation Ausgewiesene Expertise in einem Forschungsfeld Langjährige Fachkompetenz
Methodenkompetenz Fähigkeiten und Fertigkeiten, um Informationen einzuholen – vor allem Fachwissen zu beschaffen und zu verwerten und Probleme zielorientiert zu lösen durch Entscheiden und Priorisieren	Strategisches Vorgehen Verfügt über Methoden des Selbstmanagement Zeitmanagement
Sozialkompetenzen Fähigkeiten, um in Kommunikations- und Interaktionssituationen entsprechend den Bedürfnissen der Beteiligten effektiv zu handeln	Erfahrungen im Umgang mit anderen Menschen Erfahrungen als Leiter*in Konflikterfahren

umgehen? Ihre Kompetenz sollten Sie lebendig und deutlich wahrnehmbar vermitteln – beweisen Sie diese mit konkreten Beispielen (siehe Tab. 12.1 im Anhang).

In der Wissenschaft gibt es zahlreiche Belege für die Kompetenz von Wissenschaftler*innen wie zum Beispiel Qualifikationen, Forschungsgebiete und -themen, Zitationen durch andere Forschende, Titel, Positionen, Auszeichnungen, Follower*innen, Likes:

- **Qualifikation:** Ausbildung, Weiterbildung, Karriereschritte.
- **Forschung:** exklusive Forschungsthemen, Qualität von Projekten, Ergebnisevaluationen und Gutachtertätigkeiten.
- **Publikationen:** Veröffentlichung in A-Journals und Fachzeitschriften, Monografien, Sammelbände, Funktionen als Herausgeber*innen, Reviewer-Tätigkeiten.
- **Lehre:** besondere Methoden und Lehrformate, zum Beispiel MOOCs, Online-Workshops, studierendenzentrierte und forschungsorientierte Lehre.
- **Netzwerken/Co-Branding:** gemeinsame Projekte mit Forscher*innen anderer Universitäten und Instituten – national und international, Forschungsaufenthalte in anderen Einrichtungen, Mitglied in Verbänden, Erfahrungen in Instituten, Organisation von Netzwerktreffen und Kongressen, Empfehlungen anderer Forscher*innen, Beirats- und Beraterfunktionen.
- **Projekte mit gesellschaftlicher Relevanz:** Begleitung partizipativer Prozesse, Bürger*innenbeteiligung, erweiterter Transferbegriff, Forschen mit der Gesellschaft, Beiträge in Diskussionsrunden, Seminaren und nicht-fachlichen Zeitschriften.

Achtung: typische Fehler
- Achten Sie darauf, wie Sie Ihren Bezugsgruppen Ihre Kompetenz vermitteln: Es reicht nicht aus, zu sagen, dass Sie kompetent sind: Dies ist abstrakt und jeder kann es behaupten. Stattdessen sollten Sie Beispiele klar und deutlich wahrnehmbar vermitteln, zum Beispiel anhand von Bildern und Storytelling (Kap. 9).
- Sie über- oder unterschätzen Ihre Leistung. Fragen Sie daher auch andere Menschen und machen Sie Persönlichkeits- und Leistungstests.
- Sie versuchen, in zu vielen Punkten als kompetent zu gelten.
- Die eigenen Kompetenzen sind nicht wichtig für die Bezugsgruppen. Das Selbstmarketing richtet sich folglich zu stark an der eigenen Person aus und berücksichtigt nicht die Interessen des Gegenübers.

2.3 Persönlichkeit

Im Mittelpunkt des Selbstmarketing für Wissenschaftler*innen steht die einzigartige Persönlichkeit, also die Gesamtheit der charakteristischen, individuellen Eigenschaften der Wissenschaftlerin bzw. des Wissenschaftlers. Jeder Mensch ist einzigartig. Jeder Mensch hat seine Eltern, seine Erziehung, seine Ausbildung, seinen Beruf und seine Privatinteressen, er verfügt über einzigartige Erfahrungen, die individuell mit Gefühlen gekoppelt sind. Kein Mensch gleicht dem anderen. Hilfreich für eine klare Positionierung kann sein, die Besonderheiten der eigenen Persönlichkeit zu ergründen, um mit der eigenen Klarheit im Inneren auch zu einer deutlichen Positionierung im Außen zu kommen.

Ihre Persönlichkeit ist durch Merkmale gekennzeichnet, die Ihr Denken, Fühlen und Handeln bestimmen: Sind Ihnen Sicherheit und Beständigkeit wichtig, Wagemut und Durchsetzungsfähigkeit? Sind Sie eher aggressiv oder eher harmonisch? Ist für Sie die Vergangenheit oder die Zukunft wichtiger? Ist die Beziehung zwischen Ihnen und Ihren Bezugsgruppen partnerschaftlich oder einseitig?

▶ Die Persönlichkeit eines wissenschaftlich arbeitenden Menschen besteht aus dessen charakteristischen, individuellen Eigenschaften. Die Persönlichkeit ist durch Merkmale gekennzeichnet, die Denken, Fühlen und Handeln bestimmen.

2.3.1 Motive

Grundlage von Denken, Fühlen und Handeln sind Motive. Motive sind basale Handlungsantriebe. Sie können die Motive auch Ziele nennen. Warum forscht also eine Wissenschaftlerin oder ein Wissenschaftler monatelang, um schließlich das Ergebnis verwerfen

2.3 Persönlichkeit

zu müssen? Warum streitet sich die Person um Forschungsfelder? Warum brütet sie nächtelang über wissenschaftlichen Publikationen in wichtigen Fachzeitschriften? Die Antwort liegt in den persönlichen Motivsystemen.

Vier Motivsysteme gibt es: Leistung, Beziehung, Macht und Freiheit. Diese vier Motivsysteme stehen jeweils für ein Bündel an differenzierten, aber zusammenhängenden Bedürfnissen, deren Befriedigung durch dieses Motiv geleistet werden kann: Leistung ist der Antrieb, Dinge immer besser machen zu wollen und Herausforderungen zu meistern; Beziehung ist das Streben nach sozialem Kontakt und geglückten Bindungen – auch am Arbeitsplatz und in Forscherteams; Macht ist der Antrieb, etwas bewegen zu wollen und Einfluss auf andere Menschen ausüben zu wollen. Das Freiheitsmotiv ist das Bedürfnis nach freiem Selbstsein.

Grundsätzlich ist jeder Mensch durch den individuellen Mix aus diesen vier Motiven gekennzeichnet. Diese Motive bestimmen zum einen die Persönlichkeit des Menschen über einen längeren Zeitraum – zum Beispiel den Beruf, den diese Person ergreift, und die Sprache, die dieser Mensch spricht; zum anderen werden die Motive kurzfristig in Situationen aktiv – zum Beispiel als Stolz über einen geglückten Vortrag.

> **Die vier Motivsysteme des Menschen**
> - Leistungsmotiv,
> - Beziehungsmotiv,
> - Machtmotiv,
> - Freiheitsmotiv.

Hier ein konkreterer Blick auf die Motive:

Leistung

Wissenschaftler*innen mit einem ausgeprägten Leistungsmotiv sind neugierig, sie suchen nach Möglichkeiten, Dinge zu erforschen, Neues zu lernen und ihre Kompetenzen zu erweitern. Sie versuchen fortlaufend, Dinge besser zu machen und den persönlichen Exzellenzstandard zu erreichen. Leistungsmotivierte stellen sich Herausforderungen, bei denen sie sich bewähren oder versagen können. Anreize sind selbstständiges Lösen schwieriger Aufgaben, die Stolz und Zufriedenheit auslösen. Leistungsmotivierte Personen setzen sich Ziele, welche sie unter Anstrengung gerade noch erreichen können; sie gehen also ein herausforderndes und zugleich kalkulierbares Risiko ein. Sie vergleichen ihre Leistung gerne mit vorangehenden eigenen Resultaten (innerer Gütemaßstab) oder mit Kolleg*innen (äußerer Gütemaßstab). Es ist ihnen wichtig, dass etwas gelingt. Personen mit einem hohen Leistungsmotiv zeigen eine besondere Anstrengung und Ausdauer zur Zielerreichung. Der Leistungstyp meidet Beschämung und Niedergeschlagenheit durch Misserfolg (vgl. Abb. 2.1).

Abb. 2.1 Das Leistungsmotiv. (© LoveTheWind/Getty Images/iStock)

Typische Aussagen sind:

- Ich liebe neue Herausforderungen.
- Ich möchte besser sein als andere.
- Ich möchte besser sein als früher/gestern.
- Ich bin vermutlich genau die richtige Person für diese schwierige Aufgabe.
- Wenn ich weniger Fehler mache als beim letzten Mal, dann ist das ein Erfolg.
- Ich entwickle meine eigene Methode, um diese Aufgabe zu lösen.
- Bevor ich anfange, mache ich mir klar, was ich erreichen möchte und ob das (in der Zeit) realistisch ist.

Beziehung

Das Beziehungsmotiv steht für den Wunsch nach sozialen Kontakten, neuen Bekanntschaften und Freundschaften – auch beruflich. Personen mit einem hohen Beziehungsmotiv suchen die Nähe und den Kontakt zu anderen Menschen. Für sie ist der Freundeskreis (Peer-Group) besonders wichtig. Sie pflegen Freundschaften und wollen von ihrem Umfeld akzeptiert und integriert sein. Sie integrieren sich einfach in eine soziale Gruppe und sind teamfähig – Arbeiten im Team wird als bereichernd empfunden. Es ist ihnen wichtig, dass im Umfeld die Stimmung gut ist. Sie sind eher konfliktscheu, da sie Frieden und Harmonie der Gruppe nicht gefährden möchten (vgl. Abb. 2.2).

2.3 Persönlichkeit

Abb. 2.2 Das Beziehungsmotiv. (© g-stockstudio/Getty Images/iStock)

Typische Aussagen sind:

- Ich freue mich immer sehr, meine Kolleg*innen wiederzusehen.
- Ich suche mir gerne die Leute aus, mit denen ich zusammenarbeite.
- Ich forsche, um die Menschen der Welt näher zueinander zu bringen.
- Ich liebe Netzwerke von Forscher*innen.
- Wir sind nahe am Menschen.
- Ich arbeite gerne im Team.
- Mein Team von Forscher*innen ist eine kleine Familie.

Macht

Die Machtmotivierten lieben es, etwas zu bewegen. Sie streben nach Einfluss auf andere oder die Situation. Sie wollen Kontrolle über die Mittel erhalten, mit denen sie andere beeinflussen. Sie wollen die Themen und Prozesse gestalten und Einfluss haben. Machtorientierte Wissenschaftler*innen suchen aktiv nach der Übernahme von Führungsverantwortung, sie möchten zuweilen andere ändern und die Richtung in Gruppen vorgeben. Machtorientierte lassen sich durch Tätigkeiten motivieren, an die sie mit viel Energie, Durchsetzungskraft, Beharrlichkeit herangehen können – auch bei Widrigkeiten (vgl. Abb. 2.3).

Typische Aussagen sind:

- Ich freue mich, wenn jemand meinen Rat braucht.
- Ich mag es, wenn meine Meinung für andere wichtig ist.
- Ich möchte nicht kontrolliert werden, sondern die Verantwortung für diese Aufgabe/Gruppenarbeit übernehmen.

Abb. 2.3 Das Machtmotiv. (© RyanKing999/Getty Images/iStock)

- Ich möchte etwas bewegen in der Welt.
- Ich genieße es, anderen Menschen mein Wissen weiterzugeben.
- Überlegenheit gibt mir ein gutes Gefühl.

Freiheit
Wissenschaftler*innen mit einem großen Freiheitsmotiv wollen sich frei und unabhängig fühlen. Ihnen ist es wichtig, so zu sein, wie sie sein möchten – unabhängig von inneren und äußeren Zwängen fühlen sie sich frei und haben Vertrauen in die eigenen Fähigkeiten. Sie streben nach Selbsterkenntnis und Selbstwachstum. Während das Machtmotiv um die nach außen gerichtete Selbstbehauptung geht, geht es beim Freiheitsmotiv um innere Selbstentfaltung (vgl. Abb. 2.4).

Typische Aussagen sind:

- Ich mache es so, wie ich es für richtig halte.
- Ich habe volles Vertrauen in meine Fähigkeiten.
- Ich überlege mir gerne, wie ich das für mich am sinnvollsten lösen könnte.
- Ich habe gerne das Gefühl, meine Meinung/Ideen offen und frei sagen zu können und nicht auf andere Rücksicht nehmen zu müssen.
- Ich möchte möglichst unabhängig arbeiten.

2.3 Persönlichkeit

Abb. 2.4 Das Freiheitsmotiv. (© RomoloTavani/Getty Images/iStock)

- Ich möchte meinen eigenen Weg gehen.
- Ich mag keine Vorschriften und keine Kontrolle.

Jeder Mensch hat alle vier Motivsysteme; sie sind jedoch unterschiedlich stark ausgeprägt – Menschen unterscheiden sich im individuellen Persönlichkeitsmix.

2.3.2 Rolle der Gefühle

Gefühle sind wichtige Signalgeber für Ihre Motive, da sie Ihnen anzeigen, ob und wie stark es Ihnen gelingt, Ihre Motive so zu leben, dass es Ihnen guttut:

- Stellen Sie ausreichend Anschluss und Beziehungen her, zum Beispiel zu Forscherkolleg*innen oder in Scientific Communities, fühlen Sie sich sicher und geborgen. Können Sie es nicht verwirklichen, fühlen Sie sich einsam.
- Sie meiden Niederlagen, Ärger, Wut und Unzufriedenheit und suchen stattdessen Überlegenheit, Siegesgefühl und Lob.
- Statt Langeweile möchten Sie neue Herausforderungen in spannenden Projekten erleben.
- Können Sie Ihren Weg so gehen, wie Sie dies möchten, dann fühlen sie sich frei – falls nicht, fühlen Sie sich unfrei und fremdbestimmt.

▶ Gefühle sind wichtige Signalgeber, weil sie informieren, ob Sie Ihre Motive Ihrer Persönlichkeit gemäß ausleben.

Explorieren Sie Ihre Persönlichkeit und prüfen Sie, welche Zielsysteme besonders ausgeprägt sind – sei es, dass diese Ihnen das starke Gefühl von Sicherheit geben, dass sie Ihnen immer neue Anregungen vermitteln oder Ihnen verhelfen, der oder die Stärkste zu sein.

2.3.3 Erkundung eigener Ziele

Folgende Fragen können Ihnen helfen, sich über Ihre Motive klarer zu werden. Gehen Sie hierzu wie folgt vor: Im ersten Schritt beantworten Sie spontan die Fragen. Im zweiten Schritt notieren Sie sorgfältig, warum Sie so geantwortet haben und wie Sie die Antwort den vier Dimensionen und deren Werten zuordnen können (Adlmaier-Herbst & Mayer, 2021)

- Was sind Ihre größten Erfolge?
- Was sind Ihre größten Misserfolge?
- Was mögen Sie an sich besonders?
- Was mögen Sie an sich gar nicht?
- Was würden Sie gerne an sich ändern?
- Was wollen Sie sich abgewöhnen?
- Was ist Ihnen wichtig im Leben?
- Was würden Sie gerne erfinden?
- Auf welche Leistungen sind Sie besonders stolz?
- Auf was könnten Sie verzichten?
- Wofür geben Sie Ihr Geld am liebsten aus?
- Worüber können Sie sich freuen?
- Worüber können Sie sich ärgern?
- Wobei werden Sie rot?
- Welchen Traum wollen Sie sich erfüllen?
- Welchen Genüssen können Sie nicht widerstehen?
- Welches Tier wären Sie am liebsten? Welches Tier lieben Sie?
- Wie schalten Sie am leichtesten ab?
- Wann haben Sie das letzte Mal geweint?
- Haben Sie einen Spitznamen?
- Mit welchem bekannten Menschen würden Sie einen Abend verbringen wollen? Mit welchem auf keinen Fall?
- Welche Schlagzeile würden Sie gerne über sich in der Zeitung lesen?
- Was sollte in Ihrer Grabrede gesagt werden?
- Die größte Strafe für Sie ist …?
- Als Kind träumten Sie zu sein wie …?

2.3 Persönlichkeit

Beantworten Sie diese Fragen möglichst spontan. Nehmen Sie sich dann die Zeit zu prüfen, welches Motiv sich hinter der Antwort zeigt. Nutzen Sie hierbei folgende Fragen:

- Wo spüren Sie das positive Gefühl? Können Sie es im Körper lokalisieren?
- Was genau spüren Sie? Wie fühlt sich das an?
- Was sagt Ihnen das Gefühl?
- Was würden Sie jetzt am liebsten tun?
- Was genau ist an der Situation angenehm?
- Was löst die positiven Gefühle aus?

Weitere Möglichkeiten
- **Verstehen eigener Entscheidungen:** Erinnern Sie sich an Entscheidungen und versuchen Sie zu erkunden, welches Motiv der Entscheidung zugrunde lag. Beispiel: Wechsel eines Arbeitsplatzes oder berufliche Neuorientierung.
- **Fragen Sie andere Menschen:** Studien zeigen, dass selbst Menschen, die Sie nur kurz kennen, ein ähnliches Urteil wie Ihre langjährigen Freund*innen haben. Hören Sie sich um. Sprechen Sie mit anderen Menschen und versuchen Sie, ein ungeschminktes Bild einzuholen, wie andere Menschen Sie sehen. Ordnen Sie diese Einschätzungen den Motiven zu.
- **Ziehen Sie einen Coach bzw. Mentor hinzu:** Coachs verfügen meist über Instrumente zur Exploration der Motive und der eigenen Persönlichkeit.

Motivkreuz Ihrer expliziten Motive
Das Ergebnis der Exploration Ihrer expliziten Motive können Sie zur besseren Visualisierung in das im Anhang stehende Motivkreuz eintragen (siehe Abb. 12.1 im Anhang).

Exploration des Unbewussten
Ein Teil der Motive ist bewusst – sie werden explizite Motive genannt. Auf Befragen kann eine Person in einem reflektierten Prozess Auskunft über sie geben. In expliziten Zielen drückt sich aus, wie sich eine Person in ihrem Umfeld sieht und auch welche Erwartungen und Anforderungen dieses Umfeld an die Person richtet. Ein Beispiel wäre, die Promotion anzustreben, weil dies erforderlich ist, um als Wissenschaftler*in weiterzukommen – unabhängig davon, ob jemand dies wirklich will und ob es guttut.

Ein anderer Teil der Motive ist unbewusst – implizite Motive genannt. Diese Motive sind im frühen Kindesalter entstanden und haben sich im Lauf des Lebens weiterentwickelt. Sie beruhen darauf, dass eine Person zeitlebens Erfahrungen gespeichert hat, wie Bedürfnisse am besten zu befriedigen sind. Auf diesen gigantischen Erfahrungsschatz greifen Menschen ständig zu, um abzurufen, was irgendwann einmal gutgetan hat und wiederholt werden sollte und was nicht gutgetan hat, um es bleiben zu lassen.

Die impliziten Motive sind das, was Sie im Inneren antreibt. Hierfür wird auch der Begriff der „intrinsischen Motivation" verwendet, also: Für was brennen Sie? Was mögen Sie? Was tut Ihnen gut? Was nicht? Wie sollte Ihre eigene wissenschaftliche Arbeit sein, um gut damit leben zu können? Was ist Ihre persönliche Herausforderung? Die impliziten Motive sind unbewusst, Sie können sie nicht ohne Weiteres gedanklich abrufen. Stattdessen kann die Exploration sehr gut über Bilder und Geschichten erfolgen: Das Zürcher Ressourcen Modell (ZRM) von Maja Storch und Frank Krause erkundet implizite Motive mit einer Bildauswahl (Storch & Krause, 2021). Sie können sich auf der Website des Instituts einen Eindruck von dieser Methode verschaffen (www.zrm.ch/online-tool). Das Prinzip der Erkundung basiert auf der Projektion aktivierter Motive auf Bildinhalte. Wissenschaftlich basiert ist auch der Operante-Motiv-Test (OMT), der vom Persönlichkeitspsychologen Prof. Julius Kuhl an der Universität Osnabrück entwickelt wurde (Kuhl, 2021).

Buchtipp
Als vertiefende Lektüre für implizite Motive empfehlen wir Ihnen das Buch „Implizite Motive" von David Scheffer (Scheffer, 2004).

2.4 Erscheinungsbild

2.4.1 Bedeutung

Ihre einzigartige Persönlichkeit als Wissenschaftler*in drückt sich in Ihrem Erscheinungsbild aus. Das Erscheinungsbild ist geprägt durch Ihr Äußeres, Ihre Kommunikation und Ihr Verhalten. Ihr Äußeres trägt entscheidend dazu bei, Sie schnell zu erkennen und Sie langfristig über innere Bilder zu speichern; durch Kommunikation stellen Sie mit Ihren Bezugsgruppen den gemeinsamen Austausch über Ihr Erlebnisversprechen sicher. Durch Ihr Verhalten zeigen Sie, wie Sie Ihr Erlebnisversprechen in die Tat umsetzen.

> **Ausdruck Ihrer Persönlichkeit**
> 1. Äußeres Erscheinungsbild,
> 2. Kommunikation,
> 3. Verhalten.

Ihr Erscheinungsbild kann eine wichtige Rolle in Ihrem Selbstmarketing spielen: Ihr Erscheinungsbild sollte Ihre einzigartige Persönlichkeit vermitteln (s. Abb. 2.5). Dies dient dem schnellen Erkennen, dem klaren Unterscheiden und dem kraftvollen Profilieren. Ihr Erscheinungsbild, Ihre Kommunikation und Ihr Verhalten sollten widerspruchsfrei sein und sich zumindest nicht widersprechen, weil dies das klare Bild von Ihnen trüben könnte; dies wird als Authentizität bezeichnet (siehe Abschn. 2.5).

2.4 Erscheinungsbild

Abb. 2.5 Das einzigartige Erscheinungsbild. (© Osobystist/Getty Images/iStock)

Besonders wirksam für das Vermitteln der Persönlichkeit sind Geschichten und Bilder, die auffallen, die informieren und Erlebnisse vermitteln, die nachhaltig erinnert werden können (siehe Kap. 9).

▶ An welchen Merkmalen können Ihre Bezugsgruppen Sie erkennen, von anderen unterscheiden und gut finden?

Der erste Eindruck
Menschen beurteilen andere Menschen zunächst blitzschnell – wenn auch nur grob. Ein Augenaufschlag reicht aus, um eine Person zu bewerten, die zur Tür hereinkommt. Dies schützt vor Überforderung, die entstehen könnte, wenn alle Menschen während eines Tages oder gar eines Jahres gründlich und differenziert bewertet werden würden.

▶ Ihr Gegenüber versucht, sich blitzschnell einen ersten Eindruck von Ihnen zu machen.

Wie schnell es gelingt, eine erste Bewertung vom Gegenüber zu erstellen, zeigen die Studien der Psychologin von Nalini Ambady von der Universität Harvard (Ambady & Rosenthal, 1993): In nur drei Sekunden konnten sich Studierende anhand von drei Videoclips eines Professors ohne Ton ein Urteil bilden. Selbst innerhalb von zwei Sekunden kamen die Studierenden zum selben Ergebnis. Ambady ging einen Schritt weiter: Sie verglich das erste Urteil der Testpersonen mit jenen, die die Studierenden des Professors am Ende des Semesters ausgefüllt hatten. Ergebnis: Die Bewertungen stimmen fast

Abb. 2.6 Das Erscheinungsbild ist wichtiger Teil des Selbstmarketing. (© LIGHTFIELD STUDIOS/stock.adobe.com)

überein. Mit anderen Worten: Die Einschätzung einer Person stimmen überein, egal ob diese zwei Sekunden lang Zeit hat oder einen viel längeren Zeitraum. Diese Urteile erfolgen anhand von Schlüsselinformationen der Person; von diesen wird auf die gesamte Person geschlossen (vgl. Abb. 2.6).

2.4.2 Äußeres

Welche Informationen helfen uns, eine andere Person zu bewerten: Aussehen? Körperhaltung? Bewegungen? Was liefert die benötigten Informationen? Die äußere Erscheinung ist die erste Informationsquelle in der Begegnung mit einem neuen Menschen. Zu den Körpermerkmalen zählen Körpergröße, Körperbau und Hautfarbe, Merkmale also, die nur sehr bedingt bis gar nicht änderbar sind.

Zum Äußeren gehören aber auch jene Elemente, die Sie sehr gut im Rahmen Ihres Selbstmarketing gestalten können, zum Beispiel Frisur, Brille, Kleidung, Schmuck, Taschen, Schuhe, Zustand der Hände, Zähne etc. Alle diese Elemente kommunizieren über Sie. Hinweise auf Ihre Persönlichkeit können sogar persönliche Gegenstände sein, wie Ihr Auto und Geschenke. Um es mit einem schon häufig benutzten Satz von Watzlawick zu sagen (Watzlawick, 2011):

2.4 Erscheinungsbild

▶ Sie können nicht kommunizieren!

> **Beispiele für das äußere Erscheinungsbild**
> - Stabile Merkmale wie Geschlecht, Körpergröße,
> - Haare und Frisur,
> - Kleidung,
> - Tattoos,
> - Hut,
> - Schuhe,
> - Kleidung wie weißer Kittel,
> - Accessoires wie Taschen, Schmuck, Brille etc.

Beispiel für das einzigartige Erscheinungsbild eines Wissenschaftlers liefert Mark Benecke, deutscher Kriminalbiologe, Spezialist für forensische Entomologie und Politiker. Charakteristisch sind zum Beispiel seine körperfüllenden Tattoos.

Welche äußeren Merkmale kennzeichnen Sie? Welche machen Sie einzigartig? Sehen Sie dazu die Selbstbeurteilung in Tab. 12.2 im Anhang.

Augen und Mund

Augen und Mund liefern wichtige Hinweise, vor allem über die Gefühle des Gegenüber. Dies ermöglicht die Bewertung, ob das Gegenüber freundlich oder feindlich gesinnt ist. Sobald ein Gesicht in unser Blickfeld gerät, beginnt unser Gehirn folgende Fragen zu beantworten: Ist das Gesicht bekannt oder unbekannt? Ist der Mensch eine Freundin oder ein Feind? Schon die Umgangssprache sagt, dass der Blick in die Augen eines Menschen in seine Seele blicken lässt.

▶ Sie können über Augen und Mund wichtige Gefühle übermitteln, die im Zusammenhang mit Ihrem Anliegen stehen: Zeigen Sie das Gefühl der Geborgenheit, Entdeckung, Erfolg, Freisein (siehe Abschn. 2.2).

Kleidung und Symbole als Codes

Symbole sind Zeichen, dir Sie für Ihr Selbstmarketing nutzen können: Sie können Ihrem Gegenüber zeigen, welche Motive Ihnen wichtig sind, wie Status im Machtmotiv; Sie können Symbole nutzen, um zu zeigen, dass Sie zu einer besonderen Gruppe gehören, zum Beispiel zu Spitzenforschenden. Symbole sind zum Beispiel das Einzelbüro und der Titel auf der Visitenkarte. Ihr Gegenüber muss die Bedeutung solcher Symbole kennen. Von diesen Symbolen und deren Bedeutung schließen sie dann auf Ihre gesamte Person.

Abb. 2.7 Erscheinungsbild des Wissenschaftlers bzw. der Wissenschaftlerin. (© Dan Comaniciu/Getty Images/iStock)

Genauso geben die Symbole Hinweise, in welchem Kulturkreis Sie leben und in welcher Lebenswelt (Milieu).

Einige Symbole sind kulturspezifisch und werden nur dort verstanden. Andere Symbole sind kulturübergreifend wie der Löwe, der für Eigenschaften wie Kraft und Überlegenheit steht. Symbole finden sich auch in Subkulturen wie dem Management und der Forschung (s. Abb. 2.7).

Kleidung ist eine Symbolsprache, die von der Zeit und der Kultur geprägt sind, in der eine Person lebt, und die die Mitglieder einer Gemeinschaft nutzen, um ihre Bedeutung zu vermitteln: Im Job sind dies z. B. dunkle Anzüge oder der Arztkittel.

Welche Kleidung und Symbole verwenden Sie? Anhand welcher Kleidung und Symbole sind Sie erkennbar? Sehen Sie dazu die Selbstbeurteilung in Tab. 12.3 im Anhang.

Menschen im Rahmen
Für Ihr Selbstmanagement können Sie auch die Bühnen nutzen, auf denen Sie agieren, wie das eigene Büro, Labore, die Kantine oder internationale Kongresse und Symposien. Orte können selbst Bedeutungsträger sein, wie der Ort der Jubiläumsfeier des Forschungsinstituts. Solche typischen Orte sind im episodisch-autobiografischen Gedächtnis gespeichert, in dem sich die Lebenserinnerungen eines Menschen befinden. Genauso könnten Sie Vorstellungen von sich prägen, wenn Sie Fotos von sich in der Natur zeigen.

Wie nutzen Sie Orte für Ihr Selbstmarketing? Sehen Sie dazu die Selbstbeurteilung in Tab. 12.4 im Anhang.

▶ Sie können sich an einem angemessenen Ort inszenieren, der Ihre Persönlichkeit unterstreicht.

Wo liegt Ihr Büro? Wie groß ist es? Welche Bilder hängen an der Wand? Zur Inszenierung des Ortes gehört nicht nur seine Lage, sondern auch die Möglichkeit, den

2.4 Erscheinungsbild

Ort mit Requisiten, also weiteren Symbolen, auszustatten, wie zum Beispiel Farben, Gerüche, Stoffe und anderes Material, die weitere Informationen über Ihre Person liefern sollen (s. Abb. 2.8 und 2.9, sehen Sie auch die persönliche Checkliste in Tab. 12.5).

2.4.3 Kommunikation

Ihre Kommunikation ist sehr bedeutend für Ihr Selbstmarketing, weil Sie hiermit Ihre einzigartige Persönlichkeit darstellen, erklären und über sich selbst Gemeinsamkeiten mit Ihren Bezugsgruppen herstellen. Ihre Kommunikation umfasst, über was Sie sprechen (Inhalt), also mit welchen Botschaften Sie Ihre Persönlichkeit darstellen und

Abb. 2.8 Orte können zum einzigartigen Vorstellungsbild von der Wissenschaftlerin oder vom Wissenschaftler beitragen. (© HQUALITY/stock.adobe.com)

Abb. 2.9 Orte können zum einzigartigen Image beitragen. (© Chudakov/stock.adobe.com)

wie Sie deren Einzigartigkeit begründen. Für den Inhalt können Sie die Motive nutzen, also das Beziehungsmotiv, das Leistungsmotiv, das Machtmotiv, das Freiheitsmotiv (siehe ausführlich Abschn. 2.2 und die dortigen Beispiele). Zur Ihrer Kommunikation gehört auch, wie Sie über Ihre Persönlichkeit sprechen und diese ausdrücken (Form).

▶ Kommunikation besteht aus dem, *was* die Wissenschaftlerin bzw. der Wissenschaftler sagt und *wie* sie oder er es sagt.

Die Bedeutung des Gesagten und Geschriebenen ist zum einen offensichtlich und bewusst; zum anderen senden Sprache und Stimme eines Menschen viele Informationen, die unbewusst bleiben, wie das Verwenden bestimmter Begriffe, die Stimmhöhe oder die Stimmfärbung. Gehen Sie mit Ihren Kolleg*innen gemeinsam lieber zu einem Fest, zu einem Event oder zu einer VIP-Veranstaltung? Von welcher Veranstaltung würden Sie sich stärkere Reize erwarten? Mit den Wörtern, die eine Wissenschaftlerin oder ein Wissenschaftler verwendet, sagt die Person immer etwas über sich selbst aus: Ist ihr Sicherheit und Beständigkeit wichtig, dann argumentiert sie mit dem Blick zurück. Typische Formulierungen sind: „Früher war alles besser!" und: „Damals, als ich hier anfing ...". Sie argumentieren eher pessimistisch und nach außen gerichtet: „Das wissenschaftliche Umfeld zwingt uns, ..." und: „Die Wirtschaftslage ist schuld!". Sind die Wissenschaftlerin bzw. der Wissenschaftler durch das Machtmotiv geprägt, sind deren bzw. dessen Denken und Sprache zuversichtlich („Das werden wir gemeinsam schaffen!").

Kennzeichen der Sprache
Zur Kommunikation gehören zum Beispiel:

- Worte,
- Fremdwörter,
- Namen,
- Wortklang,
- Sätze,
- etc.

Sie können durch die Verwendung der Muttersprache, z. B. mit regionalen Färbungen oder Akzenten, Ihre Nähe zu Ihren Bezugsgruppen ausdrücken. Prüfen Sie, ob Sie Ihre Stimme durch Training (Aussprache, Atmung etc.) entwickeln sollten. Zur Kommunikation gehört auch, ob Sie für Laien verständlich sind: Viele Bücher von Wissenschaftler*innen lesen sich wie spannende Krimis oder unterhaltsame Entdeckungsgeschichte.

2.4 Erscheinungsbild

Beispiele aus der Sprache
- Traditionelle Begriffe der Muttersprache,
- häufige neue Begriffe, Modebegriffe,
- häufige persönliche Gespräche, umgangssprachliche Wörter, Duzen, Muttersprache, Akzente und Dialekte,
- Vorträge, mediale Mittel und Maßnahmen wie E-Mails,
- Verwendung von Anglizismen und typische Managementsprache,
- Verwendung von Titeln und formaler Ansprache.

Weitere ausführliche Erläuterungen finden Sie im Buch „Charisma ist keine Lampe" (Herbst, 2008).

Beispiel Stimme
Die Stimme kann zum ersten spontanen Eindruck von einem Menschen entscheidend beitragen. Die Stimme gibt Wörtern Sinn und Bedeutung, sie drückt Gefühle und Stimmungen aus. Reden, Gespräche und Verhandlungen sind auf den bewussten Einsatz der Stimme angewiesen. Jede Stimme ist einzigartig. Sie kennzeichnet die Persönlichkeit. Sprachexpert*innen können das Alter einer Person anhand der Stimme bestimmen und die Gegend, in der die Person gelebt hat.

Das Gehirn prüft den Inhalt des Gesagten automatisch. So können Sie sich auf den Klang der Stimme konzentrieren und prüfen, welche Gefühle die Person hat. Wenn diese Traurigkeit fühlt, erschlaffen die Muskeln in der Kehle, die Stimmlippen erreichen nicht mehr die volle Spannung und schlagen viel langsamer zusammen. Die Speichelproduktion im Rachenraum sinkt. Der Mensch klingt tiefer. Wenn unser Gegenüber wütend wird, spannen sich die Muskeln im Kehlbereich an, gleichzeitig bleibt ihm fast die Spucke weg; die Stimmlippen sind jetzt kürzer, härter und erzeugen mehr Obertöne. Die höchste Sprechgeschwindigkeit ist erreicht. Die Stimme klingt schärfer und höher. Schon nach einer halben Sekunde ist zu erkennen, dass dem Gegenüber etwas die Kehle zuschnürt.

Was kennzeichnet meine Stimme? Sehen Sie dazu die Selbstbeurteilung in Tab. 12.6 im Anhang.

2.4.4 Verhalten

Ihr Verhalten ist das wichtigste Element Ihres Erscheinungsbildes, denn an ihm werden Sie letztlich beurteilt. Sie müssen also durch Ihr Verhalten einlösen, was sie durch Ihr Äußeres und Ihre Kommunikation versprechen. Vorleben ist am glaubwürdigsten und hilft anderen, Ihr Verhalten zu übernehmen. Leben Sie also Ihre Werte – und leben Sie anderen diese Werte vor.

Beispiele: So kann sich Verhalten zeigen
- Gewohnheiten,
- dauerhafte Bindungen,
- Rituale,
- Fürsorge,
- häufiger Arbeitsplatzwechsel,
- häufiger Wechsel von Projekten,
- Suche nach Körperkontakt,
- auf das Gegenüber eingehend,
- Körperkontakt meiden,
- Medien statt persönlicher Kommunikation.

Welches Verhalten kennzeichnet Sie: Sind Sie zurückgezogen oder suchen Sie das Bad in der Menge? Zeigen Sie Fürsorge oder sind Sie kritisch distanziert? Oder sind Sie gar vergleichbar mit einem spielenden Kind, das kreativ ist und gerne Dinge ausprobiert?

Beispiele für Verhalten
- **Verhalten gegenüber Kolleg*innen und Mitarbeiter*innen:** Sind Sie offen für Vorschläge und gesprächsbereit? Gehen Sie auf Ihre Kolleg*innen und Mitarbeiter*innen ein? Wie ist Ihr Führungsstil?
- **Verhalten gegenüber Bezugsgruppen:** Richten Sie Ihr Verhalten an Ihren Bezugsgruppen aus? Halten Sie Qualitätsgrundsätze ein? Verhalten Sie sich ehrlich, solide und transparent?
- **Verhalten gegenüber Geldgebern:** Ist Ihre Kommunikation offen und glaubwürdig?
- **Verhalten gegenüber gesellschaftlichen Gruppen:** Wie verhalten Sie sich gegenüber kulturellen Interessen, gegenüber Ökoproblemen, dem Fortschritt in Wissenschaft und Technik und dem sozialen Wandel?

▶ Beweisen Sie Ihr Handeln durch Bilder und Geschichten. Dies überzeugt besonders stark (Kap. 9).

2.5 Authentizität

2.5.1 Bedeutung

Authentizität bedeutet, dass Ihr Denken, Fühlen und Handeln eine Einheit bilden und synchron sind. Menschen, bei denen dies der Fall ist, werden auch als „charismatisch" bezeichnet. Stimmen Ihr Aussehen, Ihre Sprache und Ihr Handeln nicht überein, kann dies dazu führen, dass Ihr Gegenüber diese Widersprüche wahrnimmt und irritiert ist. Es entsteht kein klares Vorstellungsbild von Ihrer Person und davon, was Ihr Gegenüber von Ihnen zu erwarten hat. Zur Erinnerung: Das klare Vorstellungsbild von Ihnen entscheidet maßgeblich über das Verhalten anderer Menschen Ihnen gegenüber. Sie können also nur jene Werte glaubwürdig vermitteln, über die Sie selbst verfügen. Appellieren Sie also nicht an den Gemeinschaftsgeist, wenn Sie ein Einzelkämpfer sind; stehen Sie dafür, Neues zu entdecken, müssen Sie auch mutig sein, etwas wagen und Risiken eingehen.

2.5.2 Echtheit statt Perfektion

Viele Menschen streben in ihrem Selbstmarketing den perfekten Auftritt an. Ist dies sinnvoll? Und machbar? Hierauf gibt es mehrere Antworten: Zunächst einmal machen kleine Schwächen menschlich. Wer ist schon gern oft mit perfekten Menschen zusammen? Ihre kleinen Schwächen zeigen, dass Sie genauso „unvollkommen" sind wie andere.

Authentisch auch mit unseren Schwächen zu sein ermöglicht anderen das Vertrauen in uns. Ihr Gegenüber möchte wissen, wer Sie tatsächlich sind, um das Handeln daran auszurichten. Kommt jemand perfekt daher, könnte das wahrgenommene Risiko steigen, dass dieser Mensch enttäuschen könnte.

Auch ist es problematisch, anderen etwas vorzuspielen, weil dies viel Energie kostet. Menschen handeln Großteils automatisch und ohne zu überlegen – dies spart Energie für das bewusste Nachdenken (Herbst, 2008). Spielt eine Wissenschaftler*in ihrem Umfeld etwas vor, muss sie sich ständig überlegen, wie sie gemäß ihrer Rolle handeln müsste. Diese Überlegungen kosten sehr viel Energie. Und was geschieht, wenn eine unerwartete Situation auftritt, in der die Person spontan handeln muss?

Verstellen macht auf Dauer unglücklich und krank, weil der Mensch seine wahre Persönlichkeit leugnet. Die Psychologin Maja Storch und ihre Kolleg*innen schreiben (Storch et al., 2020):

> „Wenn man den Menschen in einer Art To-do-Liste antrainiert, wie sie zu lächeln haben, dass sie die Arme nicht vor der Brust verschränken dürfen oder dass sie mit der Faust energisch auf das Rednerpult schlagen müssen, um entschlossen zu wirken, erreicht man in den allermeisten Fällen das Gegenteil von dem, was man beabsichtigt hat. Der Mensch wirkt unecht, die Körpersprache automatenhaft."

Wie soll dies funktionieren? Der Verstand verordnet, ein Gefühl zu haben, das nicht vorhanden ist und der Körper soll dies zeigen? Wie schwer dies ist, sich gemäß einer Rolle zu verhalten, wissen Schauspieler, die nach der Vorstellung völlig erschöpft sind. Dazu Storch et al. (2020):

„Nur dann, wenn dieser Vorgang selbst gestaltet wurde, existiert ein echt individuelles neuronales Netzwerk, denn es wurde an persönliche, bereits vorhandene Gedächtnisinhalte gekoppelt. Und nur dann wirkt das neue Handeln authentisch und nicht antrainiert."

2.5.3 Vertrauen

In der Wissenschaft geht es darum, durch Forschen und Erkennen Wissen hervorzubringen – Wissen, das überprüfbar und systematisch dokumentiert ist und veröffentlicht wird. Wissenschaftler*innen haben sich dem Prinzip verschrieben, dass ihre Erkenntnisse methodisch gesichert sind. Ihre authentische Persönlichkeit ermöglicht Ihren Bezugsgruppen, Sie in diesen wichtigen Anforderungen als zuverlässig zu erleben. Diese wissen, was Sie können, welchen einzigartigen Nutzen Sie bringen, wohin Sie sich entwickeln, aber auch, wo Ihre Grenzen sind.

▶ Vertrauen ist für Ihre Bezugsgruppen deshalb so wichtig, weil es deren wahrgenommenes Risiko verringert, von Ihnen enttäuscht zu werden.

Vertrauen Ihnen Ihre Bezugsgruppen, können diese über eine Unterstützung entscheiden, ohne lange zu prüfen. Sie sparen vielleicht sogar Geld, das sie ausgegeben hätten, um das Risiko zu verringern, zum Beispiel Informationskosten für die Suche nach geeigneten, zuverlässigen Anbieter*innen (Headhunter).

Vertrauen bedeutet das Gegenteil von Angst: Das Risiko, dass der Mensch enttäuscht, wird als gering wahrgenommen. Das Gegenüber sollte daher sicher sein, nicht von Ihnen enttäuscht zu werden. Die Studien entsprechen den wissenschaftlichen Qualitätsstandards, die abgeleiteten Empfehlungen sind korrekt und hilfreich, das Geld für das Lehrbuch ist gut angelegt.

Das Vertrauen in die Zuverlässigkeit soll den Grundstein für eine langfristige Beziehung legen, denn, so sagen dies die Marketingexperten Meffert und Burmann (1996):

Man bleibt nur dem treu, dem man vertraut.

Vertrauen ist schnell dahin, wenn Forschungsergebnisse gefälscht sind. Die Leistung muss stimmen. Der Forscher oder die Forscherin geben ein Erlebnisversprechen ab, das sie überzeugend einhalten müssen, damit sie verlässlich sind. Kompetenz wird damit zur Grundlage von Vertrauen.

Vertrauen müssen Sie sich erarbeiten, Sie können es nicht kommunizieren. Studien zeigen, was Vertrauen schafft:

- **Kontakt zur Leistung:** Bieten Sie daher Präsentationen Ihrer Leistungen. Sorgen Sie dafür, dass sich Menschen über Ihre Leistungen austauschen.

- **Direkte Kommunikation zwischen Ihnen und Ihren Bezugsgruppen:** Zeigen Sie, dass Sie hinter Ihrer Leistung stehen und mit ihr die Motive der Bezugsgruppen erfüllen wollen. Hierfür eignet sich besonders der persönliche Kontakt, zum Beispiel auf einer Konferenz.
- **Berechenbarkeit:** Sie sollten Ihr Erlebnisversprechen dauerhaft und zuverlässig erfüllen. Ihr Image spielt hierbei die essenzielle Rolle, denn nicht Ihre objektive Leistung entscheidet, sondern das subjektive Bild, das andere von dieser Leistung haben.
- **Selbstbindung:** Beweisen Sie glaubhaft, dass Sie von Ihrer Leistung überzeugt sind. Sie können Ihre Grundsätze und Qualitätsrichtlinien veröffentlichen und Beweise für Ihre Überzeugung anbieten.
- **Sicherheit:** Haben Sie Auszeichnungen erhalten oder gibt es Urteile von Expert*innen über Ihre Leistung?
- **Empfehlungen Dritter:** Besonders stark wirken Empfehlungen Dritter. Die Frage: „Würden Sie diese Wissenschaftlerin/diesen Wissenschaftler weiterempfehlen?" gilt als Superdimension für Ihr Selbstmarketing.

2.6 Übersicht: Erscheinungsbild

Erstellen Sie eine Übersicht der Ausdrucksformen Ihrer Persönlichkeit, also Äußeres, Kommunikation und Verhalten wie in Tab. 12.7 im Anhang. Prüfen Sie, was Sie authentisch und glaubwürdig für Ihr Selbstmarketing nutzen.

2.7 Wichtigste Botschaften

- Im Zentrum Ihres Selbstmarketing stehen Ihre Leistungen und Ihre einzigartige Persönlichkeit: Erfolgreiches Selbstmarketing setzt das Selbstverständnis über die eigene Persönlichkeit und die eigene Leistung voraus.
- Das Aufdecken Ihrer einzigartigen Persönlichkeit hilft Ihnen, sich gegenüber anderen Wissenschaftler*innen abzugrenzen und eine Alleinstellung in den Köpfen Ihrer Bezugsgruppen zu erlangen.
- Die Persönlichkeit besteht bei Menschen aus vier Motiv- bzw. Zielsystemen: Beziehung, Leistung Macht und Freiheit. In diesen Motiven ist verortet, was Ihnen wichtig ist und was Ihr Denken, Fühlen und Handeln leitet (siehe Abschn. 2.2).
- Diese vier Zielsysteme haben auch Ihre Bezugsgruppen. Dies ermöglicht Ihnen, sich selbst im Bezug zu anderen Wissenschaftler*innen zu positionieren (hierzu ausführlich Abschn. 4.4).
- Ihre Persönlichkeit kann sich entwickeln. Daher sollten Sie festhalten, welche Entwicklung Sie für die kommenden Jahre planen. Grundlage kann Ihr Erlebnisversprechen sein (siehe Abschn. 2.8).

- Ihr Erscheinungsbild kann Ihre einzigartige Persönlichkeit vermitteln. Dies dient dem schnellen Erkennen, dem klaren Unterscheiden und dem kraftvollen Profilieren.
- Ihr Gegenüber orientiert sich an Schlüsselinformationen Ihrer Person. Von diesen einzelnen, zentralen Reizen und Eigenschaften schließt dieses auf Ihre gesamte Person.
- Erscheinungsbild, Kommunikation und Verhalten sollten widerspruchsfrei sein und sich zumindest nicht widersprechen, weil dies das klare Bild von Ihnen trüben könnte.
- Besonders wirksam für das Vermitteln der Persönlichkeit sind Geschichten und Bilder, die auffallen, die informieren und Erlebnisse vermitteln, die nachhaltig erinnert werden können (siehe Kap. 9).
- Ihre authentische Persönlichkeit und Ihre einzigartigen Leistungen ermöglichen Vertrauen, denn jede oder jeder kennt Sie und weiß, woran sie oder er bei Ihnen ist. Ihre Bezugsgruppen können Sie als zuverlässig erleben und das Risiko als gering wahrnehmen, von Ihnen enttäuscht zu werden.

2.8 Aufgaben

- Wie zeigt sich Ihre Persönlichkeit in Ihrem äußeren Erscheinungsbild, in Ihrer Kommunikation und in Ihrem Verhalten?
- Wie zeigt es sich in Ihrer Kommunikation?
- Wie in Ihrem Verhalten?
- Wie grenzen Sie sich dauerhaft gegenüber anderen Wissenschaftler*innen ab?

Buchtipp

Als Literatur zur Vertiefung empfehlen wir Ihnen das Buch „Charisma ist keine Lampe" (Herbst, 2008).

Erlebnisversprechen der Wissenschaftler*innen

3

> **Zusammenfassung**
>
> Hilfreich für das Selbstmarketing eines Wissenschaftlers oder einer Wissenschaftlerin kann es sein, sich selbst kurz und knapp beschreiben zu können. Dieses Kapitel stellt Ihnen das Erlebnisversprechen vor, das Ihre Bezugsgruppen über Sie und Ihre Leistungen informiert.

3.1 Bedeutung

Das Erlebnisversprechen ist jenes Versprechen, das Sie Ihren Bezugsgruppen wie Forscherkolleg*innen, Kooperationspartner*innen, Förder*innen und Journalist*innen geben. Das Erlebnisversprechen formuliert auf Basis Ihrer Person und Ihrer Leistung, durch welche Erlebnisse Sie das Leben Ihrer Bezugsgruppen bereichern. Es beschreibt, warum Ihre Bezugsgruppen mit Ihnen ihre Ziele am besten erreichen können. Dies kann das Ziel sein

- eine angenehme Beziehung einzugehen (Beziehung);
- etwas Neues zu entdecken und Herausforderungen erfolgreich zu meistern (Leistung);
- etwas zu bewegen und Einfluss auf andere Menschen auszuüben (Machtmotiv);
- sich frei zu fühlen und Dinge auf seine eigene Weise zu tun (Freiheitsmotiv).

In Abschn. 2.2 sind diese Ziele bzw. Motive ausführlich beschrieben, weil sie auch die Persönlichkeit des Wissenschaftlers bzw. der Wissenschaftlerin ausmachen. Das Erreichen der Ziele führt bei den Bezugsgruppen zu einem guten Gefühl: Sicherheit, Anregung, Siegesgefühl, Freisein.

Das Erlebnisversprechen sollte auch Ihr Profil im akademischen Umfeld sein. Wichtig ist, dass das Erlebnisversprechen Sie dazu bringt, sich immer weiter zu verbessern. Fragen Sie sich auch, was fehlen würde, wenn es Sie nicht geben würde.

▶ Das Erlebnisversprechen ist das Versprechen an wichtige Bezugsgruppen, dass diese ihre Ziele mit Ihnen am besten erreichen.

3.2 Bestandteile

Das Erlebnisversprechen ist im ersten Schritt hilfreich, um das eigene Selbstverständnis als Wissenschaftler*in zu formulieren. In dieser ersten Fassung muss es noch nicht kommuniziert werden. Hilfreich ist, dies in einem Satz zu formulieren, denn es ist am schwersten, die eigene Person möglichst kurz zu beschreiben. Diese Kurzform wird auch als „Elevator Pitch" bezeichnet, das vom Bild ausgeht, gemeinsam mit einer wichtigen Person im Lift zu stehen und nur Sekunden zu haben, um sich vorzustellen.

Das Erlebnisversprechen besteht aus drei Bestandteilen: erstens den Kerninformationen über die eigene Person; zweitens der Leistung und drittens jenem einzigartigen und attraktiven Erlebnis, das Bezugsgruppen fühlen, wenn Sie handeln:

- **Wer bin ich („Ich bin")**: Für die Bezugsgruppen ist es zunächst wichtig, Sie einordnen zu können. Sie könnten formulieren „Krebsspezialist", „Expertin für E-Mobility" oder auch eine Rolle wie „Erfinderin" oder „Entdecker".
- **Was tue ich („Der Dir")**: Was ist Ihre Leistung? Was tun Sie und wie tun Sie es? Ihre Bezugsgruppen wollen ein klares Bild von Ihrer Tätigkeit erhalten. Beispiele: „Ich erforsche…", „Ich bin auf der Suche nach…", „der Wege finden will…".
- **Warum ist dies so einzigartig attraktiv („Damit Du")**: Hier kommt zum Ausdruck, welches Motiv und das damit verbundene Gefühl Sie ansprechen. Beispiele sind: „damit du selbstbestimmt leben kannst" oder „damit Du Neues entdecken kannst". Dieses Versprechen kann darin bestehen, dass Sie dazu beitragen, Bedürfnisse nach Balance und Geborgenheit, nach Anregung und Wandel oder nach Status und Überlegenheit zu befriedigen.

▶ Das Erlebnisversprechen besteht aus den Aussagen, wer die Wissenschaftlerin bzw. der Wissenschaftler ist, was diese oder dieser leistet und welches Ziel dies einzigartig in den Bezugsgruppen auslöst.

Erlebnisversprechen löst Erwartungen aus
Das Erlebnisversprechen löst bei den Bezugsgruppen Erwartungen aus, welche Konsequenz es hat, Sie als Wissenschaftler*in zu unterstützen.

- Wie werde ich mich fühlen, wenn ich die Wissenschaftlerin bzw. den Wissenschaftler unterstütze?
- Wie stark wird diese bzw. dieser zum Erreichen meiner eigenen Ziele beitragen („Goal Value")?
- Wie werde ich auf andere wirken, wenn ich die Wissenschaftlerin bzw. den Wissenschaftler unterstütze?

3.3 Wirksamkeit

Das Erlebnisprofil sollte einzigartig sein. Dies gibt Forscher*innen ein Profil und grenzt dies von anderen ab. Je klarer das Erlebnis, desto schneller und gezielter können Bezugsgruppen entscheiden. Starke Erlebnisse, die durch das Erlebnisversprechen in Aussicht stehen, erzeugen innere Bilder in den Köpfen der Bezugsgruppen. Sie wirken besonders stark auf das Verhalten. Folgende Bedingungen müssen vorhanden sein, damit diese wirken:

- **Klar und deutlich:** Das Erlebnis sollte sich klar und deutlich von anderen Erlebnissen abgrenzen und zu den täglichen Erlebnissen der Bezugsgruppen passen
- **Attraktiv:** Das Erlebnis sollte attraktiv sein, also den Motiven der Bezugsgruppen entsprechen.
- **Authentisch:** Das Erlebnisversprechen sollte stimmig sein und dem Denken, Fühlen und Handeln des Forschers bzw. der Forscherin entsprechen (authentisch). Ist es aufgesetzt, spüren das die Bezugsgruppen und reagieren womöglich mit Skepsis und Ablehnung (siehe Abschn. 2.5).

Beispiele für Erlebnisversprechen
- „Ich bin der Schmerzexperte, der mit neusten Technologien nach Wegen zur Heilung sucht, damit Du ein selbstbestimmtes Leben führen kannst."
- „Ich bin der führende Experte für international ausgerichtetes Management. Ich erforsche die Erfolgsfaktoren für herausragende Fach-, Methoden- und Sozialkompetenz und helfe damit auf dem Weg zu beruflichem Erfolg."
- „Ich bin die Spezialistin für den Klimaschutz. Durch die Weiterentwicklung vorhandener neuester Technologien ermögliche ich Ihnen, sich sicher zu fühlen."

Tipps für die Umsetzung
- **Konzentrat in einem Satz:** Das Erlebnisversprechen besteht möglichst aus einem Satz. Wichtig: Dieser Satz ist zunächst nur für Sie und Ihr Selbstbild bestimmt. In

der späteren Kommunikation können Sie diesen Satz nach Bedarf anpassen, zum Beispiel auf drei Sätze aufteilen. Wir empfehlen Ihnen, zunächst Ihr Erlebnisversprechen auf einen Satz zu komprimieren, weil dies das Schwerste ist: ein Konzentrat zu formulieren, das in kürzester Zeit Orientierung und Entscheidungshilfe gibt.

- **Ziele und Gefühle beachten:** Der dritte Teil des Erlebnisversprechens („…damit Du…") spricht die Motive/Ziele und Gefühle der Bezugsgruppen an. Wir empfehlen daher dringend, diese sorgfältig zu formulieren („damit Sie sich sicher fühlen", „damit Sie Neues entdecken können…", „damit Sie mehr bewegen können…"). Die Formulierung des Erlebnisversprechens zwingt Sie, sich selbst mit den Augen der Bezugsgruppen zu sehen.
- **Du-Form:** Wir empfehlen, die Du-Form zu nutzen. Die Du-Form bringt Sie meist gedanklich und emotional näher an Ihre Bezugsgruppen heran und kann daher sehr hilfreich sein. In der Kommunikation mit Ihren Bezugsgruppen können Sie weiterhin die Sie-Form verwenden.

Kernfragen
Was sind wichtige Fragen, um seine eigene Persönlichkeit als Wissenschaftler*in zu erkennen und zu positionieren?

- Was kennzeichnet Ihre **Persönlichkeit als Wissenschaftler*in?** Was unterscheidet Sie von anderen und was macht Sie für Ihre Bezugsgruppen so attraktiv?
- Welches **Erlebnisversprechen** haben Sie sich gegeben, das Ihre Persönlichkeit kurz und prägnant beschreibt?
- Wie berücksichtigen Sie die **Ziele** Ihrer Bezugsgruppen? Warum tun Sie dies auf einzigartige Weise?
- Wie tragen Sie dazu bei, dass Ihre **Bezugsgruppen deren Ziele** mit Ihnen am besten erreichen?
- Wie **positionieren** Sie sich und grenzen sich dauerhaft gegenüber anderen Wissenschaftler*innen ab?

3.4 Erlebnisdimensionen

Aus dem Erlebnisversprechen können Sie Erlebnisdimensionen ableiten. Erlebnisdimensionen sind jene Aspekte, in denen Ihre Bezugsgruppen Sie immer wieder erleben können. Diese sind hilfreich, um sich selbst klarer zu werden über

- die wesentlichen Bestandteile des Erlebnisversprechens;
- deren Bedeutung für die Bezugsgruppen;
- die Geschichten, die Sie über die Umsetzung Ihres Erlebnisversprechens erzählen (siehe Abschn. 9.1.5).

Häufige Erlebnisdimensionen für Wissenschaftler*innen sind:

- **Projekte:** Wie tragen Ihre Projekte dazu bei, die Ziele der Bezugsgruppen einzigartig zu erreichen? Welche Projekte sind das? Was macht dieses Projekt einzigartig?
- **Wissen:** Wie ist es entstanden? Wie entwickeln Sie es weiter? Wie trennen Sie sich von altem Wissen?
- **Menschen:** Mit welchem Menschen forschen oder arbeiten Sie gemeinsam und wie leben Sie dort Ihre Erlebnisversprechen, zum Beispiel nach sozialer Nähe?
- **Kooperationen:** Aus dem Erlebnisversprechen der Leistung könnten Sie anhand von Kooperationen zeigen, wie Sie das Erlebnisversprechen umsetzen und wie Sie Ihre Leistung kontinuierlich entwickeln.

Diese Erlebnisdimensionen sind auch für Ihr langfristiges Wissen zum Imageaufbau wichtig: Sie können Ihre Aktivitäten auf diese Erlebnisdimensionen ausrichten und in Ihrem Storytelling immer wieder Beispiele für deren Umsetzung geben (siehe Abschn. 9.1.5).

Leitfragen zu den Erlebnisdimensionen
- Welche Bereiche sind wichtig, um Ihre Tätigkeit als Wissenschaftler*in und Ihre Persönlichkeit zu verdeutlichen?
- Was sind Bereiche, in denen Sie Kontakt zu Ihren Bezugsgruppen haben?
- Was sind Inhalte, die Sie in Ihrer Kommunikation mit Bezugsgruppen immer wieder darstellen werden?
- Was werden wiederkehrende Inhalte Ihres Storytelling sein (siehe Abschn. 9.1.5)?

Nutzen Sie die Möglichkeit in Tab. 12.8 im Anhang, Ihre Erlebnisdimensionen zu verschriftlichen.

3.5 Wichtigste Botschaften

- Das Erlebnisversprechen ist der Kern Ihres Selbstmarketing.
- Es drückt aus, wer Sie sind, was Sie leisten und warum Ihre Bezugsgruppen deren Ziele mit Ihnen am besten erreichen können.
- Aus dem Erlebnisversprechen können Sie Erlebnisdimensionen entwickeln, die Ihnen bei der Vermittlung helfen (siehe Kap. 7).
- Das Erlebnisversprechen sollte klar und attraktiv für die Bezugsgruppen sein.

Buchtipp
Als Literatur zur Vertiefung empfehlen wir Ihnen das Buch „Konfliktmanagement und Unternehmenserfolg" von Jeschke (1998).

Die Positionierung

> **Zusammenfassung**
>
> Zu den wichtigsten Herausforderungen im Selbstmarketing gehört, sich im wissenschaftlichen Umfeld klar zu positionieren. Nur so erhalten Wissenschaftler*innen ein Profil und erleichtern den Bezugsgruppen deren Entscheidungen.

Positionierung bedeutet, Sie als Wissenschaftler*in in den Köpfen Ihrer wichtigen Bezugsgruppen mit einer Alleinstellung dauerhaft zu verankern – Sie nehmen dort einen Logenplatz ein. Fehlt das Profil, könnten Sie womöglich als austauschbar wahrgenommen werden.

▶ Die Positionierung dient dem Aufbau und der Entwicklung eines einzigartigen Profils als Wissenschaftler*in.

Zeigen Sie auch Ihre Grenzen, Ihre Ecken und Kanten. Seien Sie mutig: Legen Sie sich fest, für was Sie stehen. Kopieren Sie nicht unüberlegt andere Wissenschaftler*innen, sondern schaffen Sie sich eine starke, eigenständige Position. Ihr Profil entsteht durch Grenzen: Grenzen, was Sie sind und was nicht. Der Journalist Wolf Lotter (2005) schreibt in der brandeins auf Seite 55: (Lotter, 2005)

> Die Abweichung erzeugt Originale. Die Norm erzeugt Kopien.

4.1 Vorgehen

Zur Positionierung können Sie zum einen Ihre Leistung als Wissenschaftler*in heranziehen, zum anderen die Ziele, die mit Ihrem Anliegen verbunden sind (siehe Abschn. 2.2). Gehen Sie wie folgt vor:

1. **Eigene Leistung prüfen:** Prüfen Sie, ob Sie sich in den Themen unterscheiden, die Sie als Wissenschaftler*in erforschen (Ihre Inhalte als Wissenschaftler*in), oder auch in den Methoden, wie Sie dies tun (Form).
2. **Eigene Ziele prüfen:** Prüfen Sie jedes der vier Motive, wie stark sie bei Ihnen ausgeprägt sind und Ihr Denken, Fühlen und Handeln bestimmen. Prüfen Sie die Motive Ihrer Bezugsgruppen und beantworten Sie die Frage, wie Sie auf einzigartige Weise beitragen, dass Ihre Bezugsgruppen ihre Ziele erreichen. Also was zum Beispiel ist dem Geldgeber wichtig: Sicherheit? Neue Wege der Förderung? Ergebnisse, die möglichst wirksam sind? Wählen Sie ein oder zwei Ziele und stellen Sie diese besonders bei der Vermittlung an die Bezugsgruppen heraus, zum Beispiel Macht und Leistung.
3. **Kommunikation:** Schon an dieser Stelle möchten wir erwähnen, dass es eine weitere Option gibt: Ihre Kommunikation. Sie kommunizieren anders als andere Wissenschaftler*innen – dies ist immer möglich. Dieses Kriterium diskutieren wir ausführlich in Kap. 7).

▶ Grundsätzlich können Sie Ihre Leistung als Wissenschaftler*in nutzen und die Motive, die mit Ihrem Anliegen verbunden sind.

Ihre Positionierung können Sie finden, wenn Sie sich folgende Fragen stellen:

- **Was kann ich am besten:** Zum Beispiel gute Beziehungen in Netzwerken pflegen? Dinge voranbringen? Völlig Neuartiges erfinden? Ihre Positionierung sollte möglichst auf Ihrer besonderen Kompetenz basieren.
- **Was will die Bezugsgruppe:** Das Ziel, das Sie besetzen, muss entscheidungsrelevant für die Bezugsgruppe sein, also was ist den Bezugsgruppen besonders wichtig? Welches Ziel ist entscheidungsrelevant für Kolleg*innen, Geldgeber, Journalist*innen?
- **Was ist durch andere Wissenschaftler*innen bereits besetzt:** Positionierung bedeutet, eine einzigartige Position in den Köpfen der Bezugsgruppen einzunehmen. Sie sollten daher eine Positionierung suchen, die noch nicht von anderen Wissenschaftler*innen besetzt ist.

Achtung Positionierungsfalle
Wichtig zu beachten: Wenn Sie sich in einem oder zwei Motiv-/Zielsystemen positionieren, bedeutet das nicht, dass Sie Ihre anderen Ziele aus den Augen verlieren.

Stattdessen empfehlen wir dringend, alle vier Ziele im Auge zu behalten. Welche Probleme können sonst entstehen? Vernachlässigt der Wissenschaftler sein bzw. die Wissenschaftlerin ihr Beziehungsmotiv, könnte er bzw. sie zu wenig Aufmerksamkeit auf die Entwicklung von Beziehungen legen. Ignoriert jemand sein Machtmotiv, könnten die Bezugsgruppen diesen als wenig durchsetzungsstark und wirkungsvoll erleben. Stellen Sie sich vor, Sie haben sich mit dem Leistungsmotiv positioniert, ein Journalist stellt dann aber die Frage nach der sozialen Verantwortung. Daher beachten Sie:

▶ Positionieren Sie sich in einem oder zwei Zielsystemen, um sich von anderen zu unterscheiden; aber behalten Sie stets auch die anderen Motive im Auge.

4.2 Wirkprinzipien

Die wichtigste Wirkdimension für Ihre Positionierung sind Klarheit und Attraktivität.

4.2.1 Superdimension Klarheit

Für die Wirkung Ihrer Positionierung ist entscheidend, ob Ihre Bezugsgruppen ein klares Bild von Ihnen und Ihrer Kompetenz haben. Wie klar also ist Ihren Bezugsgruppen Ihre Positionierung? Wie klar und deutlich ist Ihren Bezugsgruppen das Erlebnisversprechen, das Sie abgeben? Vor allem: Haben Sie ein klares Bild von Ihrer einzigartigen Leistung und dem einzigartigen Nutzen für sie?

Viele Studien zeigen: Je klarer und einzigartiger das eigene Profil, desto stärker wird der Unterschied zu anderen Wissenschaftler*innen wahrgenommen. Die Klarheit Ihres Profils gilt der Forschung nach als „Superdimension" der Kommunikationswirkung. Schaffen Sie also klare Vorstellungen von sich – vermeiden Sie unklare und diffuse Eindrücke. Klarheit entsteht vor allem durch Kontraste: Was ist Ihr einzigartig attraktives Profil, das sich klar dem anderer Forscher*innen unterscheidet?

Klarheit ist auch aus einem anderen Grund so wichtig: Die Entwicklung vieler Themen in der Wissenschaft verläuft rasend schnell und der einzig erfolgreiche Weg, Klarheit herzustellen, besteht in der Prozesskommunikation: Sie hält alle Beteiligten auf dem Laufenden. Schaffen Sie also unbedingt klare Bilder von sich und Ihrer Arbeit bei Ihren Bezugsgruppen:

- Woher kommen Sie?
- Wo stehen Sie heute?
- Wohin geht die Reise?
- Was bedeutet dies für Ihre Bezugsgruppen?

Die Bezugsgruppen wissen dann, wofür Sie stehen, was sie von Ihnen erwarten können und was nicht. Sie wissen, was bleibt und was Halt und Orientierung gibt. Sie wissen, was sich ändert. Sie können diese Vorstellungen bewerten und entscheiden, ob sie Ihre Anliegen unterstützen, weil sie diese begrüßen. Dies ist nicht einfach, denn die Verantwortlichen haben selbst oft wenig oder gar keine Informationen. Doch dies können Sie kommunizieren:

- Welche Informationen haben wir?
- Welche haben wir noch nicht?
- Wann haben wir die Informationen, die wir heute noch nicht haben?

▶ Klarheit in dynamischen Zeiten bezieht sich immer auf den Zeitpunkt der Kommunikation.

Storytelling ist eine wundervolle Technik, um Entwicklungen darzustellen.

Abweichen von der Norm
Einzigartiges Profil – so lautet eine der wichtigsten Anforderungen für das Selbstmarketing. Einzigartig heißt, sich von anderen zu unterscheiden. Um dies zu prüfen, können Sie das Prinzip der Abweichung von der Norm nutzen: Positionierung heißt ja, es anders als die anderen zu machen („So haben Sie das noch nicht erlebt!"). Gehen Sie wie folgt vor: Legen Sie eine zweispaltige Liste an, wie Sie dies in Tab. 12.9 im Anhang sehen. In der ersten Spalte listen Sie die Norm für Wissenschaftler*innen auf, also was der Standard der anderen ist. In der zweiten Spalte tragen Sie Ihre Abweichung ein, also was Sie als einzigartig kennzeichnen.

4.2.2 Attraktivität

Die Positionierung muss attraktiv für Ihre Bezugsgruppen sein. Sie können sich hierbei an den Motiven Ihrer Bezugsgruppen ausrichten (siehe Abschn. 2.2). Zwischen Klarheit und Attraktivität gibt es einen Zusammenhang: Je klarer das Bild von Ihnen ist, desto sympathischer werden Sie eingeschätzt. Grund ist, dass durch die Klarheit die Unsicherheit nachlässt: Ihre Bezugsgruppen wissen, wer Sie sind, worin Ihre Leistung besteht und worin Sie sich von anderen unterscheiden.

▶ Klar und attraktiv – so sollte Ihr Profil als Wissenschaftler*in sein.

4.2 Wirkprinzipien

Folgende Fragen können Sie sich stellen:

- Haben Ihre Bezugsgruppen ein klares Bild von Ihnen und Ihrer Leistung?
- Haben Ihre Bezugsgruppen ein klares Bild davon, was Sie zu deren Zielerreichung beitragen?
- Ist dieser Beitrag aus Sicht der Bezugsgruppen einzigartig attraktiv?

▶ **Tipps für die optimale Positionierung**
- **Immer alle vier Motivsysteme vorhanden?** Denken Sie daran, dass Sie, Ihre Bezugsgruppen und sämtliche Mitbewerber*innen alle vier Ziele haben. Sie sind jedoch von Mensch zu Mensch unterschiedlich stark ausgeprägt – jede und jeder hat also seinen eigenen Ziel-Mix. Außerdem setzen Menschen ihre Ziele unterschiedlich um: Das Bindungsmotiv kann in einer gelungenen Paarbeziehung gelebt werden und/oder im guten Kontakt zu Kolleg*innen. Beispiel: Der oder die Verantwortliche für die Vergabe von Forschungsgeldern möchte einen guten Kontakt zu einer Forscherin oder einem Forscher (Bindungsmotiv), sie möchten neue Wege gehen (Leistungsmotiv) und durch die Forschungsergebnisse der Studien möglichst große Wirkung erzielen, zum Beispiel bei der Behandlung von Krankheiten.
- **Oft sind Motivsysteme entscheidend:** Für Entscheidungen sind oft eines oder zwei der Motivsysteme entscheidend, zum Beispiel mit einer Forscherin oder einem Forscher neue Wege zu gehen und sich hierbei sicher und gut aufgehoben zu fühlen.
- **Konzepte prüfen:** Bei der Positionierung stellen Sie ein Motivsystem besonders heraus, das Sie besetzen. Es kann jedoch sein, dass Ihr gewünschtes Motivsystem bereits besetzt ist, zum Beispiel das Beziehungsmotiv, das mit Sicherheit, Fürsorge, sozialer Verantwortung und Nachhaltigkeit verbunden ist. In diesem Fall könnten Sie prüfen, ein Konzept innerhalb eines Motivsystems zu setzen. Konzepte sind komplexe Wissensbestände wie das Konzept des Forschers oder der Forscherin selbst, das aus den Bestandteilen Labor, Experimente, Apparaturen, Proband*innen etc. besteht. Wie Sie ein Konzept nutzen können? Statt allgemein das Beziehungsmotiv anzusprechen, könnten Sie innerhalb der Beziehung Konzepte wie „Familie", „Freundschaft", „Geselligkeit" oder Gesundheit" verwenden.

4.3 Wichtigste Botschaften aus diesem Kapitel

- Die klare Positionierung im wissenschaftlichen Umfeld gehört zu den wichtigsten Aufgaben im Selbstmarketing.
- Die Positionierung ist die Alleinstellung des Wissenschaftlers oder der Wissenschaftlerin in den Köpfen seiner oder ihrer Bezugsgruppen.
- Für die Positionierung können Sie Ihre Persönlichkeit nutzen, Ihre Leistungen und die Vermittlung, also die Art und Weise, wie Sie Ihre Persönlichkeit an die Bezugsgruppen vermitteln.
- Ist die Positionierung schwach, wird die Person als austauschbar wahrgenommen. Die Entscheidungsfindung der Bezugsgruppen läuft langsamer und ungezielter.
- Die Positionierung findet ihren Ausdruck im Erlebnisversprechen.

4.4 Aufgaben

- Entwickeln Sie Ihre Positionierung, also Ihre Alleinstellung im wissenschaftlichen Umfeld.
- Prüfen Sie Ihr Erlebnisversprechen daraufhin, ob es Sie einzigartig macht.
- Entwickeln Sie erste Ideen, wie Sie Ihre Positionierung an Ihre Bezugsgruppen vermitteln.

Bezugsgruppen 5

Zusammenfassung

Dieses Kapitel informiert Sie, nach welchen Kriterien Sie Ihre Bezugsgruppen bilden und gewichten können, um möglichst effizient vorzugehen. Sie erfahren, welche Prinzipien starke und dauerhafte Beziehungen erklären und bekommen ein Modell vorgestellt, das Sie für die Gestaltung Ihrer Beziehungsmuster nutzen können.

Ihre Ziele als Wissenschaftler*in können Sie womöglich besser erreichen, wenn andere Menschen Sie unterstützen. Solche wichtigen Bezugsgruppen für Forschende sind Kolleg*innen, Studierende, Geldgeber, Hochschulleitung, Nachwuchswissenschaftler*innen, Wissenschaftsjournalist*innen, Unternehmen, Politiker*innen und gesellschaftliche Interessengruppen. Sie hießen früher „Zielgruppen", heute eher „Bezugsgruppen", weil Sie eine dauerhafte Beziehung zu diesen aufbauen und systematisch entwickeln. Jede dieser Bezugsgruppen kann Sie durch einen speziellen Handlungsbeitrag unterstützen:

- **Fördergelder:** Geldgeber, Entscheider*innen
- **Kolleg*innen:** Kooperationen in der Forschung, Unterstützung von Anträgen, Kooperation in der Lehre, Teilen von internationalen Netzwerken
- **Journalist*innen:** Berichterstattung, öffentliche Meinungsbildung
- **Kooperationspartner*innen:** spannende, internationale Projekte
- **Studierende und wissenschaftlicher Nachwuchs:** Mitarbeit in Forschungsprojekten und Innovationen
- **Meinungsbildner*innen und Multiplikator*innen:** Empfehlungen, Reputation, Bekanntheit, Präsenz
- **Hochschulleitung:** optimale Forschungsbedingungen

- **Gesellschaft und Interessengruppen:** Problemstellungen als Anregungen für Innnovation und Problemlösungen mit gesellschaftlicher Bedeutung
- **Politiker*innen:** Handlungsfreiraum für Forschung, Schutz wie im Fall von Patenten

Erstellen Sie eine Liste mit Ihren Zielen. Bestimmen Sie, welche wichtigen Personen und Bezugsgruppen Sie bei der Erreichung dieser Ziele unterstützen können.

Für Ihr Selbstmarketing können interne und externe Bezugsgruppen wichtig sein:

- **Intern in Ihrer Wissenschaftsorganisation:** Hochschulleitung, Forschungsleiter*innen, andere Wissenschaftler*innen, Mitarbeiter*innen, Interessenvertretungen.
- **Extern, im gesellschaftlichen Umfeld:** Geldgeber, Journalist*innen, Politiker*innen etc.

Sie sollten daher prüfen, mit welchen Menschen und Gruppen von Menschen Sie eine Beziehung eingehen, um Ihr Anliegen besser voranzubringen (siehe Tab. 12.10 im Anhang).

Wichtige Aufgabe des Selbstmarketing ist es, mit diesen Bezugsgruppen eine dauerhafte Beziehung einzugehen. Wer mehrere Jahre lang zusammenarbeiten möchte, sucht sich Menschen, die zu einem passen. Die Beziehungsebene entscheidet daher meist über die Wahl der Partner*innen.

▶ Beziehungen sind einer der besten Profilierungsmöglichkeiten, denn: Beziehungen sind nicht kopierbar.

Menschen verfügen sogar über Nervenbotenstoffe und Hormone, die für Bindungen zuständig sind: So belohnt das Gehirn gelingende Beziehungen zwischen Menschen mit Dopamin, das gute Gefühle verursacht und aus diesem Grund auch „Glückshormon" genannt wird. Das soziale Wesen des Menschen erkennen Sie daran, dass Sie es mögen, wenn sich andere Menschen für Sie interessieren. Die Gemeinschaft bietet Sicherheit: Sie können sich sehr gut an den anderen Mitgliedern der Gemeinschaft orientieren. Eine Gruppe ist in sich oft homogen und grenzt sich nach außen möglichst stark ab.

Wie Sie sehen können, unterscheiden sich diese Bezugsgruppen darin, wofür sie sich interessieren (Erkenntnisgewinn etc.) und was das Ergebnis Ihrer Forschung für sie bedeutet (zum Beispiel Anwendbarkeit der Forschung in der Praxis).

▶ Bezugsgruppen erfordern unterschiedliche Kommunikation. Optimale Beziehungen, die im Sinne aller Beteiligten zufriedenstellend verlaufen, lassen sich nur dann herstellen, wenn Sie diese jeweiligen Wünsche und Erwartungen berücksichtigen.

5 Bezugsgruppen

Bezugsgruppen können und müssen oft aus Alternativen entscheiden
Wissenschaftler*innen liegen oft im Wettstreit mit anderen um Fördergelder, Stellen, Teilnahme an Forschungsprojekten etc. Bezugsgruppen wie Geldgeber und Berufungskommissionen können oft aus einer Vielzahl von Forscher*innen auswählen, wen sie unterstützen möchten. Entscheidend ist meist, bei wem diese das beste Gefühl haben – sei es ein Gefühl der Sicherheit, des Erfolgs oder des Siegeswillens. Wichtiges Entscheidungskriterium ist also der Gesamteindruck, den Sie hinterlassen. Aus diesem Grund ist es so wichtig, sich klar zu positionieren und gezielt zu kommunizieren. Ob Jungakademiker*innen oder etablierte Forscher*innen: Wer sich bewirbt, muss dafür sorgen, dass die Entscheider seine einzigartigen Qualitäten, seine Stärken, Kompetenzen und Erfahrungen wahrnehmen.

Kernaufgabe für Wissenschaftler*innen ist also:

- **Bezugsgruppen zu bestimmen,** die das eigene Anliegen unterstützen;
- den **konkreten Handlungsbeitrag** festzulegen, also das konkrete Handeln zur Unterstützung;
- **Beziehung aufzubauen;**
- eigene Persönlichkeit und Leistung **wirkungsvoll zu vermitteln.**

Für die Bezugsgruppen ermöglicht dies:

- **Schnelle Entscheidungen:** Bezugsgruppen können sich aufgrund ihres klaren Bildes vom Wissenschaftler bzw. von der Wissenschaftlerin schneller entscheiden, ob sie diesen bzw. diese unterstützen.
- **Gezielte Entscheidungen:** Sie können gezielter die beste Lösung für sich finden, weil sie die jeweiligen Stärken und Schwächen klar vor Augen haben.
- **Geringes wahrgenommenes Risiko:** Die Bezugsgruppen nehmen das Risiko als geringer wahr, enttäuscht zu werden.

Wie wichtig Menschen für das Entstehen von Vertrauen sind, zeigt das Beispiel des Internets, in dem Vertrauen durch den fehlenden direkten Kontakt umso wichtiger ist: Studien zeigen hier, dass Fotos von Menschen auf der Website sehr vertrauensbildend wirken können, zumal wenn sie den Namen und die Funktion enthalten.

Fragen zu Ihren Bezugsgruppen
- Wer kann mich beim Erreichen meiner Ziele unterstützen? Wer kann mir nützlich sein?
- Wer kann mir bei der Vermittlung meiner Kernbotschaften hilfreich sein (Multiplikator*innen und Meinungsbildner*innen)?
- Wen kann bzw. will ich unterstützen? Wem könnte ich nützlich sein?

- Wer steht in welcher Nähe bzw. Distanz zu mir? Wer steht mir am nächsten? Wer ist mir wichtig? Wer liegt mir am Herzen?
- Wo erreiche ich die mir wichtigen Personen? Wie informieren sie sich? Welche Kanäle und Kommunikationsmittel nutzen sie?

Bezugsgruppen für das Selbstmarketing zu bilden, ist nur dann sinnvoll, wenn folgende Kriterien erfüllt sind:

- **Wichtig für Ihre Ziele:** Die Bezugsgruppen bestimmen, ob Sie Ihre Ziele erreichen.
- **Messbar:** Die Bezugsgruppen sind eindeutig erfassbar und deren Eigenschaften messbar, zum Beispiel durch Marktforschung.
- **Zeitlich stabil:** Bezugsgruppen bilden sich nicht flüchtig und lösen sich schnell wieder auf, sondern sie bleiben für einen längeren Zeitraum stabil.
- **Erreichbar:** Die Bezugsgruppen lassen sich über Mittel und Maßnahmen erreichen.
- **Verhaltensrelevant:** Es besteht ein Zusammenhang zwischen den Merkmalen Ihrer Bezugsgruppen und deren Verhalten.
- **Ausreichende Größe:** Die Bezugsgruppen sind groß genug, damit die Ansprache sinnvoll ist.

Prüfen Sie, ob Ihre Bezugsgruppen diesen Kriterien entsprechen. Blicken Sie in die Zukunft, denn Bezugsgruppen, die heute noch keine große Rolle für Sie spielen, können schon morgen überlebenswichtig sein (s. Tab. 12.11 im Anhang).

5.1 Priorisierung

Aufgrund Ihrer begrenzten Mittel wie Zeit, Geld und Energie ist es sinnvoll, Ihre Bezugsgruppen zu gewichten – dies ist ein wichtiges Effizienzkriterium in Ihrem Selbstmarketing. Gewichten Sie daher Ihre Bezugsgruppen anhand der beiden Kriterien ‚wichtig' und ‚eilig': ‚Wichtig' meint, ob diese Bezugsgruppe Sie unterstützt, Ihre Ziele als Forscher*in zu erreichen. ‚Eilig' meint, ob Sie Aktivitäten sofort beginnen oder auf einen späteren Zeitpunkt verschieben können. Tipp: Bezugsgruppen, die nicht wichtig sind, sollten Sie streichen.

- **Vorziehen:** Jene Bezugsgruppe, die wichtig und eilig ist, beziehen Sie zuerst in Ihr Selbstmarketing ein – dies sind Ihre Kund*innen.
- **Streichen:** Jene Bezugsgruppen, die weder wichtig noch eilig sind, streichen Sie aus Ihrem Selbstmarketing.

▶ Entscheiden Sie, wer für Sie wichtig ist.

Sie können das Gewichten mit dem Planen des Tagesablaufs vergleichen: Priorität 1 hat alles, was Sie noch am gleichen Tag und sogar noch am Vormittag erledigen müssen,

Tab. 5.1 Priorisieren von Bezugsgruppen

Priorität 1: Wichtig und eilig	Priorität 2: Wichtig, nicht eilig
Priorität 3: Nicht wichtig, eilig	Priorität 4: Nicht wichtig, nicht eilig

weil es so dringlich ist. Priorität 2 hat alles, was Sie am Nachmittag des gleichen Tages tun müssen. Priorität 3 können Sie auf den nächsten Tag verschieben. Priorität 4 fällt weg, weil Sie nichts tun, was wichtig und eilig ist. Setzen Sie Ihre Ressourcen für das ein, was sich nachweislich lohnt! Zur besseren Übersicht können Sie Ihre Bezugsgruppen in eine Matrix einteilen (s. Tab. 5.1).

5.2 Motive Ihrer Bezugsgruppen

Sie haben in Abschn. 2.2 die Motive als Handlungsantriebe von Menschen kennengelernt. Diese können Sie nun auf Ihre Bezugsgruppen anwenden: Ermitteln Sie die Motive Ihrer Bezugsgruppen und vergleichen Sie diese mit Ihren eigenen. Vermitteln Sie den wichtigen Bezugsgruppen, welchen Beitrag Sie zur Befriedigung der Motive Ihrer Bezugsgruppen leisten („Goal Value") – und dies möglichst besser als alle Ihre Konkurrent*innen. Dies vermitteln Sie kraftvoll (Kap. 7). Folgende Passungen sind möglich:

- **Synchrone Motive:** Bezugsgruppen bevorzugen in ihren Entscheidungen jene Personen, die ihnen möglichst ähnlich sind. Ein Beispiel ist, wenn Forscher*in und Bezugsgruppen Nachhaltigkeit wichtig sind.
- **Asynchron:** Passend sein kann auch, wenn sich Motive ergänzen. Beispiel: Sie leben für die Bezugsgruppen den Traum, ferne Welten zu erkunden, wie im Fall des Astronauten Alexander Gerst.

▶ **Merke**
Leistung, Beziehung, Macht und Freiheit beschreiben die Persönlichkeit des Wissenschaftlers oder der Wissenschaftlerin. Sie beschreiben auch die Persönlichkeiten der Bezugsgruppen. Beides sollte zusammenpassen.

Was tun Sie, wenn Sie die Motive Ihrer Bezugsgruppen nicht kennen? Und was machen Sie, wenn ein Gremium entscheidet, das sich aus Menschen mit unterschiedlichen Motiven zusammensetzt? Dann sollten Sie sich darauf vorbereiten, zunächst auf alle vier Motivsysteme einzugehen, zum Beispiel, dass Sie verlässlich sind, neue Wege gehen oder dass die Bezugsgruppe durch Sie mehr bewegen und stärker selbst entscheiden kann.

5.3 Beziehungsangebot formulieren

Ein Modell, das Bindungsmuster erklären und Ihr Selbstmarketing als Wissenschaftler*in unterstützen kann, ist die Transaktionsanalyse, kurz TA. Die TA stammt vom kanadischen Psychiater Eric Berne (1983). Sie beantwortet die Frage, aus welcher Haltung heraus sich Menschen zueinander verhalten. Transaktion steht für das Senden von Reizen wie Worte, Gesten, Blicke und Körperhaltungen, die zu einer Reaktion einladen. Zur Beschreibung von Beziehungen unterteilt die Transaktionsanalyse die Persönlichkeit in drei Ich-Zustände: das Eltern-Ich, das Kind-Ich und das Erwachsenen-Ich (vgl. Abb. 5.1) (Gerhold, 2005; Hagehülsmann & Hagehülsmann, 2001):

- **Das Eltern-Ich** umfasst alle Haltungen, Handlungen, Gedanken und Gefühle, die Sie von unseren Eltern und anderen Autoritäten erlernt haben, zum Beispiel von Erzieher*innen und Lehrer*innen. Ge- und Verbote haben Sie im Eltern-Ich genauso abgelegt wie Fürsorge und Trost, daher unterscheidet die TA das kritische (steuernde) Eltern-Ich und das fürsorgliche Eltern-Ich.
- **Das Kind-Ich** enthält Erfahrungen, Gefühle, Empfindungen und Bedürfnisse aus der Kinderzeit, ebenso „kindliche" Bedürfnisse, die noch bei Erwachsenen vorhanden sein können, zum Beispiel nach einem Computer mit viel ‚Schnickschnack'.

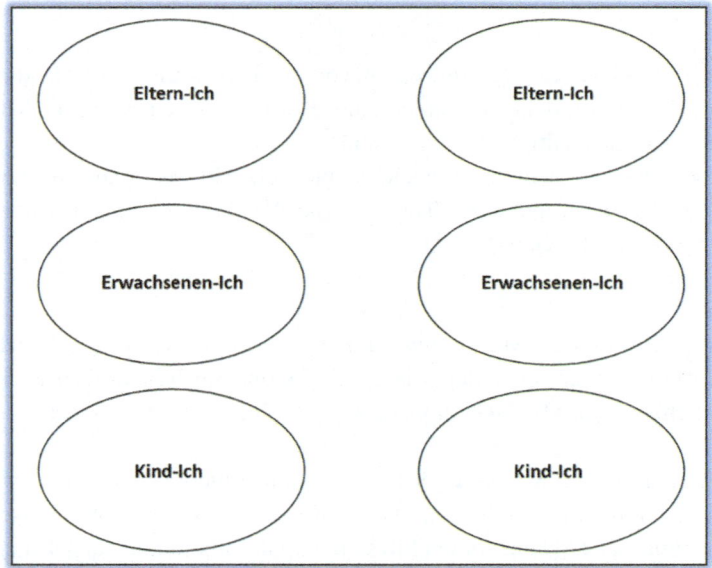

Abb. 5.1 Die Ich-Zustände in der Transaktionsanalyse

5.3 Beziehungsangebot formulieren

- **Das Erwachsenen-Ich** ist der Moderator, der mit unserem Sachverstand und unserer Lebenserfahrung der gereiften Persönlichkeit zwischen unserem Eltern-Ich und unserem Kind-Ich vermittelt. Unser Erwachsenen-Ich handelt im ‚Hier und Jetzt', seine Handlungen und Entscheidungen ziehen frühere Erfahrungen heran.

Die Transaktionsanalyse fügt eine Perspektive zur Betrachtung von Persönlichkeit hinzu, die auch für die Analyse von Beziehungen von Wissenschaftler*innen wichtig sind:

- **Das Eltern-Ich** von Wissenschaftssystemen und den Menschen darin umfasst zum einen die Ge- und Verbote des Miteinanders, zum anderen die Art und Weise, wie eine Führungskraft ihre Mitarbeitenden fördert, damit diese sich weiterentwickeln können. Sie sorgt sich um ihre Mitarbeitenden, sie schützt sie vor Schaden. Das Eltern-Ich beschreibt auch einen Teil der Haltungen, die eine Wissenschaftler*in gegenüber Ihrer Umwelt und den Bezugsgruppen eingehen kann.
- **Das Kind-Ich** besteht aus deren kindlichen Anteilen, die leben, spielen, lernen, spontan sein wollen – Anteile, die für Intuition, Kreativität und Innovation stehen. Dem Kind-Ich entspricht auch die Suche nach der eigenen Identität: Kind-Ich gesteuerte Menschen suchen ständig neue Identitäten, ‚kreative Ansätze', sie sind wenig stabil, sondern stark an ihren Bezugsgruppen, an ihrem sozialen Umfeld ausgerichtet. Solche Wissenschaftler*innen agieren nicht aus eigenen Grundsätzen heraus, sondern einzig mit Blick auf andere.
- **Das ausgeprägte Erwachsenen-Ich** des anderen ist wichtig für dessen gesunde Persönlichkeit. Es moderiert die beiden anderen Ich-Zustände und sorgt dafür, dass deren Transaktionen im Dienste klar prüfbarer Eigenschaften stehen. Agiert die Wissenschaftlerin bzw. der Wissenschaftler aus dem Erwachsenen-Ich, so informiert sie bzw. er sehr sachlich, sehr klar, aber nicht appellierend. Um so zu agieren, braucht man das Eltern-Ich oder Kind-Ich. Die starke, vom Erwachsenen-Ich gesteuerte Person weiß, was sie kann und was gut ist für die Menschen, mit denen sie in Beziehung steht – und somit auch zu uns. Sie weiß, wie sie unser Leben bereichern kann. Hierfür hat sie mitunter einen Auftrag, eine Vision, die sie beharrlich verfolgt. Die starke Persönlichkeit führt. Sie braucht ein gut entwickeltes Erwachsenen-Ich, das die beiden anderen Ich-Zustände im Sinne sachlicher, überprüfbarer Vorgaben steuert. Die starke, wissenschaftlich arbeitende Person weiß, was sie kann und was sie will.

Weitere Unterscheidungen
Um diese Einsichten für unser Selbstmarketing Gewinn bringend einzusetzen, ist es hilfreich, die Ich-Zustände weiter zu unterscheiden: Das Eltern-Ich unterscheidet sich in das kritisch-strukturierende und das fürsorgliche Eltern-Ich:

- **Im kritischen Eltern-Ich** finden sich sämtliche Ausdrucksformen von Kontrolle, wie Ver- und Gebote, Vorurteile, Zurechtweisungen, Normen, Verhaltensregeln. Dieser Zustand kennzeichnet die Haltung, die vorgibt, was erlaubt und was verboten ist.

- **Das fürsorgliche Eltern-Ich** steht für Unterstützung, Bestärkung, Schutz, Lob und Hilfe. Ein Beispiel hierfür wäre, wenn Wissenschaftler*innen ihre Studierenden unterstützen und diesen bei der Forschung weiterhelfen.
- **Das Kind-Ich** unterscheidet das freie und das angepasste Kind: Das freie Kind enthält den ursprünglichsten, natürlichsten Teil einer Persönlichkeit. Kreativität und Intuition sind zwei wesentliche Merkmale des Kind-Ich-Zustands. Das angepasste Kind orientiert sich vornehmlich an Erwartungen anderer und stellt die Einhaltung von Regeln, Ge- und Verboten in den Vordergrund. Eine Abwandlung des angepassten Kindes ist das rebellische Kind, das sich über Ärger, Trotz und die Ablehnung gegen alles Vorgegebene ausdrückt. Da es sich ausnahmslos an anderen orientiert, wie es das angepasste Kind auch tut, unterscheidet es sich zwar in seinem Auftreten, nicht jedoch in den Grundzügen seines Verhaltens.

Jeder Ich-Zustand hat Stärken und Schwächen
Wichtig ist, dass es keinen per se schlechten Ich-Zustand gibt – alle haben ihre positiven und negativen Ausprägungen: Ohne das Verbot des kritischen Eltern-Ichs: „Gehe nicht bei Rot über die Straße", wäre manches Kind nicht über das vierte oder fünfte Lebensjahr hinausgekommen.

Aus welchem Zustand kommunizieren Wissenschaftler*innen? Nach dem Blick auf die Ich-Zustände fällt die Antwort auf die Frage leichter: Aus welchem Ich-Zustand kommuniziert eine wissenschaftlich arbeitende Person? Und welchen spricht sie an?

- **Unser Eltern-Ich:** Der Wissenschaftler bzw. die Wissenschaftlerin kann unser Eltern-Ich ansprechen und an Ihr Gewissen appellieren, sich für deren Anliegen einzusetzen.
- **Unser Kind-Ich:** Der Wissenschaftler bzw. die Wissenschaftlerin kann das wilde, experimentierende Kind ansprechen, wenn jemand als Forscher*in nach Innovationen sucht.
- **Unser Erwachsenen-Ich:** Der Wissenschaftler bzw. die Wissenschaftlerin informiert über sachlich-funktionale Leistungen.

Wie Ich-Zustände provozieren können
Tatsächlich provozieren bestimmte Ich-Zustände die Reaktionen der Ich-Zustände des Gegenübers: Das kritische Eltern-Ich des Wissenschaftlers bzw. die Wissenschaftlerin provoziert beispielsweise Reaktionen des angepassten oder rebellischen Kind-Ichs von Bürger*innen. Ob die Appelle wirken, hängt davon ab, ob der Wissenschaftler bzw. die Wissenschaftlerin aus dem richtigen Ich-Zustand heraus die passende Haltung des Gegenübers anspricht. Hinzu kommt die Art, in welcher Haltung und in welchem Ton der Wissenschaftler bzw. die Wissenschaftlerin seine bzw. ihre Appelle vermittelt. Dieses Wechselspiel macht die Transaktionsanalyse so hilfreich für die Analyse der Wirkung von Wissenschaftler*innen auf deren Bezugsgruppen.

Die Transaktionsanalyse zeigt auch, wie wichtig Glaubwürdigkeit ist: Wie glaubwürdig wirkt eine Forscherin bzw. ein Forscher, die bzw. der einerseits ständig vorgibt, mit anderen aus dem freien Kind zu kommunizieren, also betont locker, fröhlich und frei auftritt, aber andererseits ständig aus dem kritischen Eltern-Ich redet? Wie lange kann jemand in der Rolle des Freien, Frechen bleiben, wenn er sein anderes, eigentliches Wesen immer unterdrücken muss? Ein typischer Fehler, den Wissenschaftler*innen machen, ist die Wahl des falschen Ich-Zustandes, aus dem heraus sie reden: Sprechen sie aus dem Eltern-Ich heraus das Kind-Ich an, könnten die Bezugsgruppen dies ablehnen, weil sie sich bevormundet fühlen. Ein Beispiel wäre, wenn eine Wissenschaftlerin zum Journalisten sagt: „Diese Frage dürfen Sie aber nicht stellen" und sich der Journalist wie ein Kind gemaßregelt vorkommt. Spricht der Wissenschaftler zur eigenen Vorgesetzten aus dem Eltern-Ich, kann dies bei dieser zu Konkurrenzgefühlen führen. Spricht der Wissenschaftler aus dem Kind-Ich, besteht die Gefahr, dass dieser nicht ernst genommen wird.

Diese Prozesse spielen sich nicht nacheinander ab, sondern viele geschehen parallel, zum Beispiel, indem Sie sich mit Ihrer Sprache auf das beziehen, was der oder die andere gesagt hat. Gleichzeitig nehmen Sie eine bestimmte Körperhaltung ein, die zustimmend oder ablehnend ist. So senden Sie viele Signale gleichzeitig, aus dem Ihr Gegenüber Schlüsse zieht. Einige Effekte überwiegen hierbei andere, wie die Körpersprache das Gesagte dominiert: Sagt Ihr Gegenüber, wie wertvoll es den Vorschlag von Ihnen findet, sortiert aber währenddessen Papiere auf dem Schreibtisch, schließen Sie aus diesem Verhalten, dass Ihr Vorschlag doch nicht so wertvoll sein kann, wenn „Papiere sortieren" wichtiger ist.

Sie können Ihren Programmen und jenen Ihres Gegenübers besser auf die Spur kommen, indem Sie das Geschehen bewusst aufmerksam verfolgen: Wie verhält sich Ihr Gegenüber? Wie haben Sie darauf reagiert? Waren Sie wütend oder haben Sie sich verteidigt? Wie hat wiederum Ihr Gegenüber reagiert? Die bewusste Analyse solcher Muster kann Ihnen einen besseren Einblick in Ihre Verhaltensprogramme geben und zeigen, welche Wirkungen andere Menschen auf Sie ausüben und wie Sie auf andere wirken können.

Buchtipp
Als Literatur zur Vertiefung empfehlen wir Ihnen das Buch von Dehner und Dehner (2021): „Transaktionsanalyse im Coaching. Coachings professionalisieren mit Konzepten, Modellen und Techniken aus der Transaktionsanalyse".

5.4 Wichtigste Botschaften

- Sie gehen zum Erreichen Ihrer Ziele Beziehungen mit wichtigen Bezugsgruppen ein. Mitunter sind diese Beziehungen langfristig.
- Das Gelingen von Beziehungen setzt voraus, dass diese Nutzen bringen und für alle Beteiligten erfolgreich verlaufen, nicht nur für Sie.
- Am stärksten sprechen Sie Ihre Bezugsgruppen an, wenn Sie verdeutlichen, wie Sie zum Erreichen von deren Zielen beitragen.

- Wichtiges Element der Beziehungen sind die Zustände, aus denen heraus die Wissenschaftler*innen mit ihren Bezugsgruppen kommunizieren. Die Transaktionsanalyse bietet hierfür ein Modell an, mit dem die Wissenschaftler*innen die optimale Kommunikation finden können.
- Mit jeder Bezugsgruppe kann die Wissenschaftlerin bzw. der Wissenschaftler aus unterschiedlichen Ich-Zuständen kommunizieren. Für das Selbstmarketing ist es sehr hilfreich, sich dieser Ich-Zustände und der Folgen für die zufriedenstellende Kommunikation mit Bezugsgruppen klar zu werden.

5.5 Aufgaben

- Wer sind Ihre Bezugsgruppen, die Sie zum Erreichen der Ziele Ihres Selbstmarketing benötigen? Wie können Sie diese Bezugsgruppen nach soziodemografischen, psychografischen, geografischen und Verhaltensmerkmalen beschreiben?
- Was ist Ihr Erlebnisversprechen an diese Bezugsgruppen? Ist es klar und deutlich? Ist es einzigartig? Beruht es auf Ihren Kernkompetenzen? Wie können Sie dieses Erlebnisversprechen so transportieren, dass es die Bezugsgruppen überzeugt?
- Welche Bindungen wollen und sollten Sie zu Ihren Bezugsgruppen eingehen? Wie entstehen diese Bindungen und wie lassen sie sich erklären? Wie werden Sie diese Bindungen möglichst lange aufrechterhalten?
- Welche Ich-Zustände spielen für die Beziehungen zu Ihren Bezugsgruppen eine wichtige Rolle? Aus welchem Ich-Zustand sprechen Sie Ihre Bezugsgruppen an? Welchen Ich-Zustand Ihrer Bezugsgruppen sprechen Sie an?

Ziele des Selbstmarketing   6

> **Zusammenfassung**
>
> Dieses Kapitel informiert Sie, welche Ziele Ihr Selbstmarketing anstreben kann. Es erläutert, was Bekanntheit und Image sind, wie sie sich aufbauen, entwickeln und messen lassen.

6.1 Vier Ziele des Selbstmarketing

Ihr Selbstmarketing kann vier Wirkungen bei Ihren wichtigen Bezugsgruppen erzielen:

- **Bekanntheit:** Sie sind bei wichtigen Bezugsgruppen bekannt.
- **Wissen:** Ihre Bezugsgruppen verfügen über relevantes Wissen über Sie und Ihre wissenschaftlichen Leistungen.
- **Meinung:** Ihre Bezugsgruppen haben sich – auch aufgrund dieses Wissens – eine Meinung über Sie gebildet, die möglichst positiv und im Sinn Ihres Anliegens sein sollte. Zum Beispiel meinen Sie, dass Sie jene Wissenschaftlerin bzw. jener Wissenschaftler sind, mit der die Bezugsgruppe ihre Ziele einzigartig erreichen kann.
- **Bereit sein:** Die Bezugsgruppe ist bereit, Sie als Wissenschaftler*in durch deren speziellen Beitrag zu unterstützen, zum Beispiel die Journalist*innen durch positive Berichterstattung, Geldgeber und Förderer durch finanzielle Unterstützung.

Gewiss: Diese Ziele entstehen durch Forschungsthemen, Forschungsergebnisse und Veröffentlichungen; über diese können Sie durch Selbstmarketing Ihre Bekanntheit und Ihr Renommee als Wissenschaftler*in weiter erhöhen; Sie können dauerhaftes Interesse an Ihrer Arbeit fördern und hierüber spannende Kooperationen und Unterstützungen akquirieren.

6.1.1 Bekanntheit

Bekanntheit bedeutet, dass Sie gedanklich in den Köpfen Ihrer Bezugsgruppen präsent sind: Journalist*innen denken als erstes an Sie, wenn sie eine Wissenschaftlerin oder einen Wissenschaftler zu einem Forschungsthema befragen möchten. Kooperationspartner denken an Sie, wenn sie weitere Partner*innen ins Boot holen wollen.

Bekanntheit ist die Voraussetzung, dass sich Meinung und Bereitschaften Ihrer Bezugsgruppen bilden können. Bekanntheit kann sich auf die Person des wissenschaftlich arbeitenden Menschen beziehen, dessen Leistung und auch auf die eingesetzten Maßnahmen im Selbstmarketing, wie die Website, den YouTube-Kanal, den Twitter-Kanal. Bekanntheit ist die „technische" Voraussetzung, auf der sich ein Vorstellungsbild vom Wissenschaftler oder von der Wissenschaftlerin entwickeln kann.

▶ Nur von dem oder derjenigen kann man sich ein Bild machen, den oder die man auch kennt.

Bekanntheitsziele
Bekanntheit ist aber nicht gleich Bekanntheit (s. Abb. 6.1): Es gibt mehrere Stufen, die zu unterscheiden sinnvoll für Ihr Vorgehen ist:

- **Keine Bekanntheit:** Jemand kennt Sie nicht.
- **Passive (gestützte) Bekanntheit:** Jemand erinnert sich erst dann an Sie, nachdem er Ihren Namen gehört oder gelesen hat.
- **Aktive (ungestützte) Bekanntheit:** Jemand kann Ihren Namen nennen, wenn nach Wissenschaftler*innen (mit bestimmten Eigenschaften) gefragt wird.
- **Intensive aktive Bekanntheit:** Ihren Bezugsgruppen fällt Ihr Name als einer der ersten ein, wenn sie an Wissenschaftler*innen denken. Diese gedankliche Präsenz wird auch als Aktualisierung bezeichnet. Warum dies so wichtig ist? Spontan erinnert zu werden, kann das einzigartige Orientierungs- und Unterscheidungsmerkmal zu anderen sein; zudem ziehen Menschen in eine Entscheidung nicht alle Alternativen ein, sondern eine begrenzte Auswahl (Set). Gehören Sie in dieses Set, kommen Sie als Alternative infrage. Wer als erste oder erster erinnert wird, ist „top of mind".
- **Exklusive Bekanntheit:** Nur eine einzige Wissenschaftlerin, ein einziger Wissenschaftler mit diesen Eigenschaften oder diesem Thema ist bekannt.

Bestimmen Sie also, wie bekannt Sie entsprechend dieser Stufen bei Ihren Bezugsgruppen sind und wie schnell und leicht sie Sie erinnern. Das Ergebnis hat wesentlichen

Abb. 6.1 Formen der Bekanntheit

Einfluss darauf, wie oft Sie sich bei Ihren Bezugsgruppen melden müssen, um dann im richtigen Moment erinnert zu werden.

▶   Bestimmen Sie, wie bekannt Sie sein wollen, müssen und können.

Bestimmung der Bekanntheit
Ihre Bekanntheitsziele leiten Sie aus der Bewertung Ihrer Bezugsgruppen, Ihrer angestrebten Position im akademischen Umfeld und Ihren Ressourcen wie Zeit und Geld ab:

- **Kriterium Wettbewerb:** Möchten Sie der bekannteste Wissenschaftler/die bekannteste Wissenschaftlerin auf Ihrem Gebiet sein? Möchten Sie die strategische Position des Zweiten besetzen? Oder reichen Ihre Ressourcen für einen guten Platz im Mittelfeld?
- **Kriterium Bezugsgruppen:** Das Interesse Ihrer Bezugsgruppen an Ihrem Thema spielt eine wichtige Rolle für die Festlegung Ihrer Bekanntheitsziele: Ist die Bezugsgruppe nur wenig an Ihnen und Ihrem Anliegen interessiert, benötigen Sie mitunter 50 bis 70 Kontakte, um eine Kommunikationswirkung zu erzielen; besteht starkes Interesse, können mitunter schon fünf bis sieben Kontakte ausreichen, um eine Wirkung zu erzielen. Eine universelle Kennzahl gibt es nicht – für die Zahl der benötigten Kontakte sind mehrere Faktoren entscheidend. In jedem Fall ist die Entscheidung ein wichtiger

Kostenfaktor: Reicht die Zahl der Kontakte nicht aus, entsteht nur eine schwache oder gar keine Wirkung. Zu viele Kontakte könnten überflüssig sein. Es gibt leider keine Kennzahl für die erforderlichen Kontakte, um bei Ihren Bezugsgruppen eine Wirkung zu erzeugen. Agenturen verwenden zur Berechnung oft mindestens fünf oder sieben entstandene Kontakte mit dem Kommunikationsmittel.

- **Kriterium Ressourcen:** Was nutzt es Ihnen, hochtrabende Ziele zu verfolgen, wenn Ihre Mittel hierfür nicht ausreichen? Streben Sie den Spitzenplatz in der Bekanntheit an und Ihre Bezugsgruppen sind nur wenig interessiert, sind mitunter enorme Aufwendungen erforderlich, um die beabsichtigte Kommunikationswirkung zu erzielen. Prüfen Sie daher sorgfältig, welche Bekanntheitsziele angemessen sind. Nur dies ermöglicht saubere Planung, die angemessene Kosten enthält.

6.1.2 Messung von Bekanntheit

Bekanntheit lässt sich erfragen – hier in der Reihenfolge ihrer Wirkung:

- **Gestützte Erinnerung** (aided recall): „Ist Ihnen Wissenschaftler*in X bekannt?" Der Name der Person wird genannt und oft zusätzlich eine Liste vorgelegt. Dies setzt die geringste Gedächtnisleistung voraus.
- **Freie, ungestützte Erinnerung** (unaided recall): „Welchen Wissenschaftler, welche Wissenschaftlerin zu folgendem Thema kennen Sie?" Die Befragten sollten ohne Unterstützung den Namen nennen.
- **Erkennen** (recognition): Die Testperson erkennt Sie, Ihre Leistungen oder die Kommunikation wieder.
- **Reproduktion** (reproduction): Testpersonen sollten etwas aus dem Gedächtnis wiedergeben – zum Beispiel Ihre Website. Dieses Verfahren fordert die Testperson am stärksten. Damit sie etwas reproduzieren kann, müssen sich die Dinge tief im Gedächtnis eingegraben haben. Erkennen ist schon bei schwachen Gedächtnisspuren möglich.

Folgendes sollten Sie beachten: Bekanntheit ist nicht zwangsläufig positiv. Zu hohe Bekanntheit kann sich negativ auswirken, zum Beispiel, wenn Sie ein Exklusivimage („Geheimtipp") aufbauen möchten. Generell gilt jedoch: Je bekannter eine Wissenschaftlerin oder ein Wissenschaftler ist, desto sympathischer wirkt sie oder er. Dies nennen Fachleute den „Mere-Exposure-Effekt".

6.1.3 Wissen aufbauen

Die Informationen, die Sie Ihren Bezugsgruppen geben, haben zum Ziel, Wissen über sich und Ihr wissenschaftliches Anliegen aufzubauen und zu entwickeln. Erstellen Sie eine Tabelle wie Tab. 12.12 im Anhang, in die Sie Ihre Bezugsgruppen und jenes Wissen eintragen, das Sie bei diesen aufbauen und systematisch entwickeln wollen.

Was sollten Sie hierbei besonders beachten? Das klare Bild vom Wissenschaftler/von der Wissenschaftlerin ist die wichtigste übergreifende Wirkgröße. Zahlreiche wissenschaftliche Studien zeigen: Je klarer das Vorstellungsbild, desto schneller und gezielter kann eine Entscheidung fallen. Je klarer, desto attraktiver ist etwas – dies ist bedingt durch die geringere Unsicherheit (siehe auch Abschn. 2.4.1).

Statt Klarheit wird auch der Begriff der „Transparenz" genannt. Transparenz ist der Prozess, das Ziel ist Klarheit über die Wissenschaftlerin oder den Wissenschaftler: Ist das Wissen der Bezugsgruppen über Sie klar? Haben Sie ein klares Vorstellungsbild? Diese Klarheit lässt sich messen.

6.1.4 Meinungen

Aufbau und Entwicklung von Wissen über Sie als Wissenschaftler*in ist nicht das einzige Ziel, das Sie anstreben können. Wichtig für die mögliche Unterstützung Ihrer Bezugsgruppen ist, dass diese das Wissen über Sie als Meinung positiv bewerten. Menschen sollen Sie und Ihr Anliegen gut finden und Sie deshalb unterstützen. Hilfreich ist eine Tabelle, welche Meinungen Sie erzeugen möchten und auf Basis welche Ziele/Motive Ihrer Bezugsgruppen dies gründet (siehe Tab. 12.13 im Anhang).

Wie entstehen Meinungen? Wir haben in Abschn. 2.2 gezeigt, wie wichtig die Motive/Ziele Beziehung, Leistung, Macht und Freiheit als Antrieb für Wissenschaftler*innen sind. Diese Motive sind es auch, die für Ihre Bezugsgruppen relevant sind und anhand derer diese eine Meinung über Sie bilden.

Aufgabe Ihres Selbstmarketing ist es demnach darzustellen, wie Sie und Ihre Arbeit zur Befriedigung der Motive beitragen. Anders ausgedrückt: Jede Person sollte bewerten können, wie Sie dazu beitragen, die Motive/Ziele der Bezugsgruppen zu erreichen („Goal Value") – jene der Hochschulleitung, der Geldgeber, der Politiker*innen, der Journalist*innen. Tragen Sie also zum Entstehen guter Bindungen am Arbeitsplatz bei? Wollen Sie immer neue Erkenntnisse über ein Forschungsthema generieren? Wollen Sie mit Ihrer wissenschaftlichen Arbeit bei anderen Menschen etwas bewegen, was auch für die Bezugsgruppen wichtig ist? Wollen Sie die Dinge auf Ihre eigene Art und Weise durchführen?

6.1.5 Bereitschaft

Sie haben sich bei wichtigen Bezugsgruppen bekannt gemacht. Sie haben Wissen über sich aufgebaut und Meinungen gestaltet. Aufgrund dessen könnten Ihre Bezugsgruppen bereit sein, Sie und Ihr Anliegen als Wissenschaftler*in mit ihren speziellen Handlungsbeiträgen zu unterstützen. Gelingt dies nicht, werden sie sich negativ verhalten, zum Beispiel durch Ignoranz, Ablehnung, Proteste oder Boykotte.

Somit entsteht folgende Wirkungskette (s. auch Abb. 6.2):

- **Bekanntheit:** Die Wissenschaftlerin bzw. der Wissenschaftler muss ins Gedächtnis der Bezugsgruppen dringen und dort präsent sein.
- **Wissen:** Klare Vorstellungen von der Wissenschaftlerin bzw. vom Wissenschaftler und deren bzw. dessen Leistungen und den damit verbundenen Begriffen, Konzepten und Modellen.
- **Meinungen:** Die Bezugsgruppen bewerten die Wissenschaftlerin bzw. den Wissenschaftler positiv, weil diese bzw. dieser einzigartig zum Erreichen von deren Zielen beiträgt.
- **Bereitschaft:** Aus dieser Bewertung entsteht Bereitschaft zum Handeln (Motivation).

Die Wirkungskette kann in beide Richtungen funktionieren. So können sich durch eine persönliche Erfahrung mit dem Wissenschaftler und seiner Leistung bzw. mit der Wissenschaftlerin und ihrer Leistung Wissen und Erlebnisse entwickeln, zum Beispiel in einer Vorlesung. Aufgrund dieses Wissens und der emotionalen Bewertung (vor allem Meinung) zieht eine Bezugsgruppe Sie einem anderen Wissenschaftler oder einer anderen Wissenschaftlerin vor. Diese Bereitschaft lässt sich messen.

Gestaltung der Ziele

Für den Aufbau von Gedächtnis gibt es wichtige Prinzipien:

- **Kontinuierlich auftreten:** Seien Sie beständig im Zeitverlauf – vermitteln Sie immer wieder Ihr Erlebnisversprechen und nennen Sie Beispiele Ihrer Erlebnisdimensionen (Abschn. 2.8). Quasi jeden Tag unsystematisch etwas völlig anderes zu vermitteln, wirkt diffus und lässt kein klares Bild von Ihnen entstehen.
- **Oft wiederholen:** Je häufiger Sie sich an Ihre Bezugsgruppen richten, desto schneller und stärker werden diese sich an Sie erinnern. Denken Sie an Vokabellernen: Je öfter die Wiederholung, desto stärker verankert sich das Neugelernte im Gedächtnis.

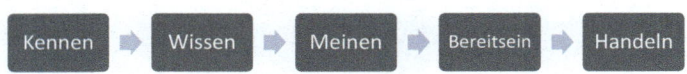

Abb. 6.2 Wirkungskette des Selbstmarketing

- **Variieren:** Vermitteln Sie Ihre Erlebnisdimensionen und variieren Sie die Beispiele aus Ihrer Arbeit – so können Ihre Bezugsgruppen immer wieder etwas Neues und Interessantes an Ihnen entdecken. Studien zeigen: Nach drei bis vier Wiederholungen nimmt die Aufmerksamkeit und damit das Lernen ab – und wer müde ist, lernt schlechter.
- **Starke Gefühle auslösen:** Sie lernen umso besser, je emotionaler etwas ist. Hervorragend geeignet für den Aufbau von Gefühlen sind Bilder und Geschichten (Kap. 9).

▶ Gefühle fördern enorm das Lernen.

6.2 Wichtigste Botschaften

- Ihr Selbstmarketing kann bewirken, dass Sie bei wichtigen Bezugsgruppen bekannt sind, dass diese über Ihre Persönlichkeit und Ihre Leistungen informiert sind und sich eine gute Meinung bilden. Aufgrund dieser Wirkung sind die Bezugsgruppen eher bereit, Sie zu unterstützen, als ohne Ihr Selbstmarketing.
- Besonders wichtig für die Wirkung Ihres Selbstmarketing ist die Klarheit über Ihr Erlebnisversprechen und den einzigartigen Beitrag zur Zielerreichung der Bezugsgruppen („Goal Value").
- Die Gestaltung von Bekanntheit, Wissen, Meinungen und Verhaltensbereitschaften sind ein langfristiger Lernprozess, den Sie planen und systematisch durchführen sollten (mehr hierzu in Kap. 11).

6.3 Aufgaben

- Welche Bekanntheit und welche gedankliche Präsenz bei Ihren Bezugsgruppen möchten und müssen Sie erreichen, um als Alternative wahrgenommen zu werden?
- Was sollen und wollen Ihre jeweiligen Bezugsgruppen von Ihnen wissen?
- Was sollen sie meinen?
- Wozu genau sollen sie bereit sein?

Vermitteln der Persönlichkeit 7

> **Zusammenfassung**
>
> Sie haben in letzten Kapitel erfahren, dass Ihr Selbstmarketing die Ziele verfolgen kann, Bekanntheit, Wissen, Meinungen und Verhaltensbereitschaften aufzubauen. Hierfür nutzen Sie Kanäle sowie Mittel und Maßnahmen, die wir Ihnen in diesem Kapitel vorstellen. Überdies zeigen wir Ihnen, wie Sie sich auch durch die Kommunikation mit Ihren Bezugsgruppen positionieren können.

7.1 Allgemeine Anforderungen

Gute Botschaft zuerst: Menschen sind stets offen für alles Neue, das auch wichtig ist. Wäre dies nicht der Fall, würden sie alles ignorieren, was als Gefahr droht; sie würden das ignorieren, was ihr Leben noch besser macht. Hirnforscher Ernst Pöppel (2008, S. 46) schreibt in seinem Buch, es finde eine

> „informatorische „Müllbeseitigung" statt. Es wird nur das zur Kenntnis genommen, was wichtig ist oder was wichtig sein könnte."

▶ Geben Sie einzigartige und relevante Botschaften.

In Abschn. 2.3.1 haben wir erläutert, wie wichtig die Motive des Menschen für dessen Denken, Fühlen und Handeln sind. Entscheiden und Handeln von Menschen sind immer zielorientiert. Wir müssen also mit unserem Selbstmarketing diese Ziele/Motive ansprechen. Sie sollten daher jene Bestandteile Ihrer Persönlichkeit vermitteln, die für Ihre Bezugsgruppen wichtig sind. Suchen diese nach Beständigkeit und Sie betonen

Ihren Entdeckergeist, wird Ihre Leistung keinen Markt finden. Diesen Beitrag zur Zielerreichung sollten Sie in Ihrer Kommunikation klar herausstellen.

7.2 Kanäle, Mittel und Maßnahmen

Im Selbstmarketing sollten Sie zunächst die Kanäle entscheiden, über die Sie Ihre Bezugsgruppen erreichen wollen und können, sowie über deren Intensität. Grundsätzlich können Sie drei Kanäle nutzen:

1. persönliche Kommunikation,
2. Printkommunikation,
3. digitale Kommunikation.

Welche dieser Kanäle nutzen Sie? In welchem Verhältnis stehen die Kanäle zueinander: Ist ein Kanal besonders wichtig für eine Bezugsgruppe, wie zum Beispiel die digitale Kommunikation für jüngere Menschen? Im nächsten Schritt legen Sie die Mittel und Maßnahmen für diese Kanäle fest, also die Informationsträger.

7.2.1 Persönliche Kommunikation

Bei der persönlichen Kommunikation sind Ihre Bezugsgruppen zur gleichen Zeit am gleichen Ort anwesend, wie im Fall von Mitarbeiter*innengesprächen, Diskussion mit Kolleg*innen und Wissenschaftler*innen sowie Expert*innenrunden, an denen Sie teilnehmen. Ist es nicht möglich und sinnvoll, dass Ihre Bezugsgruppen anwesend sind, nutzen Sie Druckschriften oder setzen Sie digitale Kommunikation ein.

▶ Persönliche Kommunikation ist besonders wirksam, weil sich die Gesprächspartner*innen sehen und durch ihre gesamte Erscheinung wirken können. Das Gespräch ermöglicht Erklären und Verstehen.

Je stärker der Austausch ist, desto stärker nähern sich die Kommunikationspartner*innen an, so das Ergebnis von Studien. Kein Instrument kann so starkes Vertrauen ermöglichen wie die persönliche Kommunikation. Persönliche Kommunikation ermöglicht direktes Beziehen auf den Kommunikationspartner oder die -partnerin. Informationen können sofort besprochen und erklärt werden, um Missverständnisse zu vermeiden. Persönliche Kommunikation kann Gefühle authentischer und glaubwürdiger vermitteln, sie kann verdeutlichen, wie wichtig Ihnen die Kommunikation mit dieser Bezugsgruppe ist.

Allerdings ist persönliche Kommunikation oft aufwendig zu organisieren, weil sie die gleichzeitige Anwesenheit aller Beteiligten erfordert. Persönliche Kommunikation erfordert die Bereitschaft und die Fähigkeit zum Dialog. Persönliche Diskussion ist

7.2 Kanäle, Mittel und Maßnahmen

mitunter schwer zu steuern, zum Beispiel im Fall von unangenehmen Fragen, die Sie nicht verhindern können. Persönliche Kommunikation setzt meist hohes Interesse der Bezugsgruppen voraus, weil sie für diese mit hohem Aufwand verbunden ist (siehe hierzu ausführlich Abschn. 7.2.1).

Beispiele für Mittel und Maßnahmen der persönlichen Kommunikation
- Gespräche,
- Vorträge,
- Interviews,
- Konferenzen,
- Tagungen,
- Symposien,
- Science Slams,
- Messen,
- Seminare,
- Workshops.

Beispiel Science Slams
Ein Science-Slam ist ein wissenschaftliches Kurzvortragsturnier, in dem Wissenschaftler*innen ihre Forschungsthemen innerhalb einer vorgegebenen Zeit vor Publikum präsentieren. Im Mittelpunkt steht die populärwissenschaftliche Vermittlung wissenschaftlicher Inhalte mit der neuartigen Kombination aus wissenschaftlichem Fachvortrag, sportivem Wettbewerbscharakter und Unterhaltungselementen. Die Bewertung durch das Publikum erfolgt anhand des wissenschaftlichen Inhalts, Verständlichkeit und Unterhaltungswert. Science-Slammer*innen, die mindestens zehn Veranstaltungen gewonnen haben, sind: Anastasia August, Henning Beck, Johannes Hinrich von Borstel, Martin Buchholz, Dong-Seon Chang, Uwe Gaitzsch, Helene Hoffmann, Kai Jäger, André Lampe, Boris Lemmer, Sebastian Lotzkat, Reinhard Remfort, Darius Rupalla, Johannes Schildgen, Benjamin Stegmann und Peter Westerhoff (Wikipedia: Science Slam, 2021).

Erstellen Sie eine Tabelle, in die Sie Ihre Bezugsgruppe eintragen sowie die Mittel und Maßnahmen der persönlichen Kommunikation, die Sie einsetzen möchten (siehe Tab. 7.1).

Tab. 7.1 Einsatz von Persönlicher Kommunikation

Bezugsgruppe	Mittel und Maßnahmen
Kolleg*innen	Zweier-Gespräche Abteilungssitzungen
Vorgesetzte	Zweier-Gespräche
Studierende	Sprechstunden
Geldgeber	Präsentationen
Andere Wissenschaftler*innen	Konferenzen Symposien Präsentationen

Viele interessante Hinweise finden Sie auch in der Literatur zur Wissenschaftskommunikation und Wissenschaftsmarketing, zum Beispiel von Merten und Knoll (2019).

7.2.2 Printkommunikation

Printmedien im Selbstmarketing sind Bewerbungsschreiben, Newsletter und Briefe. Das Problem mit Gedrucktem ist, dass es in Zeiten der zunehmenden Informationsüberlastung immer weniger gelesen wird: Nur 20 % der Leser*innen einer Zeitung lesen über den ersten Absatz hinaus. Stellen Sie daher sicher, dass Ihre Druckschriften auch tatsächlich interessant sind. Einige Vorteile von Printmedien: Ihre Bezugsgruppe kann entscheiden, ob, wann und wie sie Ihre Texte liest (Nutzersouveränität). Die Schriftform ermöglicht Nachlesen und Archivieren, zum Beispiel dann, wenn Ihre Bezugsgruppe erst zu einem späteren Zeitpunkt auf Ihr Angebot zurückkommen will. Einige Nachteile: Ihre Bezugsgruppe kann nur das nutzen, was Sie ihr zur Verfügung stellen. Stellen Sie daher sicher, dass Sie die richtigen Informationen im richtigen Umfang anbieten. Ihre Bezugsgruppe könnte nicht sofort fragen, wenn sie etwas nicht verstanden hat. Geschriebenes kann Sichtbares oft nicht angemessen verdeutlichen.

Beispiele für Printmedien
- Papers und andere Printveröffentlichungen,
- Bewerbungsschreiben,
- Newsletter,
- Flyer,
- Mailings,
- Broschüren,
- Zeitungen,
- Zeitschriften.

7.2.3 Digitale Kommunikation

Digitale Kommunikation über E-Mail, WhatsApp, Websites und Social Media ist in den vergangenen Jahren für die Wissenschaftskommunikation erheblich wichtiger geworden und wird es weiter werden. Jede Minute werden im Social Web schätzungsweise 450.000 Tweets versendet, 3,3 Mio. Beiträge auf Facebook veröffentlicht und 500 Stunden Videomaterial auf YouTube hochgeladen. Die Forschenden tragen fleißig dazu bei: Isabella Peters zitiert eine Umfrage von Nature, nach der 95 % der befragten Wissenschaftlerinnen und Wissenschaftler mindestens eine Social-Media-Plattform aktiv nutzen, wobei 50 % Facebook täglich besuchen (Peters, 2021).

7.2 Kanäle, Mittel und Maßnahmen

Besonderheiten der digitalen Kommunikation

Zwei herausragende Besonderheiten von digitaler Kommunikation sind die Vernetzung und die Interaktivität – Menschen kommen unabhängig von Raum und Zeit ins Gespräch.

Vor einigen Jahren bedeutete digitale Kommunikation vor allem die eigene Website im Internet. Hinzu kamen digitale Endgeräte wie Handys, Smartphones und Tablets. Mittlerweile gehören wichtige Technologien dazu wie 3D-Hologramme, Bluetooth, QR-Codes, Augmented Reality und Virtual Reality. Digitale Kommunikation ist also hoch vernetzt:

- **Geräte:** Laptops, Smartphones, Smartwatches, die noch kommenden mobilen Endgeräte sowie das Internet of Things bilden ein komplexes System aus Hard und Software.
- **Plattformen:** Plattformen wie die eigene Website sind mit den Websites anderer Anbieter sowie mit Angeboten auf Social-Media-Plattformen verbunden.
- **Dienste und Technologien:** Auf diesen Plattformen lassen sich Mail, Telefonie, Chats sowie Technologien wie Augmented Reality, Bluetooth und QR-Codes integrieren und verbinden.
- **Anwendungen** wie Suchmaschinen, Standortdienste und Mikro-Nachrichtendienste lassen sich verbinden.
- **Medienobjekte:** Eine Webpage kann mit einem externen Blogbeitrag vernetzt sein, eine Kurznachricht auf Twitter mit einem Video auf YouTube.

Alle diese Bausteine bilden ein komplexes System. Die Bausteine dieses Systems sind vernetzt und können miteinander kommunizieren.

Vernetzung

Vernetzung ermöglicht enorme Multiplikatoreffekte, Ihre Inhalte können also User*innen in deren Netzwerken weitergeben (Reichweite). Sie ermöglicht, Info-Häppchen anzubieten. User*innen navigieren selbstständig durch Ihr Angebot und entscheiden, was sie persönlich interessiert – Beispiele sind historische Rückblenden, Biografien, grafisch aufbereitete Hintergrundfakten, Umfrageergebnisse, Chronologien. Durch Hyperlinks springt die Userin bzw. der User zu jenen Inhalten, die sie bzw. ihn faszinieren: Man beginnt einen Text auf der Website zu lesen, zwischendurch schaut man sich ein Foto auf einer Fotoplattform wie Instagram an, schaut ein YouTube-Video und kehrt zum Text zurück. Hierbei kann die Userin bzw. der User Verlinkungen planlos verfolgen und sich treiben lassen, sie bzw. er kann Links zielgerichtet als Pfad verfolgen oder kann nach einem konkreten Inhalt suchen und hierbei einen Pfad vernachlässigen.

In digitaler Kommunikation sind Texte durch Fotos, Grafiken, ein Ablaufschema und interaktive Infografiken veranschaulicht. Eine Audio-Slideshow läuft als Video in einem Player ab: Sie erzählt Geschichten in Bildern, wird aber zusätzlich mit O-Tönen, passenden Geräuschen oder Musik unterlegt. So können Sie Ihre Themen anschaulich und erlebnisreich darstellen.

Interaktivität
Eine weitere Besonderheit der digitalen Kommunikation ist die Interaktivität: Bei der technischen Interaktivität reagieren die digitalen Medien auf die User*innen, zum Beispiel durch Klicks auf Navigationsleisten und Buttons; bei der persönlichen Interaktivität reden Menschen miteinander. Einige Beispiele für technische Interaktivität:

- **Bildergalerien** können Texte durch spannende Fotos ergänzen und Geschichten mit Fotos und Bildtexten erzählen.
- **Audio-Slideshows** bieten zusätzlich O-Töne von Protagonist*innen, passende Geräusche und Musik.
- **Gigapans** lassen User*innen in übergroße, hochauflösende Panoramabilder hineinzoomen und interessante Details näher betrachten.
- **Infinity-Fotos** bestehen aus vielen Fotos, in die User*innen hinein und wieder hinaus zoomen können.
- **Mikrotexte:** Sie verweisen auf weitere Inhalte, wie einen Link-Titel und Kurzteaser zu weiteren Artikeltexten, Videos, Audios oder anderen Elementen.
- **Interaktive Zeitleiste:** User*innen können beliebig über anklickbare Bilder- oder Zahlenreihen navigieren.
- **Multiperspektivische Geschichte:** Inhalte sind inhaltlich und optisch gebündelt und non-linear verbunden. Mehrere Perspektiven der Handelnden sind möglich.

Die persönliche Interaktivität umfasst jeglichen Austausch zwischen Menschen. Persönliche Interaktion ermöglicht, eine persönliche Beziehung zu wichtigen Bezugsgruppen aufzubauen – dies ist für das Entstehen von Vertrauen essenziell. Nutzer*innen können gemeinsam Geschichten entwickeln, teilen und kommentieren. Die persönliche Interaktivität spielt die wesentliche Rolle in Social Media (siehe Kap. 8).

Wichtige Mittel und Maßnahmen der digitalen Kommunikation für Wissenschaftler*innen
- TED-Talks,
- TV- und Radio-Interviews,
- Science Blog,
- Wikipedia,
- Online-Pressemitteilungen,
- Websites, Landing-Pages,
- Twitter,
- Facebook,
- Videoportale,
- Online-Sprechstunden,

- Podcasts: Laut einer Schätzung des Bayerischen Rundfunks bloggen und podcasten nur etwa fünf Prozent der deutschen Forscher*innen. Doch immer mehr Wissenschaftler*innen erkennen die Chancen, die in der rasanten Verbreitung und Akzeptanz von Podcasts liegen.
- Social Media (siehe ausführlich Kap. 8).

Beispiel: Podcast
Von Beginn der Corona-Pandemie an sendet Christian Drosten wöchentlich das „Coronavirus-Update", einen Podcast beim NDR (inzwischen (zum Stand des Redaktionsschlusses) im Wechsel mit Sandra Ciesek, Professorin und Leiterin der Virologie am Uniklinikum Frankfurt), mit dem er Millionen von Menschen erreicht und in dem er sehr anschaulich erklärt, was jeweils aktuell wissenswert ist. Gleich zwei Grimme-Preise hat das Audioformat bekommen. Ein anderes Beispiel: Der Experimentalphysiker Reinhard Remfort produziert den Podcast „Methodisch Inkorrekt". Der Doktorand des NanoEnergieTechnikZentrums (NETZ) der Universität Duisburg-Essen veröffentlicht seinen Podcast alle zwei Wochen. Zusammen mit einem Freund und Kollegen spricht er über aktuelle Themen aus der Wissenschaft – meist locker, flapsig und nicht immer ganz ernst.

Erstellen Sie eine Tabelle, in die Sie Ihre Bezugsgruppe eintragen sowie die Mittel und Maßnahmen der digitalen Kommunikation, die Sie einsetzen möchten (siehe Tab. 12.14 im Anhang).

7.3 Kraftvoller Mix

Stellen Sie für jede Bezugsgruppe einen angemessenen Mix aus Mitteln und Maßnahmen zusammen: Dieser gewährleistet, dass Sie Ihre Bezugsgruppen auch tatsächlich erreichen (Reichweite) und Ihre Botschaft stärker verankern, als Sie dies mit einmaligem Kontakt könnten (Kontaktfrequenz). Zum Beispiel ermöglichen Veranstaltungen den persönlichen Austausch mit Ihren Bezugsgruppen, das Internet bietet Ihnen Vernetzung mit anderen Angeboten und Austausch. Wägen Sie daher die Vor- und Nachteile der Instrumente sorgfältig ab. Stellen Sie die Instrumente zu einem Ihren Bezugsgruppen angemessenen starken Mix zusammen (siehe Tab. 12.15 im Anhang).

7.4 Positionierung über Instrumente

Sie haben bereits in Kap. 4 erfahren, wie Sie sich im akademischen Umfeld positionieren können. Hier haben Sie die zweite Option zur Positionierung: Sie können sich zusätzlich zur Positionierung Ihrer Person und Ihrer Leistung auch über die Instrumente der Vermittlung positionieren. Sie tun dies, indem Sie andere Instrumente nutzen oder diese anders gestalten als Ihre Kollegen*innen.

▶ Positionierung durch Kommunikation: Andere Instrumente nutzen, Instrumente anders gestalten.

Hilfreich ist eine zweispaltige Liste anzulegen. In der ersten Spalte listen Sie die herkömmlichen Instrumente auf, in der zweiten Spalte Ihre Abweichung (siehe Tab. 12.16 im Anhang).

7.5 Wichtigste Botschaften

- Für Ihr Selbstmarketing stehen Ihnen drei Kanäle zur Verfügung, über die Sie Ihre Bezugsgruppen erreichen können: persönliche Kommunikation, Printkommunikation und digitale Kommunikation.
- Prüfen Sie, welche Kanäle Ihre Bezugsgruppen nutzen und für die Kommunikation mit Ihnen bevorzugen.
- Für jeden Kanal stehen Ihnen Mittel und Maßnahmen zur Verfügung: allgemein verfügbare Mittel wie das Internet und jene speziell für Wissenschaftler*innen wie den Science Slam.

7.6 Aufgaben

- Erstellen Sie eine Liste mit Ihren wichtigen Bezugsgruppen.
- Geben Sie an, welche Kanäle Sie für diese Bezugsgruppe nutzen wollen.
- Entwickeln Sie einen stimmigen Mix aus Mittel und Maßnahmen.

Gastbeitrag: Social Media im Selbstmarketing

8

Dieser Beitrag wurde von Dr. Nicholas Qyll, Köln, Deutschland verfasst.

Zusammenfassung

Dieses Kapitel soll Ihnen einen grundlegenden Überblick zur Verwendung von Social Media im Selbstmarketing geben – unabhängig davon, ob Sie am Anfang stehen oder bereits in den sozialen Medien vertreten sind. Sie erfahren, wie Sie schrittweise – im Einklang mit Ihrem Selbstverständnis als Wissenschaftler*in – eine individuelle Social-Media-Strategie entwickeln und deren Erfolg kontrollieren. Hierbei gehe ich auf die Ansprache der richtigen Nutzer*innen ebenso ein wie auf die Vor- und Nachteile der richtigen Plattform und die Produktion von bedeutendem Inhalt („relevant content").

Über den Gastautor
Dr. Nicholas Qyll ist Designer, Forscher und Autor. Er studierte Kommunikationsdesign in Nürnberg, Wuppertal und Essen. Er promovierte mit einer designwissenschaftlichen Arbeit über ‚Visual Person Branding' an der Hochschule der Bildenden Künste Saarbrücken. Nicholas Qylls Schwerpunkte in Lehre, Forschung und Publikationstätigkeit liegen in den Bereichen Branding, Persona Studies, Storytelling, Bildrhetorik sowie (Kommunikations-) Design. Aktuell ist er Lehrbeauftragter für ‚Designwissenschaften' am Fachbereich Design der Fachhochschule Dortmund und wurde zum Mitglied im ‚Fame and Persona Research Consortium (FPRC)' von Australien berufen. Er lebt und arbeitet in Köln.

> … auf Twitter kann man wissenschaftliche Erkenntnisse mit Kollegen und mit Interessierten extrem differenziert und schnell diskutieren. Und das ist zum Teil ein Diskurs, von dem ich selbst lerne. (Epidemiologe Prof. Dr. Dr. Karl Lauterbach aus der Sendung ‚Markus Lanz' (ZDF) vom 02.02.2021)

8.1 Einleitung

Die gegenwärtige Dominanz von Social Media in der Gesellschaft beeinflusst zunehmend auch die Wissenschaftskommunikation: Eine Studie von Springer Nature zeigte 2017, dass 95 % der 3.209 befragten Wissenschaftler*innen Social Media beruflich nutzen (Harseim & Goodey, 2017). Die Studie fragte auch nach den Aktivitäten auf sozialen Plattformen im Berufsalltag: 75 % der Wissenschaftler*innen verwenden Social Media überwiegend für das ‚Entdecken und Lesen von Inhalten'. Deutlich geringer fallen jene Anteile aus, die sich auf das berufliche Networking/Kollaborieren (55 %) beziehen oder die Vermarktung der eigenen Person und Forschung betreffen (57 %). Eine weitere, kürzlich durchgeführte Studie von 2018 konnte gar zeigen, dass nur jede*r zweite deutsche Nachwuchsforscher*in davon ausgeht, dass sich eine öffentlich ausgerichtete Wissenschaftskommunikation förderlich auf die eigene Karriere auswirken würde – übrigens im Gegensatz zu 75 % der amerikanischen und asiatischen Kolleg*innen (Könnecker et al., 2018). Die Frage drängt sich auf: Woher rührt diese Zaghaftigkeit unter Wissenschaftler*innen, Social Media wirksam für sich einzusetzen?

Vorteile von Social Media für das Selbstmarketing
Ein Grund könnte sein, dass sie die Vorteile und Wirkungen nicht kennen. Zu den unstrittigen Vorzügen von Social Media gehören, dass man Botschaften verbreiten, Dialoge führen, schnell reagieren und Öffentlichkeit einbinden kann. Durch die Nutzung von Social Media, insbesondere als Instrumente des Selbstmarketing, lassen sich nachhaltig positive Effekte zwischen Wissenschaftler*in, Scientific Community und allgemeiner Öffentlichkeit im und über den digitalen Medienkontext hinaus erzielen. Durch Social Media

- erhöhen Sie die Sichtbarkeit Ihrer Person als Wissenschaftler*in, Ihrer Forschungsarbeiten und die Transparenz Ihres Forschungsprozesses. Beispielsweise wirkt sich das Tweeten von Artikeln positiv auf Ihre Zitationsrate aus (Peoples et al., 2016).
- werden Sie zur/zum zeitgemäßen Wissenschaftskommunikator*in. Sie beteiligen sich am und profitieren vom wissenschaftlichen Diskurs, nutzen soziale Kanäle für die eigene Forschung sowie das wissenschaftliche Arbeiten und integrieren sie in die eigene Lehre;
- können Sie zum Vorbild für Nachwuchswissenschaftler*innen werden, indem Sie Ihre persönlichen Erfahrungen und Erfolge mitteilen;
- erweitern Sie Ihren täglichen Wissensstand, indem Sie bequem den Wissenschaftsbetrieb, Neuerungen Ihres Forschungsgebietes, angesagte Konferenzen etc. im Blick halten;
- grenzen Sie sich auf dem akademischen Stellenmarkt deutlich von Mitbewerber*innen ab und ziehen qualifizierte Mitarbeiter*innen an;

8.1 Einleitung

- bauen Sie die Kontakte Ihres persönlichen Forschungsnetzwerkes aus, woraus sich potenzielle Forschungs- und Publikationskooperationen ergeben können;
- wecken Sie als Öffentlichkeitsarbeiter*in im Namen der Wissenschaft die Neugierde der Allgemeinheit auf Forschungsergebnisse und stärken gleichzeitig die Akzeptanz und Glaubwürdigkeit der Scientific Community gegenüber Fake-News und Desinformationen.

Ein weiterer Grund, warum Wissenschaftler*innen die Potenziale sozialer Medien so zaghaft ausschöpfen, mag ihr überwiegend intuitiver und wenig systematischer Umgang damit sein: Strategische Kommunikation ist für viele Wissenschaftler*innen nicht selbstverständlich.

Angesichts der vielfach ungenutzten Möglichkeiten der digital vernetzten Wissenschaftskommunikation stellt dieses Kapitel eine praktische Anleitung dar, wie Sie als Wissenschaftler*innen, Forscher*innen, Akademiker*innen und Studierende soziale Medien im wissenschaftlichen Selbstmarketing strategisch nutzen können – unabhängig davon, ob Sie noch ganz am Anfang stehen oder bereits in den sozialen Medien vertreten sind.

Kern des Kapitels stellt die Entwicklung einer Social-Media-Strategie dar, die im Einklang mit Ihrem Selbstverständnis als einzigartige Wissenschaftlermarke steht (Kap. 2). Sie erfahren, wie sie eine Bestandsaufnahme durchführen, Ihre Ziele konkretisieren und wie Sie Ihr individuelles Social-Media-Ökosystem anhand von drei Komponenten aufbauen. Hierfür bestimmen Sie erstens die richtigen Bezugsgruppen, wählen zweitens die passenden Kanäle aus und erstellen drittens regelmäßig relevanten Content. Sie erfahren dann, wie Sie Ihre Social-Media-Aktivitäten kontrolliert beobachten und mit Blick auf die eigenen Ziele auswerten können. Zur besseren Veranschaulichung werden Best Cases aus der Praxis der Selbstvermarktung von Wissenschaftler*innen vorgestellt. Schließlich fasse ich wesentliche Erkenntnisse dieses Kapitel in Form eines Quick Guides mit acht praktikablen Handlungsempfehlungen zusammen. Falls Sie das erworbene Wissen nach dem Lesen dieses Kapitels weiter vertiefen möchten, finden Sie abschließend hilfreiche Links und Literaturempfehlungen.

Bevor Sie jetzt aber loslegen und sich dem nächsten Abschnitt zuwenden, will Ihnen der nachfolgende Appell die Relevanz von Social Media und die Verantwortlichkeit Ihrer Rolle als „scientist 2.0" innerhalb der gegenwärtigen und zukünftigen Wissens(chafts)gesellschaft verdeutlichen:

> „Wissenschaftlerinnen und Wissenschaftler! Nutzt soziale Medien und kommuniziert innerhalb der Fachcommunity und mit der interessierten Öffentlichkeit. Informiert über Eure Forschungen. Mischt Euch ein. Kommentiert, korrigiert, wenn Falsches behauptet wird, diskutiert, wenn Meinungen gefragt sind. Stärkt die Demokratie!" (König, 2017).

8.2 Social-Media-Strategie: grundlegende Entscheidungen

Sie haben Ihre einzigartige Persönlichkeit als Wissenschaftler*in herausgearbeitet und sich im akademischen Wettbewerbsumfeld positioniert (siehe ausführlich Adlmaier-Herbst & Mayer, 2021 und Kap. 4). Jetzt geht es darum, Ihre Leistungen, Aktivitäten und Werte als Wissenschaftlermarke in den sozialen Medien bekannt zu machen und über Häppchen Ihrer persönlichen Geschichte kontinuierlich und zielgerichtet zu vermarkten. Wenn Ihr Selbstmarketing erfolgreich sein soll, müssen Sie vor dem ersten Post wichtige Vorarbeiten leisten, um das systematische Vorgehen zu entwickeln, also eine Social-Media-Strategie. Diese ermöglicht Ihnen, die festgelegten Ziele im Zeitverlauf zu erreichen und trotz der schnelllebigen Eigendynamik der sozialen Medien, die von plötzlichen Ereignissen, Trends, akuten Krisen („shitstorms"), technologischen Neuerungen und veränderten Algorithmen der Plattformen geprägt ist, angemessen und flexibel – auch in Echtzeit – reagieren zu können.

Ideale Schrittfolge
Ihre persönliche Social-Media-Strategie erarbeiten Sie idealerweise anhand der folgenden Schrittfolge:

Schritt 1. Bestandsaufnahme: IST-Situation analysieren
Stellen Sie zu Beginn grundlegende Überlegungen an, die Ihnen Ihre persönlichen Vorteile und Chancen, aber auch die damit verbundenen Nachteile und möglichen Risiken von Social Media in Form einer SWOT-Analyse bewusst machen. Entscheidend ist, dass Sie auch den in Zukunft aufzubringenden Zeitaufwand für eigene Aktivitäten, wie zum Beispiel Content-Erstellung und -veröffentlichung, und deren permanente Beobachtung richtig einschätzen. Wenn Sie alles gut abgewogen haben, sollten Sie eine klare Einstellung entwickelt haben, warum die Nutzung der sozialen Medien für Ihre Wissenschaftlermarke sinnvoll ist, was diese Ihnen kurz- und langfristig bringen können und welche Ressourcen Sie dafür aufbringen können. Danach führen Sie in Bezug auf Social Media eine kurze Situationsanalyse durch („Wo stehe ich aktuell?"). Falls Sie kein Neuling in den sozialen Medien mehr sind, sondern bereits mit Profilen dort vertreten sind, fragen Sie sich in der kritischen Rückschau: „Was hat bislang funktioniert und was weniger?".

Schritt 2. Zieldefinition: Kenngrößen festlegen
Die Konkretisierung geeigneter Social-Media-Ziele ist der nächste Schritt. Die Frage „Was möchte ich mit Social Media erreichen?" sollte im Einklang mit einer positiv formulierten Vision für Ihre Wissenschaftlermarke stehen („Wo möchte ich in Zukunft stehen?") und damit verbundenen allgemeinen Markenzielen wie die Steigerung der Bekanntheit, Ausweitung der internationalen Vortrags- und Gutachtertätigkeiten, Berufung in renommierte Gremien etc.

8.2 Social-Media-Strategie: grundlegende Entscheidungen

Üblicherweise werden Social-Media-Ziele anhand der SMART-Formel klar definiert – das Akronym steht für spezifisch, messbar, erreichbar, relevant und terminierbar. Die Zielerreichung und Bewertung des Erfolgs der Maßnahmen lässt sich deshalb auch anhand der ausgewerteten Zahlen genau überprüfen (vgl. Schritt 4).

Für Wissenschaftler*innen kommt ein ganzes Bündel an Social-Media-Zielen infrage: Mögliche quantitative Ziele, die vorwiegend um die Sichtbarkeit der eigenen Forschungsleistung kreisen, reichen von der Erhöhung bestimmter Kennzahlen wie Clicks, Likes, Shares, Views, Visits, Visitors für die eigenen Beiträge, über ein erhöhtes Engagement durch das Fachpublikum wie Reads, Downloads, Citations, Recommendations bis hin zur Verbesserung des Rankings durch akademische Scores (wie bei Google Scholar und ResearchGate) und der zahlenmäßigen Ausweitung des (Forschungs-)Netzwerkes (Follower).

Qualitative Ziele beziehen sich auf die Ausweitung von Kooperationsaktivitäten mit renommierten Wissenschaftler*innen, den direkten Austausch mit Bestandsnutzer*innen, das Gewinnen qualifizierter Mitarbeiter*innen (Hochschul-Recruiting) und insgesamt natürlich auf eine höhere Bekanntheit Ihrer Wissenschaftlermarke innerhalb der Scientific Community, aber auch in der Gesellschaft, den Nachrichtenmedien etc.

> **Beispiele für Ziele in Social Media**
> - **Quantitative Ziele:** Erhöhung von Kennzahlen wie Clicks, Likes, Shares, Views, Visits, Visitors für die eigenen Beiträge, höheres Engagement durch das Fachpublikum wie Reads, Downloads, Citations, Recommendations, Verbesserung des Rankings durch akademische Scores (wie bei Google Scholar und ResearchGate), Ausweitung des (Forschungs-)Netzwerkes (Follower).
> - **Qualitative Ziele:** Ausweitung von Kooperationsaktivitäten mit renommierten Wissenschaftler*innen, direkter Austausch mit Bestandsnutzer*innen, Gewinnen qualifizierter Mitarbeiter*innen (Hochschul-Recruiting), höhere Bekanntheit Ihrer Wissenschaftlermarke innerhalb der Scientific Community, Gesellschaft, Nachrichtenmedien etc.

Schritt 3: Social-Media-Ökosystem aufbauen: Bezugsgruppe, Kanäle und Content
Auf Basis der Vision, der konkreten Ziele und strategischer Erwägungen bauen Sie im nächsten Schritt Ihr eigenes Social-Media-Ökosystem auf, das sich aus den definierten Bezugsgruppen, den passenden Kanälen und dem relevanten Content zusammensetzt (vgl. Abb. 8.1). Die Einzeldimensionen bedingen sich gegenseitig und dürfen aus Sicht einer ganzheitlichen Social-Media-Strategie nicht isoliert betrachtet werden. Die übergeordnete Frage, die den Aufbau des Social-Media-Ökosystems lenkt, lautet: „Auf welchen Kanälen erreiche ich die gewünschte Bezugsgruppe mit welchen Inhalten?"

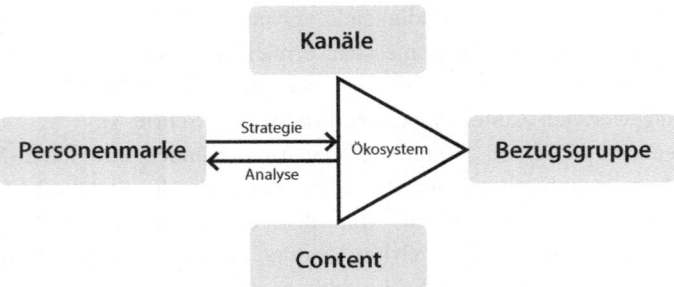

Abb. 8.1 Social-Media-Ökosystem. (Quelle: eigene Darstellung in Anlehnung an Benyon 2019)

Schritt 4. Social-Media-Analyse: Erfolge bewerten und bei Bedarf Strategie korrigieren
Neben der stets aufmerksamen Beobachtung Ihres Wettbewerbsumfeldes im Social Web (Social Monitoring) ist es wichtig, regelmäßig Ihre eigenen Social-Media-Maßnahmen zu analysieren und zu vergleichen (Social Media Analytics). Erfolgreich sind diese, wenn die in Schritt 2 konkretisierten quantitativen und qualitativen Social-Media-Ziele erreicht wurden. Passen Sie im Bedarfsfall Ihre Strategie der schnelllebigen Dynamik der sozialen Medien an.

Kernfragen für die Social-Media-Strategie
- Ist die Nutzung von Social Media für mich sinnvoll?
- Welche Vorteile und Chancen sind mit Social Media verbunden?
- Welche Nachteile und Risiken sind mit Social Media verbunden?
- Welche Ressourcen kann und möchte ich investieren (Zeit, Kosten)? Kenne ich den Zeitaufwand, der mit der Nutzung von Social Media einhergeht? Wie kann ich das in meinen Alltag als Wissenschaftler*in integrieren?
- Wo stehe ich aktuell in Sachen Social Media (Situationsanalyse)?
- Was hat in Sachen Social Media bislang gut funktioniert und was weniger?
- Wo möchte ich mit Social Media künftig hin (Vision)?
- Was sind meine konkreten Social-Media-Ziele? Welche quantitativen Ziele verfolge ich und welche Kennzahlen sind zielrelevant? Welche qualitativen Ziele verfolge ich kurz-, mittel- und langfristig?
- Welche Bezugsgruppen möchte ich ansprechen?
- Auf welchen Plattformen sind die gewünschten Nutzer*innen aktiv?
- Wie bereite ich passenden Content auf? Welche Themen und Medienformate wähle ich? Wie veröffentliche ich diese?
- Wie überprüfe ich den Erfolg meiner Social-Media-Aktivitäten? Wie lassen sich die Ergebnisse messen? Werden auch die übergeordneten Ziele meiner Marke dadurch erreicht?

8.2.1 Bezugsgruppe: die Ansprache der richtigen Nutzer

Für eine erfolgreiche Social-Media-Strategie ist es grundlegend, sich ein genaues Bild über die Bezugsgruppe und ihr Verhalten zu machen. Die damit einhergehenden Fragen sind von zentraler Bedeutung, in welchen Kanälen die anvisierte Nutzerschaft besonders aktiv ist und mit welchen Inhalten sie idealerweise angesprochen werden sollte.

Zunächst entscheiden Sie, ob Sie ausschließlich ein wissenschaftliches Fachpublikum ansprechen möchten. Hierzu gehören Einzelpersonen wie etwa aktuelle und ehemalige Kolleg*innen, potenzielle Partner*innen für Forschungs- und Publikationsprojekte, Interessengruppen (zum Beispiel auf Facebook), Vertreter*innen der Hochschule, Konferenzteilnehmer*innen, Wissenschaftsjournalist*innen, Studierende, Interessierte etc. Wichtig können aber auch Institutionen sein wie Fachverlage, Hochschulen, Forschungseinrichtungen, Wissenschaftsverbände etc.

Für Ihre eigene Reichweite kann es vorteilhaft sein, dass Sie wissenschaftliche Multiplikator*innen identifizieren, man könnte sie als „Scientific Influencer" bezeichnen, und dass Sie sich deren Netzwerk anschließen und mit ihnen interagieren. Zur Vertiefung vorteilhafter Beziehungsbildung empfiehlt sich ein direkter Austausch über den Messenger-Dienst mit den jeweiligen Personen. Über solche Verbindungen (und den öffentlichen Austausch) werden auch andere Wissenschaftler*innen auf Ihr Profil aufmerksam. Je nach Ihrem Selbstverständnis als Wissenschaftler*in oder nach den Zielen Ihrer Social-Media-Strategie muss Ihr Netzwerk allerdings nicht strikt nur wissenschaftlichem Fachpublikum vorbehalten bleiben: Sie können es auch mit Followern aus der privaten Sphäre wie Bekannte, enge Freund*innen oder Familienmitglieder ergänzen. Vorteilhaft für Ihre Anliegen als Wissenschaftler*in könnten auch Gesellschaftsvertreter*innen aus der Wirtschaft, der Politik und den Nachrichtenmedien sein.

▶ Bauen Sie das eigene Online-Netzwerk mit bereits bekannten Offline-Kontakten auf und schauen Sie nach, mit wem Ihre Kolleg*innen bereits vernetzt sind!

Zur besseren Einordnung der potenziellen Bezugsgruppe schlagen Li und Bernoff (2011) ein hilfreiches Modell vor. Es ermöglicht, Social-Media-Nutzertypen aufgrund ihrer Verhaltensschwerpunkte in den sozialen Kanälen zu unterscheiden. Auch wenn diese sieben Typen nur selten in Reinform auftreten, kann die in Tab. 8.1 vorgestellte Nutzertypologie dennoch helfen, die Mitglieder der eigenen Social-Media-Gefolgschaft schlüssig auseinanderzuhalten und demnach auch besser zu verstehen.

Wichtig bei der Definition der Bezugsgruppe ist: Eine zielgerichtete und erfolgreiche Kommunikation kann nur erfolgen, wenn klar ist, wen Sie wie ansprechen möchten. Entwickeln Sie deshalb das richtige Gespür für Ihre Follower. Interagieren Sie mit ihnen auf Augenhöhe und finden Sie heraus, mit wem Sie sprechen und was für diese Nutzer*innen von Interesse ist.

Tab. 8.1 Social-Media-Nutzertypen. (Quelle: eigene Darstellung in Anlehnung an Li und Bernoff 2011)

Kreateure (‚creators')	Diese wichtige Nutzergruppe ist zwar recht klein, aber umso aktiver. Sie veröffentlichen initiativ umfassende Artikel, Blogs und eigene Websites und produzieren ihre Content-Formate selbst wie Videos, Fotos, Musik, Podcast, Blogbeiträge etc. Profitieren Sie selbst von diesen Impulsgeber*innen und integrieren Sie sie in das eigene Netzwerk
Gesprächspartner*innen (‚conversationalists')	Dieser Nutzertyp verwendet Social Media überwiegend, um in einen Dialog mit anderen Nutzer*innen zu treten, um Beiträge zu kommentieren und über Messenger-Dienste zu chatten. Nehmen Sie selbst daran teil und bieten Sie diesen Nutzer*innen aktivierende Beiträge zum Dialog (ggfs. auch vertiefende Gespräche über Chat) an
Kritiker*innen (‚critics')	Diese Nutzer*innen möchten ihre (kritische) Meinung kundtun. Sie schreiben Rezensionen, kommentieren und veröffentlichen Beiträge (z. B. in Foren). Gehen Sie auf diese Nutzergruppe ein, indem Sie Möglichkeiten bieten sich einzubringen
Sammler*innen (‚collectors')	Die Sammler*innen ‚bookmarken' interessante Seiten, setzen interessante Beiträge auf ihre Merkliste, nutzen Bewertungsfunktionen und downloaden relevante Textbeiträge (PDF)
Mitmacher*innen (‚joiners')	Diese Nutzertypen sind insgesamt wenig aktiv. Sie legen sich nur ein Profil an, um mit Freund*innen und Bekannten in Kontakt zu bleiben
Zuschauer*innen (‚spectators')	Die reinen Zuschauer*innen sind die größte Nutzergruppe in den sozialen Medien. Sie konsumieren überwiegend Beiträge auf Entdecken-Seiten oder auf gefolgten Profilen, veröffentlichen selbst jedoch kaum eigene Inhalte. Ihnen sollten Sie relevanten und schnell konsumierbaren Content bieten
Inaktive (‚inactives')	Die Nicht-Teilnehmer*innen nutzen die sozialen Medien nicht wirklich – sie stoßen allenfalls über die Suchmaschinen auf für sie interessante Inhalte. Sorgen Sie für öffentliche, auch auf Suchmaschinen einsehbare Inhalte und verlinken Sie Social-Media-Content zudem auf Websites außerhalb der sozialen Medien (eigene Website, Foren, Blogs)

8.2 Social-Media-Strategie: grundlegende Entscheidungen

▶ Die fundierte Definition der Bezugsgruppe, ihrer typischen Verhaltensweisen und konkreten Bedürfnisse sowie die passende Form der Ansprache stellen das Fundament Ihrer Social-Media-Strategie dar.

Bei dem grundlegenden Schritt Ihrer Social-Media-Strategie zur Definition der Bezugsgruppe können Sie sich an folgenden Praxisfragen orientieren:

Kernfragen zur Definition der Bezugsgruppen
- Wen will ich erreichen? Soll es nur wissenschaftliches Fachpublikum sein oder auch Vertreter*innen aus anderen Bereichen der Gesellschaft und dem Privatbereich?
- Wer sind die für mich wichtigen Multiplikator*innen aus der Wissenschaft bzw. Scientific Influencer*innen? Wem sollte ich unbedingt folgen? Wer bereichert mein Netzwerk?
- Durch welche Ansprache kann ich die jeweiligen Nutzertypen am besten erreichen? Ist eine Direktansprache im Post oder dem Messenger sinnvoll oder reicht anonyme Massenkommunikation?

8.2.2 Kanäle: die Auswahl der passenden Plattformen

Der weitere Aufbau Ihres individuellen Social-Media-Ökosystems wird geleitet von der Frage: Wo erreiche ich meine Bezugsgruppe? Wählen Sie jene relevanten Kanäle aus, auf denen die Bezugsgruppen aktiv sind. Social-Media-Anwendungen gibt es viele – das wird besonders deutlich, wenn man sich das ‚Social Media Prisma' ansieht (Ethority, 2018).

Für Wissenschaftler*innen lohnt es sich, nachfolgenden Überblick an Social-Media-Plattformen mit ‚Pros und Cons' näher anzusehen: Neben Publishing-Plattformen wie Twitter, Medium und Wikipedia, sozialen und Business-Netzwerken wie Facebook, LinkedIn und Xing beschreibe ich wichtige Media-Sharing-Plattformen wie YouTube, Instagram, Pinterest, Spotify, Snapchat und TikTok – ergänzt durch Plattformen für wissenschaftliche Inhalte wie Academia.edu, ResearchGate, Google Scholar, Mendeley, Slideshare und PREZI.

Alle aufgeführten Social-Media-Plattformen ermöglichen der Nutzerin oder dem Nutzer, ein eigenes Profil anzulegen, sich mit anderen User*innen zu vernetzen, untereinander zu kommunizieren, Inhalte auszutauschen und diese zu bewerten.

8.2.2.1 Publishing-Plattformen

Twitter
Den Microblogging-Dienst Twitter gibt es seit 2006. Er beschränkt die telegrammähnlichen Kurznachrichten (sog. „tweets") seiner registrierten Nutzer*innen auf 140 Zeichen. Zu Twitters 353 Mio. Nutzer*innen (Twitter, 2021; Stand: 10. Februar 2021)

gehören neben vielen Privatpersonen, Unternehmen, Organisationen auch wichtige Wissenschaftler*innen, Forschungseinrichtungen und Hochschulen.

Twitter entwickelt sich stetig weiter und bietet neue Funktionen an wie zum Beispiel Twitter-Themen, die personalisierte Darstellung von relevanten Tweets, Events und Anzeigen, Audio Tweets ermöglichen das Twittern mit der eigenen Stimme oder Twitter Fleets als schnelllebige Inhaltsdarstellung im Story-Format sowie die gezielte Ausspielung von Tweets oder auch eine private Lesezeichenfunktion, um Tweets in den Mobil-Anwendungen zu speichern und später lesen zu können. Das ist besonders für Links von Studien, Aufsätzen und Blog-Beiträgen sinnvoll, die man später gründlicher lesen sollte (siehe Tab. 8.2).

Medium

Die Online-Publishing-Plattform Medium.com wurde 2012 gegründet und wird von 60 Mio. Nutzer*innen (Medium, 2021; Stand: 19. März 2021) besucht. Diese Plattform eignet sich gut für Texte, die zu lang sind für einen Tweet auf Twitter, aber kürzer als ein typischer Blogbeitrag sind. Neben der optisch ansprechsvollen Darstellung von Text und Bildern werden dort auch Angaben zur Lesezeit gemacht. Außerdem bietet Medium wie die vielen anderen Social-Media-Plattformen ebenfalls Stories an (Tab. 8.3).

Wikipedia

Die freie Online-Enzyklopädie Wikipedia ist 2001 als einstmals gemeinnütziges Projekt entstanden und hat sich zum umfangreichsten und beliebtesten Wissensnetzwerk im Internet entwickelt. Die mittlerweile über 55,6 Mio. Artikel in fast 300 Sprachen (Wikipedia, 2020; Stand: 31. Dezember 2020) werden kooperativ von der Gemeinde der Nutzer*innen erstellt. Die webbasierte Wiki-Software ermöglicht es allen Teilnehmer*innen, neue Texte zu veröffentlichen und bestehende zu editieren. Hierbei werden die Bearbeitungsschritte

Tab. 8.2 Vorteile und Nachteile von Twitter

Pro	Contra
• Engagierte Nutzerschaft, • Leichter interessierte Nutzer*innen finden (Hashtags), • Schnelle Informationsaufnahme und kurze Reaktionszeiten, • Erhöhung der Zitation, • Als direkter Feedbackkanal in der Lehre und bei Konferenzen nutzbar, • Viele Content-Formate möglich und leicht zu teilen: Texte, Bilder/Galerien, PDF, Links, Videos (unbegrenzt) etc., • Durch Retweeten entsteht eine enorme Reichweite, • Einstellen von Umfragen möglich	• Keine langen und komplexen Texte verfassbar: Begrenzung auf 140 Zeichen (bei Verlinkungen am besten Link-Shortener wie https://bitly.com nutzen), • Fake-Accounts und Fake-News, • Kurze Lebensdauer von Tweets, • Informationssuche zeitaufwändig, • Ständige Content-Erstellung erforderlich, • Tweets im Nachhinein nicht mehr änderbar (nur löschbar), • Sehr viele Inhalte auf einmal

Tab. 8.3 Vorteile und Nachteile von Medium.com

Pro	Contra
• Große Lesergemeinde, • Einfache Profilerstellung und hohe Benutzerfreundlichkeit, • Inhalte sind optimiert für Suchmaschinen (SEO), • Ansprechende Benutzeroberfläche	• Große Konkurrenz unter den Content-Anbieter*innen, • Kaum Einflussnahme auf die Ausgestaltung der eigenen Inhalte („one-size-fits-all'-Darstellung), • Ihre Inhalte erreichen trotz des großen Traffics auf Medium.com nicht automatisch auch eine hohe Sichtbarkeit

automatisch dokumentiert, um die Anpassungen der Autor*innengemeinschaft leichter nachvollziehen zu können. Dadurch ergeben sich für Wissenschaftler*innen spannende Möglichkeiten sich einzubringen; auch, wenn die Wiki-Autor*innen, sog. Wikipedianer*innen, meist nicht bekannt sind (Tab. 8.4).

8.2.2.2 Soziale und Business-Netzwerke

Facebook

Das soziale Netzwerk Facebook wurde 2004 gegründet. Sie ist mit 2,85 Mrd. monatlich aktiven User*innen die nutzerstärkste Social-Media-Plattform weltweit (Facebook, 2021; Stand: 31. März 2021). Facebook hält seine registrierten Nutzer*innen nicht nur über die aktuellen Aktivitäten von (auch internationalen) Freund*innen auf dem Laufenden, sondern ermöglicht als Dialogplattform, daran auch aktiv teilzuhaben und sich über den Facebook Messenger bequem auszutauschen. Aufgrund der hohen Nutzerzahl ist Facebook als Massenmedium auch für Unternehmen, Institute und Hochschulen interessant. Die Zahlen der Jugendlichen zwischen 14–19 Jahren sind auf dem sozialen

Tab. 8.4 Vorteile und Nachteile von Wikipedia

Pro	Contra
• Sehr breites Wissensspektrum; es gibt zu fast allen Themen lexikalische Einträge, • Informationen sind in vielen Sprachen verfügbar, • Einfache Nutzung, • Zusammenarbeit mit verschiedenen Nutzer*innen, • Kontrollierte und schnell aktualisierte Informationen, • Gute Möglichkeit für Wissenschaftler*innen, Einträge zu fehlenden Themen zu veröffentlichen	• Nicht alle Informationen sind akkurat und vertrauenswürdig, • Wikipedia als Quelle ist nur bedingt nutzbar im akademischen Kontext, • Autor*innen sind anonym, • (eigene) Beiträge können von anderen Autor*innen abgeändert werden

Tab. 8.5 Vorteile und Nachteile von Facebook

Pro	Contra
• Große Reichweite, • Hohe Vielfalt an Content-Formaten möglich (z. B. Texte, Einzelbilder, Bilderstrecken, PDF, Links, Videos, Audio-Files etc.), • Empfehlenswert sind die Facebook-Gruppen (z. B. Empirische Sozialforschung), • Perfekt, um Kontakte zu finden, zu knüpfen und zu pflegen (internationale Wissenschaftler*innen), • Veranstaltungen einstellen und promoten, • Geburtstagskalender (zur Kontaktpflege), • Einstellen von Umfragen möglich, • Direct Messaging und Antworten auf Stories ist vorteilhaft	• Die meisten Wissenschaftler*innen haben zwar ein Profil, nicht alle sind aber auch aktiv, • Die jüngere Generation nutzt Facebook kaum noch, • Ihre Daten werden permanent gesammelt/ personalisierte Werbung, • Organische Reichweite ist erschwert, • Reine Textlinks wirken nicht, • Große Bilddateien werden qualitativ stark komprimiert, • Shitstorm, Internet-Mobbing, Trolle, • Privatsphäre-Einstellungen beachten

Netzwerk rückläufig. Sie nutzen es allenfalls noch als Geburtstagskalender. Aus wissenschaftlicher Sicht aber sind jedoch die Facebook-Gruppen sehr interessant. Man kann eigene Special-Interest-Gruppen gründen oder bestehenden beitreten (Tab. 8.5).

LinkedIn

Das internationale Karrierenetzwerk LinkedIn gibt es seit 2002 und ist mit mehr als 766 Mio. Nutzer*innen insgesamt aus 200 Ländern weltweit und 260 Mio. monatlich aktiven Nutzer*innen die größte Businessplattform ihrer Art (Khoros, 2021). LinkedIn bietet seinen Nutzer*innen über einen kostenlosen Standard-Account einen News-Feed, eine Messaging-Funktion, einen Stellenmarkt, Lebenslaufdarstellung und Gruppenfunktion an. Der Premium-Account stellt weitere Funktionen bereit. Profile von nahezu allen Wissenschaftler*innen, Hochschulen, Forschungsunternehmen und -instituten finden sich dort (Tab. 8.6).

Tab. 8.6 Vorteile und Nachteile von LinkedIn

Pro	Contra
• Größte soziale Businessplattform der Welt, • Geschäftsorientierte Nutzerschaft, • Viele internationale Kontakte, Hochschulen, Stellenausschreibungen, • Posten von Inhalten und längeren Textbeiträgen möglich, • Zahlreiche Funktionen	• Standardkonto bietet nur geringe Funktionen für Jobsuchende, • Erweiterte Funktionen nur im Premium-Account möglich, dieser ist vergleichsweise teuer, • Zu viele Inhalte auf einmal, • Zu viele Spam-Nachrichten im Messenger, • Zeitaufwändige Profilerstellung, • Geringere Aktivität von deutschen Nutzer*innen

Tab. 8.7 Vorteile und Nachteile von Xing

Pro	Contra
• Größtes deutsches Jobnetzwerk, • Große Auswahl an Diskussionsforen und Gruppen, • Posten von Inhalten und längeren Textbeiträgen möglich	• Begrenzt auf den DACH-Raum, • Wenige internationale Kontakte und Stellenausschreibungen, • Zeitaufwändige Profilerstellung, • Erweiterte Funktionen nur im Premium-Account möglich, • Unübersichtliche Benutzeroberfläche

XING

Das deutschsprachige Karrierenetzwerk Xing ist seit 2003 das professionelle Business-Netzwerk in Deutschland, Österreich und der Schweiz (DACH-Region) mit 19 Mio. Nutzer*innen (XING, 2021; Stand: Januar 2021). Es stellt den Nutzer*innen ähnliche Funktionen wie LinkedIn bereit und bietet ihnen in den über 70.000 Diskussionsforen und Interessensgruppen eine große Themenvielfalt zum Diskutieren und für den fachlichen Austausch (Tab. 8.7).

8.2.2.3 Media-Sharing-Plattformen

YouTube

Das Videonetzwerk YouTube gibt es seit 2005 und es gehört zum Internetgiganten Google. Es zählt zu den wichtigsten und beliebtesten Plattformen für Bewegtbild wie Videos, Film- und Fernsehausschnitte, Trailer, Musikvideos, Slideshows etc. Da Nutzer*innen sich nicht extra anmelden müssen, wird YouTube auch oft als Alternative zur Google Search genutzt. Die Anzahl der monatlich aktiven YouTube-Nutzer*innen beläuft sich global auf 2 Mrd. Nutzer*innen (YouTube, 2021; Stand: 11. Januar 2021). YouTube ermöglicht seinen Nutzer*innen, Videos kostenlos anzusehen, zu bewerten, kommentieren und weiterzuleiten. Generell wird das Embedding von YouTube-Inhalten auf allen anderen Netzwerken ermöglicht. Gerade für Wissenschaftler*innen besteht hier die Möglichkeit, einen eigenen Kanal anzulegen und Wissenschaftskommunikation in audiovisueller Form kurzweilig und massentauglich nach dem Infotainment-Prinzip zu betreiben (Tab. 8.8). Eine alternative Videoplattform ist Vimeo, die nicht so groß ist wie YouTube, jedoch eine bessere Qualität an Videos bereithält.

Instagram

Das Bildernetzwerk Instagram wurde 2010 gegründet und kann als Microblog mit audiovisuellen Inhalten verstanden werden. Die hier hochgeladenen Bildformate wie Fotos, Bilderstrecken, Videos und visuelle Zitate kann man als Post oder Story auch direkt über

Tab. 8.8 Vorteile und Nachteile von YouTube

Pro	Contra
• Zweitgrößte Suchmaschine, • Videos werden in Google Search indiziert, • Lernvideos (gute Möglichkeit zur Wissensvermittlung), • Große Reichweite, • Erstellen eines eigenen Kanals möglich	• Hoher Zeit- und Kostenaufwand für professionelle Video-Erstellung, • Werbung, • Intolerante Kommentarkultur (Alternative: Deaktivierung der Kommentarfunktion, um Angriffsfläche zu reduzieren), • Urheberrechtsproblematik, • Unausgereifte Videos bis hin zu Fake- und Propaganda-Videos

Facebook teilen. Die 2012 von Facebook gekaufte Plattform verzeichnet aktuell eine Mrd. monatlich aktive Nutzer (Khoros, 2021; Tab. 8.9).

Snapchat

Die Image-Messaging-App Snapchat nutzen seit 2011 etwa 381 Mio. monatlich aktive Nutzer*innen, von denen die meisten in der Altersgruppe 18 bis 24 liegen (Khoros, 2021). Snapchat nimmt eine Sonderrolle unter den klassischen Social-Media-Plattformen ein. Über die App werden in erster Linie Fotos und kurze Videos versendet, die man mit dem Smartphone aufgenommen und mit Filtern und grafischen Elementen ergänzt hat. Die Besonderheit: Die verschickten Aufnahmen (Snaps) löschen sich nach einer eingegebenen Zeit (meist 10 Sek.) von selbst. Durch die ‚My Story'-Funktion können Nutzer*innen ihre Bildbeiträge chronologisch anzeigen lassen und komplette Bildergeschichten veröffentlichen (Tab. 8.10).

Tab. 8.9 Vorteile und Nachteile von Instagram

Pro	Contra
• Engagierte Nutzerschaft, • Leichter interessierte Nutzer*innen finden (Hashtags), • Speichern von Content mit Merkfunktion, • Direct Messaging und Antworten auf Stories möglich, • Starker Algorithmus (Vorschläge für Profile; wem Sie folgen, was Ihnen gefällt)	• Starker Algorithmus (Filterblase), • Keine klickbaren, externen Links im Post möglich (nur in der Profilbeschreibung; Verweis „Link in Bio"), • Keine Textformate/-dokumente, • Fokus auf visuelle Inhalte (Fotos, Galerie, Videos, IGTV), • Großer Zeitaufwand für bildliche Aufbereitung, • Werbung, • Nur kurze Wahrnehmungsspanne der Nutzer*innen, • Fake-Follower*innen, • Videos im Post sind auf 1 Min. begrenzt, wird danach auf Instagram-TV (IGTV) fortgeführt

8.2 Social-Media-Strategie: grundlegende Entscheidungen

Tab. 8.10 Vorteile und Nachteile von Snapchat. (Quelle: eigene Darstellung)

Pro	Contra
• Einfache Profilerstellung, • Sehr hohe Reichweite, • Engagierte und kreative Nutzerschaft, • Einsatz von Geofiltern möglich, • Direct Messaging möglich, • Es wird angezeigt, wer sich die Snaps ansieht	• Sehr junge Nutzerschaft, • Inhalte sind nur zeitlich begrenzt verfügbar, • Keine Textformate/Textdokumente (nur Nachrichten), • Fokus auf visuelle Inhalte, • Kurze Wahrnehmungsspanne der Nutzer*innen, • Hauptsächliche Nutzung über mobile Endgeräte (,mobile first'), • Kaum Analytics verfügbar, • Keine Teilenfunktion für Inhalte (nur über Screenshots)

TikTok

Die ebenfalls junge Kurzvideo-App TikTok verzeichnet seit ihrer Gründung 2016 einen Anstieg ihrer monatlich aktiven Nutzerschaft auf 732 Mio. Nutzer*innen (Datareportal, 2021; Stand: 17. April 2021). Spaß und Unterhaltung stehen hier bei sehr jungen Nutzer*innen im Alter zwischen etwa 13 bis 25 Jahren in Form von selbsterstellten lustigen Videoclips (z. B. mit Lippensynchronisation) und Musikvideos im Vordergrund. Spannend ist, dass man auf TikTok Challenges initiieren kann, die die Nutzer*innen dazu anregen können, eigene Inhalte und Videos beizusteuern. Diese Plattform erscheint auf den ersten Blick für Wissenschaftler*innen wenig geeignet zu sein, was jedoch das Fallbeispiel in Abschn. 8.3 entkräftet (Tab. 8.11).

Tab. 8.11 Vorteile und Nachteile von TikTok. (Quelle: eigene Darstellung)

Pro	Contra
• Sehr hohe Reichweite, • Engagierte und kreative Nutzerschaft, • Videos starten im Feed automatisch (so werden Inhalte wahrscheinlicher wahrgenommen)	• Sehr junge Nutzerschaft, • Zensur der Inhalte ist möglich, • Keine Textformate/-dokumente, • Fokus auf visuelle Inhalte, • Großer Zeitaufwand für bildliche Aufbereitung, • Werbung, • Nur kurze Wahrnehmungsspanne der Nutzer*innen, • Oberflächlichkeit und starker Unterhaltungswert der Inhalte steht im Vordergrund, • Hauptsächliche Nutzung über mobile Endgeräte

Pinterest

Die digitale Pinnwand Pinterest zählt seit ihrer Gründung 2010 mittlerweile 459 Mio. Nutzer*innen (Backlinko, 2021a; Stand: 4. Quartal 2020). Dort lassen sich interessante Bilder, Grafiken, Gifs und Kurzvideos auf thematischen Pinnwänden sammeln. Die sog. Pins sind mit Links zur jeweiligen Website versehen und gewährleisten den Traffic dorthin (Tab. 8.12).

Spotify

Der Audio-Streaming-Abonnementdienst Spotify wurde 2006 ins Leben gerufen und bietet seinen aktuell 345 Mio. aktiven Nutzer*innen einen bequemen Zugriff auf über 60 Mio. Songs an (Backlinko, 2021b; Stand: Februar 2021). Neben Musik finden sich dort mittlerweile auch Videos, Hörbücher und Podcasts. Nutzer*innen können sich auf Spotify nicht nur gegenseitig folgen, vielmehr ist das Spotify-Konto auch mit bestehenden Profilen bei Facebook und Twitter verknüpfbar. So können auch die Freund*innen die eigenen Playlisten einsehen und verfolgen, welche Musik man am liebsten hört. Neuerdings plant Spotify auch das Format von Stories zu integrieren, wie es bereits bei anderen Plattformen üblich ist. Für Wissenschaftler*innen ist die Möglichkeit interessant, dort und auf anderen Audio-Plattformen wie iTunes, Deezer, Stitcher, SoundCloud, Google Podcasts, Amazon Alexa etc. ihren eigenen Wissenschaftspodcast zu veröffentlichen (Tab. 8.13).

Tab. 8.12 Vorteile und Nachteile von Pinterest. (Quelle: eigene Darstellung)

Pro	Contra
• Kostenlose und einfache Profilerstellung, • Boards werden in Google Search indiziert (auch in Googles Bildersuche), • Content ist leicht teilbar, • Erhöht den Traffic auf Ihre Website, • Inspiration für die Visualisierung eigener Beiträge	• Fokus auf visuelle Inhalte, • Urheberrechtsproblematik, • Eingeschränkte Nutzerschaft (überwiegend weiblich), • Wenig Interaktion mit Nutzer*innen (kaum Kommentare)

Tab. 8.13 Vorteile und Nachteile von Spotify. (Quelle: eigene Darstellung)

Pro	Contra
• Einfache Profilerstellung, • Benutzerfreundlichkeit der Plattform, • Große Auswahl und hohe Qualität des Contents, • Veröffentlichung von Podcasts	• Kostenloser Account mit Beschränkungen und Werbung, • Premium-Account mit Kosten verbunden, • Geografische Einschränkungen bei bestimmten Inhalten

8.2.2.4 Wissenschaftliche Plattformen

In dieser Kategorie sind Forschungsnetzwerke und Profilplattformen zusammengefasst. Forschungsnetzwerke gehören zu den Social Sharing Networks (SSNs) und werden im Englischen auch als „Scholarly Collaboration Networks (SCNs)" bezeichnet. Forscher*innen und Wissenschaftler*innen können Erkenntnisse und Veröffentlichungen ihrer Forschung teilen, sich in Diskussionen einbringen und Kooperationen eingehen. Neben den unten vorgestellten Forschungsnetzwerken gibt es noch SSRN, figshare und readcube. Bei den Profilplattformen wird Wissenschaftler*innen ein Profil und eindeutiger Identifier zugewiesen. Damit können Publikationen zugeordnet und ein Score über die Verbreitung und Citations gemessen werden. Zu den bekannten Beispielen gehören ORCID, Kudos, ImpactStory, ResearcherID/Publons und Google Scholar (vgl. unten).

Academia

Das Forschungsnetzwerk Academia.edu wurde 2008 gegründet und ist als Kombination aus sozialem Netzwerk und Dokumentenserver für wissenschaftliche Publikationen zu verstehen. Über 150 Mio. registrierte Nutzer*innen weltweit, davon etwa 31 Mio. monatlich aktive Nutzer*innen (Academia: About, 2021) nutzen diese Plattform für schnelle und reichweitenstarke Wissenschaftskommunikation. Im Gegensatz zum Konkurrenten ResearchGate liegt bei Academia.edu der Schwerpunkt eher auf den Geistes- und Sozialwissenschaften. Die hilfreiche Peer-Review-Funktion mit Namen ‚Draft Session' hilft den Wissenschaftsautor*innen Feedback in Form von Annotationen auf die eigenen Forschungspapiere zu erhalten, bevor diese veröffentlicht werden. Academia.edu ist besonders interessant bei der Suche nach Stipendien oder Jobs (Tab. 8.14).

ResearchGate

Das Forschungsnetzwerk ResearchGate wurde ebenfalls 2008 ins Leben gerufen und hat sich gegenüber dem Konkurrenten Academia.edu laut einem Artikel von Times

Tab. 8.14 Vorteile und Nachteile von Academia.edu

Pro	Contra
• Kostenloses Profil, • Kann als digitale Visitenkarte auf Konferenzen etc. dienen, • Höhere Sichtbarkeit der Forschung, • Man kann nicht nur anderen Forscher*innen, sondern auch Projekten oder interessanten Themengebieten folgen, • Benachrichtigungsfunktion zu neuen Dokumenten und passenden Stellen, • Statistiken zum Download der Inhalte etc., • Mobile App	• Kostenpflichtiges Premium-Profil wird angeboten, • Privatwirtschaftliches Unternehmen, gehört keiner akademischen Institution an, • Keine ‚request full-text'-Funktion, • Keine Diskussionsfunktion, • Viele Nutzer*innen sind Studierende oder Postgraduierte, • Viele Werbemails, • Illegal hochgeladene Publikationen (keine Open-Access-Dokumente)

Higher Education (Matthews, 2016) mit seinen (mittlerweile) 20 Mio. Nutzer*innen (ResearchGate, 2021) als das aktivere Netzwerk behaupten können. Die registrierten Mitglieder veröffentlichen dort die Ergebnisse ihrer Forschung in Form von Fachartikeln, Buchkapiteln, Patenten, Projektskizzen, Präsentationen aus allen Bereichen der Wissenschaft, jedoch eher mit einem Schwerpunkt in Naturwissenschaften. ResearchGate bietet einen eigenen Score zur Bewertung der Aktivität im Netzwerk an, der beispielsweise misst, ob man Fragen stellt oder beantwortet (Tab. 8.15).

Google Scholar
Die akademische Suchmaschine Google Scholar gibt es seit 2004 und sie funktioniert ähnlich einfach wie Google Search. Sie ist mit etwa 389 Mio. Dokumenten die weltweit größte Suchmaschine für wissenschaftliche Literatur. Gefunden werden sowohl frei zugängliche (Open Access) Dokumente aus dem Internet, aber auch kostenpflichtige Angebote von Verlagen. Neben Fachzeitschriften weist die Suchmaschine auch andere wissenschaftliche Dokumente im Volltext oder zumindest als bibliografische Daten nach: Bücher, Dissertationen, Seminar-, Bachelor- und Masterarbeiten, auch Abstracts, Konferenzbeiträge, wissenschaftliche Power-Point-Präsentationen etc. Wissenschaftliche Autor*innen erhöhen mit dem öffentlichen Profil bei Google Scholar die Sichtbarkeit der eigenen Publikationen, die direkt über einen angegebenen Link im Profil erreichbar sind. Der Mehrwert von Google Scholar Citations liegt auch darin, dass die Autor*innen verfolgen können, wie häufig ihre Arbeiten bei Google Scholar gelistet und zitiert werden und wie gut sie insgesamt ranken (Tab. 8.16).

Mendeley
Das soziale Literaturverwaltungsprogramm Mendeley wurde 2008 ins Leben gerufen und gehört zum Wissenschaftsverlag Elsevier. Es ist zugleich ein ‚Reference Manager' wie auch ein akademisches soziales Netzwerk für die gemeinsame Teamarbeit. Es dient

Tab. 8.15 Vorteile und Nachteile von ResearchGate

Pro	Contra
• Kostenloses Profil, • Kann als ‚digitale Visitenkarte' auf Konferenzen etc. dienen, • Höhere Sichtbarkeit der Forschung, • Man kann nicht nur anderen Forscher*innen, sondern auch Projekten folgen, • Benachrichtigungsfunktion zu neuen Dokumenten und passenden Stellen, • Statistiken zum Download der Inhalte etc., • ‚Request full-text'-Funktion, • Diskussionsfunktion, • Mobile App	• Privatwirtschaftliches Unternehmen, gehört keiner akademischen Institution an, • Nicht alle Nutzer*innen haben alle Publikationen auf ihre Profile hochgeladen, • Viele Nutzer*innen sind Studierende oder Postgraduierte, • Viele Werbemails, • Illegal hochgeladene Publikationen (keine Open-Access-Dokumente)

8.2 Social-Media-Strategie: grundlegende Entscheidungen

Tab. 8.16 Vorteile und Nachteile von Google Scholar. (Quelle: eigene Darstellung)

Pro	Contra
• Kostenloses Profil, • Einfache Nutzung, • Großes Spektrum an verfügbaren Dokumenten, auch ‚graue Literatur', • Vorschläge von ähnlichen Beiträgen	• Breitgefächerte, aber nicht erschöpfende Suchergebnisse, • Ergebnisse variieren in der Qualität, • Keine Filtermöglichkeit nach Peer-Review oder Volltext, • Zitationsanzeige kann ungenau sein

dem Organisieren, Zitieren und Austauschen von wissenschaftlicher Literatur. Man kann mittels Browser nicht nur die eigene Bibliothek verwalten und Statistiken zu aktuellen Forschungstrends einsehen. Ebenso kann man sich ein Nutzerprofil anlegen und mit anderen Forscher*innen austauschen. Zukünftig wird Mendeley Wissenschaftler*innen auf der Basis ihres Forschungsprofils und ihrer Bibliothek relevante Artikel empfehlen (Tab. 8.17). Eine Alternative zu Mendeley mit vergleichbaren Funktionen ist die freie Literatursoftware Zotero.

Slideshare und Prezi

Der Filehosting-Dienst Slideshare wurde 2006 gegründet und ermöglicht seinen Nutzern das Teilen, Archivieren und Downloaden von Präsentationen, Dokumenten, PDF, Videos etc. Der Dienst wird von etwa 80 Mio. monatlichen Besucher*innen in Anspruch genommen (DMR, 2021). Mittlerweile ist Slideshare von Scribd, einem Publikationsportal für Dokumente wie Hörbücher, Zeitschriften, Bücher und Dokumente, übernommen worden. Auch auf Prezi, einem plattformunabhängigen, cloudbasierten Präsentationsprogramm, können (wissenschaftliche) Präsentationen hochgeladen und ein Profil angelegt werden (Tab. 8.18).

Tab. 8.17 Vorteile und Nachteile von Mendeley. (Quelle: eigene Darstellung)

Pro	Contra
• Kostenloses Profil, • Einfach zu bedienende Benutzeroberfläche, • Soziales Networking, • Drag-and-Drop-Funktion für Dokumente, • Mobile App, • Alle Betriebssysteme: Android, Apple, Windows, Linux	• Nicht so interaktiv wie die Forschungsnetzwerke, • Synchronisierung bei mehreren Geräten nicht automatisch, • Keine erweiterte Suchfunktion, • Mehr Speicherplatz ist kostenpflichtig

Tab. 8.18 Vorteile und Nachteile von Slideshare. (Quelle: eigene Darstellung)

Pro	Contra
• Kostenlose Profilerstellung, • Einfache Benutzeroberfläche, • Ansehen der Inhalte ohne Download, • Benachrichtigungsfunktion zu neuen Dokumenten von gefolgten Nutzer*innen, • Inhalte sind einbettbar in Blog, Website oder soziale Netzwerke, • Unbegrenzte Anzahl an Uploads und Dateigrößen jeweils bis 100 MB möglich, • Viele unterstützte Formate PDF, PPT etc., • Statistik: Downloads, Views und „Top clipped slide", • Inhalte sind optimiert für Suchmaschinen (SEO), • Vorteilhafte Nutzung in der Lehre (z. B. OER)	• Problematisch beim Hochladen von Videodateien, • Premium-Mitgliedschaft mit mehr Features, • Datenschutzrechtliche Aspekte, • Werbeplatzierungen

▶ Bedenken Sie, dass nicht alle Kolleg*innen Ihres Fachgebiets auf einer einzigen Plattform aktiv sind.

Dehnen Sie daher Ihre Präsenz auch auf weitere Kanäle im Netz aus. Über die Social-Media-Profile erhöhen Sie Ihre Auffindbarkeit über Suchmaschinen. Facebook, Twitter und LinkedIn – die sog. „Big 3" der sozialen Plattformen – sind prinzipiell auch für Wissenschaftler*innen empfehlenswert.

Bei der Auswahl der für Sie richtigen Plattform(en) können Sie sich an folgenden Fragen orientieren
- Welche Plattformen nutzt die jeweilige Bezugsgruppe?
- Welche bzw. wie viele Kanäle sind sinnvoll? Reichen die „Big 3"?
- Welche Kanaltypen sind sinnvoll: soziale Netzwerke, Business-Netzwerke, Media-Sharing-Plattformen und natürlich wissenschaftliche Plattformen?
- Welcher Kanal-Mix ist sinnvoll? Welche Plattformen ergänzen sich gut?

8.2.3 Content: Aufbereitung relevanter Inhalte

Sie haben im Social-Media-Ökosystem Ihre Bezugsgruppen definiert („Wen will ich erreichen?") und die relevanten Plattformen festgelegt („Wo will ich kommunizieren?"). Jetzt geht es um Ihre Inhalte: „Was will ich kommunizieren?" Dem Content-Management, das sich der Planung, Kreation, Veröffentlichung und Auswertung von Inhalten widmet, kommt innerhalb der eigenen Social-Media-Strategie eine zentrale Rolle zu – schließlich trifft die für das Internet geltende Maxime „content is king" (Bill Gates) im Besonderen auf das Social Web zu.

▶ Erfolgreich ist auf Social Media, wer seine Bezugsgruppe kontinuierlich mit spannenden, relevanten und aktuellen Inhalten begeistert und dadurch langfristig bindet.

Die naheliegende Frage, welche Beiträge und Formate dort gut oder auch weniger gut funktionieren, lässt sich anhand der folgenden Anmerkungen beantworten. Die sozialen Medien sind ein direktes, schnelles und überwiegend oberflächliches Medium. Die Aufmerksamkeitsspanne für dort geteilte Inhalte ist mit durchschnittlich ein bis drei Sekunden sehr kurz. Daher wird die Neugierde der User*innen durch reißerische Headlines angestachelt („clickbaiting"), und es ist für Videos erfolgsentscheidend, ob ein emotionales Highlight direkt zu Beginn, also innerhalb der ersten drei Sekunden, erfahrbar ist.

Die Anforderungen an Social-Media-Beiträge im Allgemeinen lauten: Sie müssen einfach, auffallend und schnell konsumierbar – eben ‚snackable' – sein. Wissenswert ist auch, dass es die Algorithmen der Plattformen mittlerweile schwieriger machen, mit nicht bezahlten Beiträgen im Newsfeed der Nutzer*innen zu erscheinen, also eine organische Reichweite zu erzielen. Entsprechend muss ein erhöhter Aufwand in die Erstellung des Inhaltes investiert werden. Die generelle Empfehlung bei der Content-Erstellung schließlich lautet:

▶ Kommunizieren Sie idealerweise einzigartigen Nischeninhalt („unique content"), der die gewünschten User*innen anspricht, also bezugsgruppenspezifisch ist, und ihnen einen Mehrwert verschafft.

Der Inhalt sollte abwechslungsreich sein, eine ausbalancierte Position zwischen Information und Unterhaltung (Infotainment) einnehmen, sollte lesefreundlich und gut strukturiert sein. Sicher ist die inhaltliche Ausrichtung auf die User*innen zunächst wichtig und sinnvoll; denn „gut ist, was gefällt". Aber halten Sie die Balance zwischen dem, was Sie selbst posten möchten, also Ihrem Selbstverständnis als Wissenschaftlermarke entspricht und deshalb authentisch ist, und dem was nur gut bei Ihren Nutzer*innen ankommt. Eine reine Außenorientierung ist auf Dauer nicht zielführend.

Zu den grundlegenden Zielen Ihres Contents gehört die Bindung der Aufmerksamkeit Ihrer Nutzerschaft – trotz steigender Informationsflut in den Medien. Des Weiteren sollen Inhalte das Engagement der User*innen steigern, sie also zum Liken, Sharen, Kommentieren, Downloaden und Weiterempfehlen anregen, und interessierte Nutzer*innen bestenfalls in einen Dialog führen.

Über kontinuierlich gute Qualität der Inhalte lassen sich schließlich mittel- bis langfristig die Bestands-User*innen binden und stetig neue Follower hinzugewinnen. Die Wirksamkeit des Contents muss aber für jedes Social-Media-Ökosystem durch intensive

Beobachtung und Interaktion mit der Bezugsgruppe experimentell getestet werden. Als Faustregel gilt:

▶ Leichter Content für viele Nutzer*innen, komplexer Content für wenige Nutzer*innen.

Die Content-Pyramide in Abb. 8.2 verdeutlicht neben den Content-Typen auch den Aufwand (mehr/weniger), die Qualität (höher/geringer) und Frequenz (seltener/häufiger) des erstellten Contents. Stimmen Sie hierauf Ihre persönlichen Ressourcen ab.

Im Zentrum der Planung und Kreation Ihrer Inhalte stehen Ihr Erlebnisversprechen und Ihre Kerngeschichte (Core Story; siehe ausführlich Abschn. 9.1.5). Hiervon leiten Sie für Ihre Beiträge sinnvolle Themen ab und entscheiden sich für passende Medienformate (vgl. Abb. 8.3).

Wenn es um die Themenfindung Ihrer Beiträge geht, stellt sich zunächst die Frage, ob Sie nur wissenschaftliche Inhalte oder auch private Geschichten kommunizieren wollen. Das hängt von Ihrem Selbstverständnis als Wissenschaftlermarke ab und den Zielen, die Sie mit Ihrer Präsenz in Social Media verbinden. Zwar gibt es nachvollziehbare Gründe, wie etwa den Schutz der Privatsphäre, dass Wissenschaftler*innen nur ihre berufliche Seite in den sozialen Medien thematisieren. Die Veröffentlichung vielfältiger Themen wie privater Alltag, Familie, Partnerschaft, Urlaub, Freizeit, Hobby oder persönliche Meinungen zu Politik, Gesellschaft etc. ermöglicht es den Followern jedoch, ein ganzheitlicheres und menschlicheres Bild von Ihnen und daraus folgend eine emotionalere, das heißt stärkere Beziehung zu Ihnen aufzubauen.

Entscheidend bei der Bestimmung Ihrer Themen ist, dass diese authentisch sind (Abschn. 2.5), also im Einklang mit Ihrer Persönlichkeit stehen und aus Ihrem Erlebnisversprechen abgeleitet sind. Sie sollen Ihr Alleinstellungsmerkmal betonen und so für

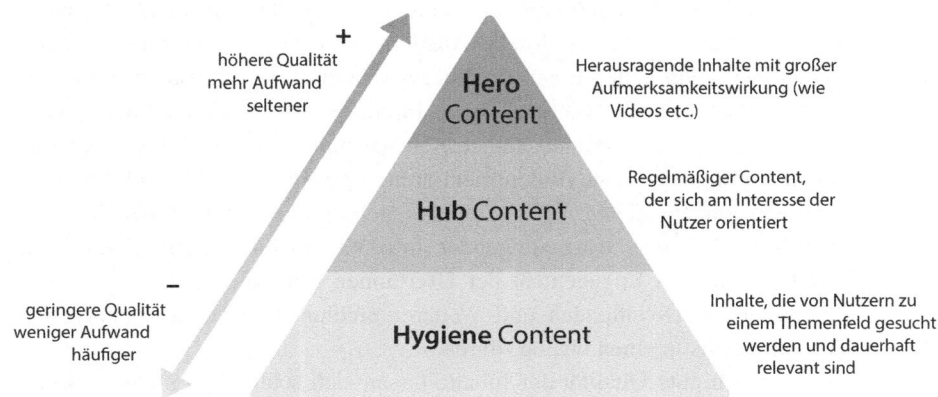

Abb. 8.2 Content Pyramide H³. (Quelle: eigene Darstellung in Anlehnung an Kratzert 2019)

8.2 Social-Media-Strategie: grundlegende Entscheidungen

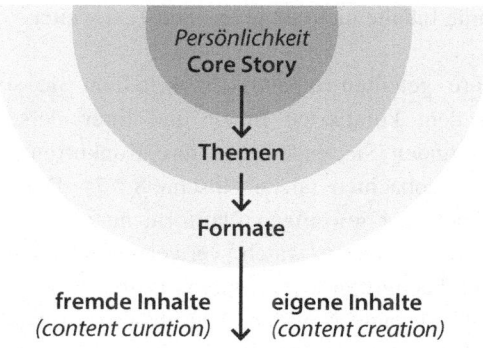

Abb. 8.3 Prinzip der Content-Erstellung

eine natürliche Abgrenzung zu Ihren Mitbewerber*innen sorgen (vgl. Abschn. 8 3, Best Cases). Die Adobe Consumer Content-Studie von 2018 hat gezeigt, die größten Chancen von Deutschen geteilt zu werden, haben Inhalte die informativ (45 %), die authentisch (34 %) und die lustig sind (31 %) (Adobe & Advanis, 2018).

Nach der richtigen Themenfindung folgt die Wahl des Medienformats. Zur Verfügung stehen Ihnen unter anderem kurze Textnachrichten, längere Blogbeiträge, einfache Fotos, 360°- und 3D-Fotos, Bilderstrecken, (Info-)Grafiken, PDF, PPT, Links, Webinare, Videos, Livestreams, Stories, Press-and-hold-Beiträge, Podcasts, Audio-Files etc.

Entscheidend ist, dass das gewählte Content-Format nicht nur das Thema angemessen repräsentiert, sondern auch der Medienlogik der jeweiligen Plattform entspricht: Facebook ermöglicht vielfältige Formate. Bei Instagram sind längere Texte unüblich, dort werden allenfalls visuelle Zitate und ‚Carousel Posts' gerne konsumiert; während bei LinkedIn gerade längere Textbeiträge bereitwillig gelesen werden. Wenn Sie sich der Inhaltskreation systematisch nähern wollen, erstellen Sie einen Content-Plan. Dieser Kalender erleichtert es, Beiträge im Voraus zu planen und auch zu produzieren. Ergänzt wird dann die Thematisierung von zum Beispiel saisonalen Themen, Jahrestagen, wichtigen Ereignissen etc. durch die Bezugnahme auf aktuelle Geschehnisse in Echtzeit.

Sie müssen jedoch nicht alle Inhalte selbst produzieren! Neben der teilweise zeitaufwändigen Produktion von eigenen Inhalten („content creation"), können Sie auch spannende Fremdinhalte unter eigenem Namen teilen („content curation"). Dies hat den Vorteil, dass eine konstante Frequenz des Postings beibehalten wird und die geteilten Inhalte, sofern diese für die Bezugsgruppe spannend und relevant sind, auch indirekt auf Sie als Sender*in abfärben (Imagetransfer). Meine Empfehlung:

▶ Leiten Sie relevante Inhalte nicht ohne eigenen Text weiter.

Personalisieren Sie Ihre geteilten Inhalte und schaffen Sie so eine noch stärkere Assoziation zwischen dem kuratierten Inhalt und Ihrer Person. Gute Quellen für relevante Fremdinhalte finden Sie, indem Sie Ihre Konkurrenz auf den fachlich einschlägigen Plattformen beobachten (siehe Abschn. 8.2.2). Daneben lassen sich auch Benachrichtigungsangebote der jeweiligen Plattform nutzen: In Facebook können Sie beispielsweise die Funktion „pages to watch" verwenden oder sich über aktuelle Aktivitäten in angeschlossenen Fachgruppen informieren lassen. Darüber hinaus haben Sie die Möglichkeit, thematisch relevante Newsfeeds zu abonnieren, passenden #-Hashtags zu folgen oder auf Social-Bookmarking-Dienste wie Refind, Pocket u. a. zurückzugreifen. Speichern Sie sich beim Browsen und Entdecken von Social-Media-Feeds auch wichtige Inhalte auf den Merklisten der Kanäle.

▶ Verwerten Sie frühere Inhalte („content recycling"). Hierbei können Sie bereits erstellte Inhalte aktualisieren (,republishing') oder in gänzlich neue Form(ate) bringen (,repurposing').

Für Beiträge mit wissenschaftlichem Themenschwerpunkt empfehlen sich beispielsweise folgende Inhalte:

Inhalte

Kreierte Eigeninhalte: eigene Veröffentlichungen, Vorträge und Teilnahmen an Konferenzen, Livestreams, Workshops, Gutachter*innen-Tätigkeiten, Interviews, Lern- und Fachvideos, Forschungsprojekte, Zusammenarbeit mit (neuen) Kolleg*innen, Webinare und Online-Kurse, Präsentationen, Datenvisualisierungen etc.

Kuratierte Fremdinhalte aus der Wissenschaft: Beiträge anderer Wissenschaftler*innen, Stellenangebote und Events von Hochschulen, Instituten oder der Wirtschaft, neue Erkenntnisse aus Ihrer Fachrichtung bzw. aus dem Wissenschaftsbetrieb, empfehlenswerte Literatur oder Neuveröffentlichungen, angesagte Konferenzen und Tagungen, Aktivitäten von Studierenden und Kolleg*innen etc.

Weitere Tipps
Bei der Publikation des Content sollten Sie schließlich folgende Hinweise beachten:

- Ihre Posts sollten eine klare Kernbotschaft haben, gut strukturiert und schnell erfassbar sein, um die Aufmerksamkeit Ihrer Follower zu binden.

8.2 Social-Media-Strategie: grundlegende Entscheidungen

- Ermöglichen Sie, dass stärker involvierte Nutzer*innen bei Relevanz und Interesse des Themas tiefer einsteigen können (z. B. über Verlinkungen). Gerade bei wissenschaftlichen Inhalten ist das sinnvoll.
- Fügen Sie an Ihre Beiträge populäre und eigene #-Hashtags an. Dadurch erhöhen Sie idealerweise die Reichweite Ihres Inhalts.
- Veröffentlichen Sie Ihre Inhalte zeitgleich auf multiplen Plattformen. Damit schaffen Sie mit weniger Aufwand mehr Reichweite. Mit Tools wie Buffer, Hootsuite o. a. lassen sich diese ‚Cross-Channel-Postings' bequem vorplanen und ausführen. Nicht jede Nutzerin, nicht jeder Nutzer ist auf allen Plattformen vertreten. Vergessen Sie nicht in wichtigen Fachgruppen zu posten.
- Wichtig: Stimmen Sie Inhalte, die auf unterschiedlichen Plattformen gepostet werden, aufeinander ab, zum Beispiel durch gegenseitiges Verlinken.
- Erhöhen Sie die Interaktion mit und unter Ihren User*innen. Nutzen Sie aktivierende Mittel, wie etwa provokante Statements, das Einstellen von Umfragen, Beiträge mit hohem Neuigkeitswert und beziehen Sie auch aktuelle Themen ein: vom Weltgeschehen bis zum auslaufenden Call for Papers etc.
- Achten Sie darauf, bei der Wahl der Content-Formate abzuwechseln. Denken Sie an die Besonderheiten der jeweiligen Plattformen. Videos und Fotos wirken in der Regel aufmerksamkeitsstärker als einfache Text-Posts.
- Sorgen Sie für regelmäßige Abstände bei der Inhaltsvermittlung. Eine tägliche Frequenz ist empfehlenswert. Die arbeitende Bevölkerung ist in der Mittagszeit und im Zeitfenster nach der Arbeit (zirka 17–21 Uhr) in den sozialen Medien verstärkt aktiv. Berücksichtigen Sie bei internationalen Followern, eine eventuelle Zeitverschiebung des jeweiligen Landes.

Und denken Sie daran: Mit dem Posten von Inhalten allein ist es nicht getan: Sie sollten sich selbst rege in den sozialen Medien engagieren, z. B. Beiträge Ihres Netzwerkes liken, weiteren Multiplikator*innen folgen und durch Ihre Kommentare in einen Dialog mit den User*innen treten. Dadurch werden auch andere Nutzer*innen auf Sie aufmerksam.

Beim Content-Management, also der Analyse, Planung, Kreation, Veröffentlichung und Kontrolle der Inhalte innerhalb Ihrer Social-Media-Strategie, können Ihnen folgende Praxisfragen helfen:

Kernfragen zum Content-Management
- Welches Thema wähle ich für meinen Beitrag? Ein privates, wissenschaftliches oder anderes Thema (z. B. politisches Weltgeschehen)?
- Welches unmittelbare bzw. mittelfristige Ziel verbinde ich mit meinem Beitrag? Zahlt der Beitrag auf meine Marke als Wissenschaftler*in ein?
- Soll es ein eigener oder kuratierter Beitrag sein?
- Möchte ich in einem Kanal oder kanalübergreifend posten? Nutze ich hierfür ein Tool?

- Welches Content-Format wähle ich für meinen Beitrag?
- Welche beliebten Hashtags kann ich nutzen? Kreiere ich einen eigenen Hashtag?
- Welche medialen Schwerpunkte setzt die jeweilige Plattform?
- Wie kann ich die User*innen durch aktivierende Elemente involvieren?
- Wann ist die richtige Tages- und Uhrzeit für den Post?
- Überprüfen Sie regelmäßig, wie Ihr Beitrag in Ihrem Netzwerk ankommt!

8.2.4 Social-Media-Analyse: die Auswertung der Maßnahmen

Von Beginn an sind Sie neben Ihrer aktiven Rolle als Sender*in immer auch in analytischer und kritischer Art Beobachter*in Ihrer Mitbewerber*innen, des User-Contents und des Social Webs insgesamt. Neben diesem Social Monitoring gilt es, die eigenen Social-Media-Aktivitäten auszuwerten, um zu sehen, ob Sie mit Ihrer Social-Media-Strategie die zuvor festgelegten Ziele erreicht haben. Bei diesem Social Media Analytics werden regelmäßig wichtige Kennzahlen wie Likes, Shares, Follower, Reads, Downloads, Citations, Recommendations etc., also Key Performance Indicators (KPI), ermittelt und verglichen.

Zur Erleichterung können Sie auf ein breites Spektrum an Social Media Analytics zurückgreifen – dies reicht von plattformeigenen Analytics-Anwendungen wie zum Beispiel Insights bei Facebook, Instagram, ResearchGate, Google Scholar, Analytics von Twitter und YouTube bis hin zu unabhängigen Monitoring- und Measurement-Tools der Social-Media-Profis, zu denen etwa Sprout Social, Hootsuite, Keyhole und Google Analytics gehören.

Die Grundlage für den Erfolg Ihrer Social-Media-Aktivitäten stellt hauptsächlich der von Ihnen veröffentlichte Content dar. Deshalb ist eine regelmäßige (tägliche) Analyse und Evaluation aller eigenen Beiträge empfehlenswert. Hierbei können Sie sehen, welche Inhalte gut ankommen, welche Kennzahlen mit einzelnen Beiträgen verbunden sind, wie gut die Inhalte verbreitet werden und wie stark die User*innen mit diesen interagieren (zum Beispiel Kommentieren, Empfehlen, Teilen). Aufmerksames Beobachten auch anderer Beiträge dürfte Ihnen außerdem auch wertvolle Hinweise und ein gutes Gespür für funktionierende Themen und Formate geben. Dieses Erfahrungswissen wird Ihr eigenes Content-Management positiv beeinflussen, aber auch die eigene Strategie insgesamt. Anhand der Bewertung des Contents und der jeweiligen Kennzahlen im Zeitverlauf lässt sich schließlich ablesen, ob die Social-Media-Ziele erreicht wurden und ob damit Ihre ganze Social-Media-Strategie aufgeht. Sie können jederzeit bestehende Ziele anpassen oder auch ganz infrage stellen.

Bei der Beobachtung des veröffentlichten Inhaltes und der ganzheitlichen Erfolgskontrolle Ihrer Social-Media-Strategie helfen Ihnen folgende Praxisfragen:

Kernfragen für Beobachtung und Erfolgskontrolle
- Nutze ich ein Analytics-Tool? Reichen mir plattformeigene Insights oder benötige ich ein externes Tool?
- Welche Kennzahlen (KPIs) habe ich erreicht? Konnte ich meine Reichweite und Interaktionen steigern?
- Wie haben die Inhalte funktioniert?
- Welche Themen und Formate sollte ich beibehalten?
- Welche Themen und Formate kann ich vernachlässigen?
- Welche Social-Media-Ziele habe ich erreicht? Welche müssen angepasst werden?
- Hat meine Social-Media-Strategie funktioniert? Oder muss ich sie marginal korrigieren bzw. grundlegend ändern?
- Zahlen die wirksamen Social-Media-Maßnahmen im zeitlichen Verlauf wie gewünscht auf die übergeordneten Ziele meines Selbstmarketing ein?

8.3 Best Cases

Best Cases können am besten vermitteln, worauf es in der Praxis des Selbstmarketing für Wissenschaftler*innen in den sozialen Medien ankommt.

8.3.1 Bekannte Wissenschaftlermarken

Gute Beispiele von bekannten Wissenschaftlermarken gibt es etliche. Besuchen Sie die Profile der folgenden Auswahl[1] und lassen Sie sich für Ihr Selbstmarketing in den sozialen Medien inspirieren (Tab. 8.19).

Nachfolgend stelle ich Ihnen ein spannendes Fallbeispiel genauer vor. Dieses ist deshalb so interessant, weil die Wissenschaftlerin auf einen Ansatz des Selbstmarketing zurückgreift, der in den bildlastigen Netzwerken und bei einer jungen Bezugsgruppe gut funktioniert.

8.3.2 Fallbeispiel: @diewissenschaftlerin

Wie man es schafft, bei der Positionierung des eigenen Leistungsangebots stellvertretend für eine gesamte Kategorie zu stehen, macht Amelie Reigl (26) vor. Die Würzburger Doktorandin im Fach Biologie tritt in den sozialen Medien unter dem

---

[1] Bedanken möchte ich mich bei den Studierenden des Fachbereichs Design der Fachhochschule Dortmund, die im Rahmen des Forschungsprojektes „Wissenschaftler*innen in den sozialen Medien" im WS 2020/2021 einige dieser Fälle ausgewählt, analysiert und im Seminar vorgestellt haben.

Tab. 8.19 Bekannte Wissenschaftlermarken

Name	Beruf	Social Media	Websites
Prof. Dr. Christian Drosten	Virologe	@c_drosten (Twitter)	Für seinen Podcast „Coronavirus-Update", der allein im ersten Monat über 15 Mio. Mal aufgerufen wurde, erhielt er den Deutschen Radiopreis
Dr. Alexander Gerst	Geophysiker, Vulkanologe, Astronaut	@Astro_Alex (Twitter)	https://blogs.esa.int/alexander-gerst/de/
Dr. Neil de Grasse Tyson	Astrophysiker, Wissenschaftsjournalist, Fernsehmoderator	@neiltyson (Twitter) @neildegrassetyson (Instagram, Facebook)	https://www.haydenplanetarium.org
Bill Nye (The Science Guy)	Maschinenbauingenieur, Fernsehmoderator, Autor	@BillNye (Twitter, Facebook, Instagram)	https://billnye.com
Gitanjali Rao	Nachwuchswissenschaftlerin, Erfinderin	@gitanjaliarao (Twitter, Instagram)	Sie ist erst 15 Jahre alt und wurde als erstes „Kid of the Year" auf dem Cover des TIME-Magazins (12/2020) abgelichtet https://time.com/5916772/kid-of-the-year-2020/
Dr. Markito Benecke	Forensischer Biologe	@markito_benecke (Instagram) @markbenecke (Facebook)	https://home.benecke.com
Dr. Nicole LePera	Psychologin	@Theholisticpsyc (Twitter) @the.holistic.psychologist (Instagram, Facebook, LinkedIn)	https://yourholisticpsychologist.com

(Fortsetzung)

8.3 Best Cases

Tab. 8.19 (Fortsetzung)

Name	Beruf	Social Media	Websites
Dr. Mayim Bialik	Neurowissenschaftlerin, Autorin, Schauspielerin	@missmayim (Twitter, Instagram, Facebook)	Spielt in der Serie ‚The Big Bang Theory' eine promovierte Neurowissenschaftlerin (und ist es im realen Leben auch)
Dr. Leon Windscheid	Psychologe, Unternehmer, Autor, Podcaster	@leonwindscheid (Twitter, Instagram, Facebook, Xing)	https://leonwindscheid.de
Amelie Reigl (dieWissenschaftlerin)	Doktorandin im Fach Biologie	@diewissenschaftlerin (Instagram, TikTok)	Vgl. Fallbeschreibung Abschn. 8.3.2
Dr. Mai Thi Nguyen-Kim	Chemikerin, Autorin, Wissenschaftsjournalistin und Fernsehmoderatorin	@maithi_nk (Twitter) @MaiThiNguyenKim (Facebook) @YouTubeMaiLab (Facebook) @maithink (Instagram) @mailab (YouTube)	Vgl. Beschreibung Abschn. 8.3.2
Dianna Cowern (The Physics Girl)	Wissenschaftskommunikatorin	@thephysicsgirl (Twitter, Facebook, YouTube)	Vgl. Beschreibung Abschn. 8.3.2

Abb. 8.4 @diewissenschaftlerin auf Instagram. (Fotograf: Dieter Groneberg)

Profilnamen @diewissenschaftlerin auf (siehe Abb. 8.4). Über den strategisch klug besetzten Gattungsnamen setzt sie sich von Konkurrenzangeboten ab – Nutzer*innen können aufgrund dessen mühelos, so sagt sie selbst in einem persönlichen E-Mail-Interview vom 10.12.2020, „eine direkte Verbindung zu meinem Content erschließen". Mit ihren Aktivitäten in Social Media verfolgt sie das Ziel, die Öffentlichkeit zum Denken und Reflektieren über Wissenschaft anzuregen. Genauer gesagt möchte sie besonders durch das Erzählen über ihren Alltag als Wissenschaftlerin beweisen, dass Wissenschaftler*innen nicht nur Nerds sind. Diese Popularisierung der Wissenschaft ist sowohl das Leitmotiv ihrer Haltung als auch das Ergebnis ihres konsequenten Handelns. Zitat aus dem E-Mail-Interview:

8.3 Best Cases

> „Ich finde Wissenschaft ist in den sozialen Medien unterrepräsentiert. Ich möchte zeigen, wie ‚Mainstream' Wissenschaft sein kann. Denn sie ist bei jedem von uns im Alltag vertreten."

Wie geht sie vor? In ihrer Selbstdarstellung verfolgt @diewissenschaftlerin den Ansatz, der mit einem Hauch von Ironie den Sex-Appeal einer hippen Fashion-Bloggerin mit dem Berufsbild einer gewissenhaften Naturwissenschaftlerin überkreuzt. Das außergewöhnliche Rollenkonzept verbindet sie gekonnt mit einem leicht wiederzuerkennenden Erscheinungsbild: Dieses besteht aus unterscheidbaren Merkmalen wie den glatten rötlichen Haaren, einem weißen Laborkittel, einer Schutzbrille und den blauen Handschuhen, von denen sie oft in ihren Videos sagt:

> Man darf das nicht ohne Handschuhe machen!

Diese gewählte Nischenrolle der „Scifluencerin" ermöglicht es ihr, den selbst auferlegten Bildungsauftrag mit der flüchtigen Oberflächlichkeits-Logik der sozialen Medien vorteilhaft in Einklang zu bringen. So mischt sich die Dokumentation ihres Berufsalltages im Labor mit bewusst gesetzten Einblicken ins Private (zum Beispiel Sport, Mode). Dass sie damit Erfolg hat, beweist ein Blick auf die Zahlen von 298.800 Followern auf TikTok mit 6,6 Mio. Likes und 18.700 Abonnenten auf Instagram (Stand: 01.05.2021). Das ist insofern bemerkenswert, da auf diesen sehr bildlastigen Social-Media-Plattformen eine sehr junge Nutzerschaft vertreten ist, der primär der Sinn nach leichter Unterhaltungskost steht.

Und genau hier greift Reigls Ansatz, der Wissenschaftskommunikation inhaltlich verdaulich, visuell ansprechend und als persönliche Geschichte verpackt. Das ist genau die Herausforderung, der sie sich täglich stellt:

> Sehr komplexe Mechanismen herunterzubrechen ist sehr schwierig, aber genau das macht auch Spaß.

Bei der Vermittlung komplexer Inhalte geht sie planerisch-strategisch vor, wohingegen sie persönlich wichtigen Content eher spontan veröffentlicht. Aber immer spürt ihre Anhängerschaft eine authentische Leidenschaft in der Sache. Diese werden kontinuierlich über Call-to-action zur Mitwirkung angeregt: Über Fragen an die Follower „Was meint ihr?", über Aufforderungen „Markiere jemanden, der das wissen muss", über das Beantworten von Kommentaren und über eigene Formate wie dem Vlog „Alltag einer Wissenschaftlerin" oder wie der Challenge „Was trage ich unter dem Laborkittel?". Die Nutzung der ganzen Bandbreite medialer Bildformate wie Videos, Reels, Fotos, Stories, Livestreams etc. schafft Aufmerksamkeit, Abwechslung und eine direktere Ansprache.

Im richtigen Umgang mit den komplexen Algorithmen, für die es guter Erfahrungen in der Social-Media-Praxis bedarf, empfiehlt sie regelmäßiges Posten: Sie selbst macht das in der Regel täglich, wenn nicht sogar bis zu drei Mal am Tag. Auch der konsequente Einsatz von wichtigen Hashtags ist sinnvoll, zum Beispiel #Biologie #Wissen. Darüber hinaus verbreitet sie auch eigene Hashtags, wie #AmR oder #LernenMitTikTok, der auf eine Zusammenarbeit mit der Plattform TikTok verweist. Geschickt verlinkt @diewissenschaftlerin auch ihre Inhalte zwischen den beiden Kanälen. So schreibt sie auf TikTok „Quelle gibt's wie immer bei Instagram".

Wenn man @diewissenschaftlerin danach fragt, welche positiven Effekte sie aus ihrer Social-Media-Aktivität für sich selbst ableiten kann, hebt sie die Optimierung persönlicher Fähigkeiten nach dem Motto „Wer lehrt, der lernt" hervor: Sie entwickle sich darin weiter, komplexe Sachverhalte einfach darzustellen, frei zu reden, Dinge aus einem anderen Blickwinkel zu sehen und jenes Grundlagenwissen zu vertiefen, das sie im Studium verpasst habe.

Kritische Stimmen unter ihren Anhänger*innen werden dann laut, wenn Themen nur angerissen, Experimente nie ganz gezeigt und Challenges zu häufig stattfinden: „Wie oft noch?" ist in manchen Kommentaren zu lesen. Ein negatives Kippmoment des verfolgten Science-Blogger-Ansatzes dürfte dann entstehen, wenn die Balance zwischen Selbstdarstellung und Wissensvermittlung nicht mehr gut austariert ist und stattdessen in eine ‚sexualisierte Parodie einer Wissenschaftlerin' umschlägt (Abb. 8.5).

Der erfolgreiche Scientainment-Ansatz lässt sich nicht allein bei @diewissenschaftlerin beobachten. Ihn verfolgen auch die Chemikerin, Autorin, Wissenschaftsjournalistin und Fernsehmoderatorin Dr. Mai Thi Nguyen-Kim, der auf YouTube 1,28 Mio. Abonnenten folgen, oder die Wissenschaftskommunikatorin Dianna Cowern, der als „Physics Girl" auf YouTube 1,88 Mio. Abonnenten folgen (Stand: 01.05.2021). Sie alle gehören zu einer neuen Generation von selbstbewussten Wissenschaftler*innen, die durch die unterhaltsame Vermittlung von wissenschaftlichen Themen über (soziale) Medien eine immer größere Öffentlichkeit erreichen und nachhaltig begeistern. Es ist bereits jetzt abzusehen, dass sich dieser Trend der Wissenschaftskommunikation in den sozialen Medien fortsetzen wird. Auch werden weitere Wissenschaftsakteure wie Hochschulen und Forschungsunternehmen den digitalen Raum betreten. Konkurrenz belebt das Geschäft! Mit dem richtigen Selbstvermarktungsansatz kann jedoch jede starke Wissenschaftlermarke dieser Entwicklung gelassen entgegensehen. @diewissenschaftlerin jedenfalls freut sich schon jetzt darauf: „Umso mehr Wissenschaftler umso besser!" findet sie.

8.3 Best Cases

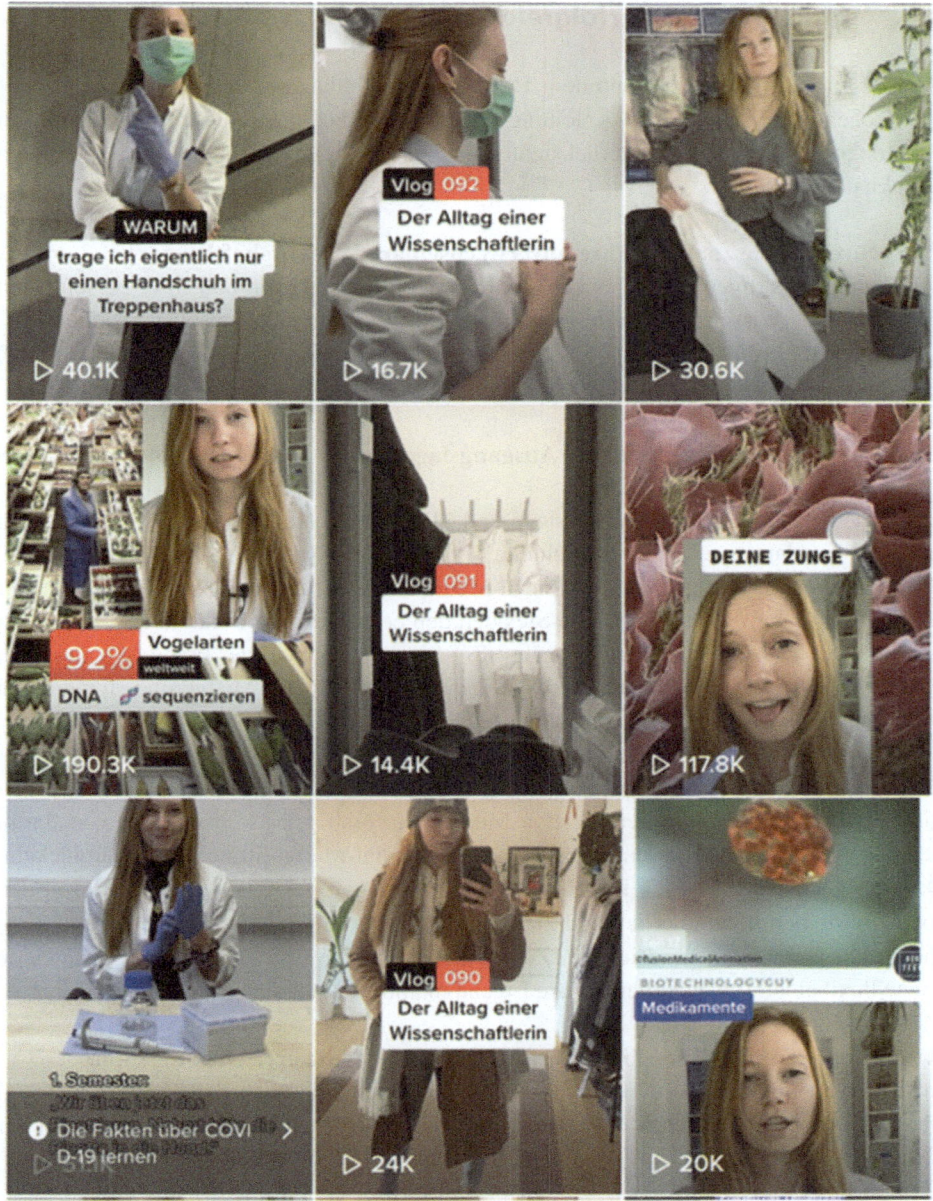

Abb. 8.5 @diewissenschaftlerin auf TikTok. (Fotograf: Dieter Groneberg)

8.4 QuickGuide zur erfolgreichen Strategie

Dieses Kapitel fasst die zentralen Handlungsempfehlungen des Kapitels in einer praktischen Schritt-für-Schritt-Anleitung zusammen. Nutzen Sie diesen QuickGuide in der strategischen Arbeit und berücksichtigen Sie auch die hilfreichen Praxistipps in den Checklisten.

1. Beschreiben Sie zunächst Ihre unverwechselbare Wissenschaftlermarke
Mit Ihrer einzigartigen Persönlichkeit, Ihrem Erlebnisversprechen und Ihrer persönlichen Geschichte als Wissenschaftler*in positionieren Sie sich im akademischen Wettbewerbsumfeld (siehe ausführlich Abschn. 9.1.5). Sie legen Ihre Vision („Wo möchte ich hin?") und übergeordneten Marken- bzw. Kommunikationsziele („Was will ich erreichen?") fest.

2. Bewerten Sie gewissenhaft Ihre Ausgangslage und stellen Sie grundlegende Überlegungen zu Social Media an
Loten Sie zu Beginn persönliche Vorteile und Chancen der Nutzung von sozialen Medien genauso wie damit verbundene Nachteile und mögliche Risiken aus (SWOT-Analyse). Fragen Sie sich in der Folge: Sind Social Media sinnvoll für mich? Was können sie mir auf Dauer bringen? Berücksichtigen Sie auch den erforderlichen Zeitaufwand, der damit untrennbar verbunden ist. Klären Sie Ihre IST-Situation anhand der Frage: Wo stehe ich gerade? Wissenschaftler*innen, die keine Neulinge auf Social Media sind, fragen sich außerdem: Was hat bislang gut funktioniert und was nicht?

3. Entwickeln Sie nun eine Social-Media-Strategie
Sind Sie sich der Vorteile der sozialen Medien bewusst, gilt es, ausgehend von Ihrem Selbstverständnis als Wissenschaftler*in eine Social-Media-Strategie zu entwickeln. Das systematische Vorgehen hilft Ihnen, Ihre Leistungen, Aktivitäten und Werte in den sozialen Medien kontinuierlich und zielgerichtet zu vermitteln. Die Strategie ermöglicht Ihnen, die Erreichung der Ziele im Zeitverlauf zu prüfen und gleichzeitig angemessen sowie flexibel auf die unvorhersehbare Eigendynamik der sozialen Medien zu reagieren.

4. Konkretisieren Sie Ihre Ziele, die Sie auf Social Media erreichen möchten
Im Einklang mit Ihrer Vision und allgemeinen Zielen (die auch außerhalb von Social Media gelten) formulieren Sie qualitative und quantitative Social-Media-Ziele nach der SMART-Formel.

5. Bestimmen Sie passende Nutzer*innen, die Sie dort ansprechen möchten
Die fundierte Definition der Bezugsgruppe („Wen will ich ansprechen?"), also die Nutzertypen und ihre spezifischen Verhaltensweisen und Bedürfnisse sowie eine angemessene Ansprache, stellt die Basis Ihrer Social-Media-Strategie und den ersten Baustein des Social-Media-Ökosystems dar. Entscheiden Sie, ob Sie allein wissenschaftliches Fachpublikum

8.4 QuickGuide zur erfolgreichen Strategie

(Einzelpersonen, Institutionen, Multiplikator*innen etc.) oder auch Bezugsgruppen aus Bereichen wie Privatalltag, Wirtschaft, Politik, Medien etc. erreichen möchten.

6. Wählen Sie die richtigen Plattformen aus, auf denen diese Nutzer*innen auch aktiv sind
Ausgehend von der Frage: „Wo will ich kommunizieren?" bestimmen Sie nun den zweiten Baustein Ihres Social-Media-Ökosystems: die sozialen Kanäle. Diese lassen sich nach Publishing-Plattformen, sozialen und Business-Netzwerken, Media-Sharing-Plattformen und Plattformen für wissenschaftliche Inhalte unterscheiden. Entscheiden Sie, wo Ihre anvisierte Nutzergruppe besonders aktiv ist.

7. Erstellen und veröffentlichen Sie kontinuierlich relevanten Content
Den dritten Baustein Ihres individuellen Social-Media-Ökosystems stellt der Content dar. Sie verfolgen ein systematisches Content-Management, bei dem Sie der Frage folgend „Was will ich kommunizieren?" regelmäßig einzigartige Inhalte mit Mehrwert für Ihre Bezugsgruppe zwischen Information und Unterhaltung veröffentlichen. Legen Sie hierfür einen Content-Plan an. Dieser erleichtert Ihnen die Planung und (Vorab-) Produktion von relevanten Themen. Dadurch können Sie langfristig handeln, aber auch spontan reagieren. Neben der Veröffentlichung von eigenem Content können Sie auch kuratierte Inhalte fremder Quellen teilen. Natürlich nur solche, die positiv auf Sie abfärben. Prüfen Sie regelmäßig, welche Ihrer Veröffentlichungen gut funktionieren und welche nicht. Passen Sie den Inhalt der Medienlogik der jeweiligen Plattform an. Veröffentlichen Sie regelmäßig.

8. Kontrollieren Sie Ihren Erfolg durch permanentes Beobachten
Neben der regelmäßigen Beobachtung des Wettbewerbsumfeldes (Social Monitoring) analysieren und vergleichen Sie die eigenen Aktivitäten in den sozialen Medien (Social Media Analytics). Im Zeitverlauf wird deutlich, ob Sie die konkreten Social-Media-Ziele im Einklang mit der Vision der Personenmarke erreicht haben oder ob Sie die Ziele und gegebenenfalls die gesamte Strategie anpassen müssen.

> **Generelle Praxistipps für erfolgreiches Social-Media-Marketing**
> - Probieren geht über Studieren. Seien Sie experimentierfreudig (ein Leichtes als Wissenschaftler*in), lassen Sie sich auf neue Erfahrungen mit den sozialen Medien ein und lernen Sie durch Ausprobieren stetig hinzu.
> - Bleiben Sie authentisch. Veröffentlichen Sie nur Inhalte, die auch im Einklang mit Ihrem Selbstverständnis als Wissenschaftler*in stehen. Zeigen Sie außerdem auch die menschliche, private und humorvolle Seite Ihrer Wissenschaftlermarke.
> - Seien Sie (inter)aktiv. Veröffentlichen Sie nicht nur regelmäßig selbst Inhalte, sondern folgen Sie auch aktiv User*innen, Gruppen und Seiten. Fallen Sie

durch lebhafte Interaktionen und erfrischende Kommentare positiv auf. Behalten Sie Ihre Kanäle stets im Blick.
- Gehen Sie schlau vor! Veröffentlichen Sie neben dem selbst erstellten Content auch für die Nutzer*innen relevante Fremdinhalte, die positiv mit Ihnen verknüpft werden. Übrigens: Bestehende Inhalte lassen sich via ‚content recycling' in eine aktuelle Form überführen und erneut posten.
- Keep cool: Falls Sie in eine hitzige Diskussion mit anderen Nutzer*innen kommen, antworten Sie nicht direkt und hochemotional (siehe hierzu auch ausführlich Abschn. 9.3).

Weiterführende Literatur[2]

Carrigan, M. (2020). *Social media for academics* (2. Aufl.). Sage.
Doran, H., et al. (2018). What works? Engaging the public through social media. NCCPE. https://www.publicengagement.ac.uk/sites/default/files/publication/what_works_engaging_the_public_through_social_media_november_2018.pdf. Zugegriffen: 16. Febr. 2021.
Geu, S. (2019). Sichtbarkeit im Netz – Vom analogen Wissenschaftler zum Online Scientist, InFact, 01/Mai, S. 8–9. https://www.helmholtz-hzi.de/de/aktuelles/thema/sichtbarkeit-im-netz-vom-analogen-wissenschaftler-zum-online-scientist. Zugegriffen: 16. Febr. 2021.
König, M. (2017). Wissenschaftlerinnen und Wissenschaftler, nutzt soziale Medien! https://www.wissenschaftskommunikation.de/wissenschaftlerinnen-und-wissenschaftler-nutzt-soziale-medien-5941. Zugegriffen: 16. Febr. 2021.
Konkiel, S. (2014). 7 ways to make your Google Scholar Profile better. https://blog.impactstory.org/make-google-scholar-better. Zugegriffen: 4. Febr. 2021.
Matthews, D. (2016). Do academic social networks share academics' interests? https://www.timeshighereducation.com/features/do-academic-social-networks-share-academics-interests. Zugegriffen: 4. Febr. 2021.
Miah, A. (2016). Why academics should make time for social media? https://www.timeshighereducation.com/comment/why-academics-should-make-time-for-social-media-app. Zugegriffen: 16. Febr. 2021.
Miah, A. (2019). The A to Z of social media for academia. https://www.timeshighereducation.com/a-z-social-media. Zugegriffen: 16. Febr. 2021.
Mollett, A., Moran, D., & Dunleavy, P. (2011). Using Twitter in university research, teaching and impact activities. http://eprints.lse.ac.uk/38489. Zugegriffen: 16. Febr. 2021.
Oehlschläger, W. (2019). Content wiederverwerten. Wie Sie mit ›altem‹ Content Ihr SEO boosten. https://quentn.com/blog/content-wiederverwerten. Zugegriffen: 16. Febr. 2021.

---

[2] Zur Optimierung Ihres Social-Media-Marketing als Wissenschaftler*in empfehle ich Ihnen neben der permanenten Beobachtung, Reflexion, dem mutigen Ausprobieren und dem regen Austausch mit Expert*innen: Lesen Sie sich auch noch weiter in das Thema Social Media ein. Hierfür lege ich Ihnen die nachfolgenden Literaturstellen ans Herz.

Wirkungsvolle Techniken im Selbstmarketing

9

> **Zusammenfassung**
>
> Zwei sehr wirkungsvolle Techniken können Sie nutzen, um sich durch Selbstmarketing als Wissenschaftler*in zu profilieren: Bilder und Storytelling. Beides sind im Selbstmarketing noch zu wenig entdeckt und genutzt. In diesem Kapitel erfahren Sie zum einen, welche Bilder am stärksten wirken; zum anderen zeigen wir Ihnen eine einfache Technik, mit der Sie Ihre eigene Geschichte als Wissenschaftler*in erzählen können.

In Zeiten von Informationsüberflutung und nachlassendem Interesse an Informationen werden Storytelling und Bilderwelten über den Kommunikationserfolg entscheiden: Sie fallen schnell auf, sie sind leicht aufzunehmen, lange zu speichern und schnell abzurufen – Albert Einstein, der die Zunge herausstreckt? Besonders für komplexe, erklärungsbedürftige Forschungsthemen spielen Geschichten und Bilder die zentrale Rolle. In der Politik, im Sport und in den Massenmedien sind Bilder und Geschichten in den vergangenen Jahren immer wichtiger geworden. Besonders jene Bezugsgruppen, die eigentlich kaum Interesse zeigen, können Sie mit mitreißenden Bildern und Geschichten wesentlich besser erreichen als mit Zahlen, Argumenten und Texten allein.

9.1 Bilder

Kleiner Test: Denken Sie an den Astrophysiker Stephen Hawking. Jetzt an die Physikerin Lise Meitner. Und an Neil Armstrong, den ersten Mann auf dem Mond. Sie sehen – es fallen Ihnen Bilder ein.

9.1.1 Bedeutung

YouTube, Facebook, Instagram – Bilder scheinen in den vergangenen Jahren immer wichtiger geworden zu sein. Aber nicht nur in den digitalen Medien: Der Einsatz von Bildern hat in vielen Bereichen unseres täglichen Arbeits- und Privatlebens zugenommen:

- **Zeitungen und Zeitschriften:** Bilder nehmen in Printmedien einen immer wichtigeren Stellenwert ein: New York Times, ZEIT, Süddeutsche Zeitung, Frankfurter Allgemeine Zeitung und FOCUS sind stark visuell ausgerichtet.
- **Fernsehnachrichten:** Im Hintergrund der Tagesschau-Sprecher*innen sind große Bilder der Themen des Tages zu sehen. Alle Meldungen sind mit Filmbeiträgen bebildert. Moderator*innen sind das Gesicht des Senders, sie verankern als Anchorman und Anchorwoman den Sender auch visuell bei den Zuschauer*innen.
- **Computer, Smartphones, Tablets:** Die Nutzeroberflächen von Computern sind seit jeher stark visuell ausgerichtet und zum Beispiel an einen Schreibtisch angelehnt. Dies ermöglicht dem Nutzer bzw. der Nutzerin den intuitiven Umgang mit dem Computer. Im Netz finden sich Bilder, Videos, Grafiken, Banner, Icons, Logos, grafische Navigation. Bilder und Videos sind selbstverständlich. Neue Technologien fördern die Bedeutung von Bildern in Augmented Reality (AR), Virtual Reality (VR), 360-Grad-Videos, immersivem Journalismus und Wearable Computing.
- **Vortragsunterlagen:** Bestanden Präsentationen früherer Tage aus eng beschriebenen Textfolien, haben sie sich zu modernen Multimedia-Präsentationen gewandelt, die animierte Bilder, Grafiken und Videos einbetten.
- **Konferenzen:** Konferenzbesucher*innen suchen spannende Bilder von interessanten Forschungsprojekten. Wissenschaftliche Auftritte auf Konferenzen, Symposien und Tagungen wandeln sich zu mitreißenden, bildreichen Events.
- **Politik:** Die Politik ist in den vergangenen Jahren wesentlich visueller geworden. Ein Beispiel ist die Inszenierung von Politiker*innen im Wahlkampf, in den Massenmedien und Social Media wie das Beispiel von Barack Obama zeigt.

Großteil des Gehirns ist mit Bildern beschäftigt
Wie wichtig Bilder sind, zeigt sich daran, dass sich der Mensch in seiner Umwelt stark visuell orientiert. Über 60 % der Gehirntätigkeit sind dem Wahrnehmen, Verarbeiten und Speichern von Bildern gewidmet. Bilder wirken direkt, ohne Umwege; dagegen sind Texte optisch verschlüsselte Sprache, und Sprache ist ursprünglich ein Hör- und kein Seherlebnis. Bilder sprechen direkt die visuellen Zentren des Gehirns an und müssen nicht zuvor entschlüsselt werden. Das Ergebnis wirkungsvoller Bilder sind innere Bilder, die in den Köpfen der Bezugsgruppen spontan entstehen, wenn sie an die Wissenschaftlerin oder den Wissenschaftler denken. Starke und klare innere Bilder wirken stark auf Meinungen, Einstellungen, Überzeugungen und Verhaltensabsichten. Vor allem wenig interessierte Menschen ziehen Bilder vor, weil sie im Vergleich zu Texten wesentlich leichter verarbeitet werden.

9.1.2 Eigenschaften von Bildern

Ein Grund für die zunehmende Bedeutung von Bildern ist, dass sie im Vergleich zu Texten wesentlich schneller auffallen, leichter aufgenommen, verarbeitet und länger gespeichert werden:

- **Schnelle Aufmerksamkeit:** Bilder sind schnelle Schüsse ins Gehirn. Bilder werden 60.000-mal schneller wahrgenommen als Texte (www.ascd.org), sie werden leichter aufgenommen, verarbeitet und gespeichert. So beugt sich der Lesende eines Zeitungstextes meist nach vorn, beim Betrachten von Bildern lehnt sich der Betrachter zurück. Bilder werden vor Texten beachtet (Bilddominanz; Picture-Priority-Effekt). Bilder können stark aktivieren, was das Aufnehmen und Verarbeiten erleichtert. Bilder könnten also erst zur Kontaktaufnahme mit einem Wissenschaftler oder einer Wissenschaftlerin führen.
- **Leichte Aufnahme:** Eine Imageanzeige wird etwa 1,7 bis 2 Sekunden beachtet. In dieser Zeit nehmen Betrachter*innen etwa 5 % der Informationen auf; für alle würden sie 35 bis 40 Sekunden benötigen (Scheier & Held, 2006). 76 % entfallen auf das Bild, 16 % auf die Überschrift und nur 8 % auf den Text. Die Betrachter*innen nehmen 50 bis 70 % der Bildinformationen auf, aber nur 2 % der Textinformationen, das sind etwa 6 bis 7 Wörter (Kroeber-Riel, 1996).
- **Schnelles, leichtes Verarbeiten:** Bilder verarbeitet das Gehirn weitgehend automatisch, ohne große gedankliche Verarbeitung.
- **Bilder sind überzeugender als Text:** Bilder beweisen, dass sich etwas genauso abgespielt hat: „Ich habe es doch genau auf dem Bild gesehen!". Bilder dokumentieren die Wirklichkeit. Widersprechen sich Bild und Text, gelten meist die Bilder für wahr, die Texte für unwahr. Reine Bildanzeigen führen zu ausgeprägteren Überzeugungen als reine Textanzeigen.
- **Langes Speichern:** Noch nach Tagen können Proband*innen Hunderte von Bildern wiedererkennen. Bildwissenschaftler Shepard zeigte seinen Proband*innen 612 Werbeanzeigen. Nach einmal Durchsehen mischte er die Bilder mit neuen. Beim anschließenden Wiedererkennen (recognition) konnten die Proband*innen 99 % der Bilder wiedererkennen. Nach drei Monaten konnten sie immer noch knapp 60 % wiedererkennen. In einem Test erkannten Proband*innen aus 10.000 Dias 73 % wieder (Shephard, 1978).
- **Verhaltenswirksam:** Bilder sind stark verhaltenswirksam. Studien zeigen, dass starke und lebendige Bilder auf die Gefühlswelt der Menschen wirkt und diese wiederum steuernden Einfluss auf das Verhalten hat.

Zu den wichtigsten Eigenschaften von Bildern gehört, dass sie das Gehirn unbewusst, automatisch und mit wenig Energie verarbeitet (Abb. 9.1): Sozialforscher Siegfried Frey zeigte Studierenden aus Deutschland, Frankreich und den USA 180 Filmclips von 60

Abb. 9.1 Bilder sind schnelle Schüsse ins Gehirn. (© Seventyfour/stock.adobe.com)

Politiker*innen aus den TV-Nachrichten der drei Länder. Die Clips enthielten kurze Redeausschnitte dieser Politiker*innen, der Ton war ausgeschaltet. In nur wenigen Sekunden bildeten sich die Testpersonen ein reichhaltiges Urteil über die Politiker*innen. Egal war, ob sie die Politikerin oder den Politiker kannten oder nicht (Frey, 1999).

▶ Wirkungsvolle Bilder wecken schnell Aufmerksamkeit, sie lassen sich leicht aufnehmen, leicht verarbeiten und lange speichern.

9.1.3 Funktionen von Bildern

Bilder sorgen dafür, dass die Wissenschaftlerin oder der Wissenschaftler gedanklich präsent bleiben; sie können über ihre Leistungen informieren und die mit ihnen verbundenen Gefühle und Erlebnisse vermitteln.

Grundsätzlich gibt es somit drei Funktionen für Ihre Bilder:

- **Aktualisierung:** Sie schaffen gedankliche Präsenz des Wissenschaftlers bzw. der Wissenschaftlerin bei deren Bezugsgruppen: „Hier bin ich" und „Ich bin noch da". Ist ein Wissenschaftler oder eine Wissenschaftlerin nicht präsent, kommen sie mitunter im Fall einer Entscheidung nicht als Alternative infrage (siehe ausführlich Abschn. 6.1).

- **Informieren:** Ihre Bilderwelt informiert über Eigenschaften und Leistungsvorteile: „Dies solltest Du/willst Du über mich wissen" (Abschn. 6.1.3).
- **Erlebnisse auslösen:** Ihre Bilderwelt vermittelt Erlebnisse (Bündel von Gefühlen) und löst hierdurch Erlebnisse bei den Betrachter*innen aus.

▶ Die Funktionen von Bilderwelten sind: auffallen, informieren, Erlebnisse vermitteln.

Bilder sind vertrauensbildend
Bilder gelten als besonders glaubwürdig: „Das habe ich doch mit eigenen Augen gesehen". Sie sind deshalb besonders wirksam, um Vertrauen herzustellen. Bilder haben eine intuitive, unbewusste Plausibilität, der sich der Betrachter kaum entziehen kann. Dies kann kritisch werden, vor allem bei vielen manipulierten Bildern auf Social Media, die Menschen für echt halten.

9.1.4 Bilder von Menschen

Das Gehirn ist ein soziales Gehirn. Nichts interessiert Menschen im Leben mehr als andere Menschen. Sie orientieren sich an ihnen, sie geben Sicherheit, gemeinsam schaffen sie herausragende Leistungen. Gelungene Beziehungen tun gut. Wichtig ist, dass Menschen unterscheiden können, wer ihnen guttut und wer nicht. Studien belegen, dass eine Viertelsekunde genügt, um ein umfassendes Urteil über das Gegenüber zu fällen. Das Urteil steht damit fest, noch bevor sich der Verstand eingeschaltet hat (Herbst & Musiolik, 2016). Die wichtigsten Einflüsse, die unser Bild vom Gegenüber prüfen, sind:

- **Auffallen:** Menschen werden besonders schnell beachtet und erkannt.
- **Aufnahme:** Menschen, die anregen, werden leichter aufgenommen und länger angeschaut.
- **Einsatz:** Menschen werden weltweit sehr ähnlich bewertet.
- **Einzigartig:** Wissenschaftler*innen, die mit klaren, attraktiven Bild verbunden sind, wirken besonders stark auf das Verhalten der Bezugsgruppen.
- **Vertrauen:** Menschen machen Forschung anschaulich. Grundlagenforschung ist oft nicht sichtbar und greifbar und bietet daher keinen visuellen Vertrauensanker.
- **Gefühle:** Menschen können besonders gut Gefühle vermitteln und auslösen.
- **Echtheit:** Personen wirken authentischer als Behauptungen, von denen die Empfänger*innen nicht wissen, ob sie sich auf sie verlassen können.

Spiegelphänomene

Besonders bedeutend sind Bilder von Menschen deshalb, weil sie ermöglichen, das Denken, Fühlen und Handeln anderer Menschen innerlich zu reproduzieren. Dies geschieht stark unbewusst und unkontrolliert.

- **Denken, was andere denken:** Menschen können sich in die Gedankenwelt anderer Menschen hineinversetzen („Theory of Mind"). Sie spekulieren, was die andere Person denkt, und erkennen dies in sich selbst, also in eigenen Gefühlen, Bedürfnissen, Ideen, Absichten, Erwartungen und Meinungen (Resch et al., 1999). Auf Bildern lässt sich die innere Beteiligung des Betrachtenden erhöhen, indem sie gedanklich in die Handlung einbezogen werden, zum Beispiel durch Aufgaben, die sie lösen müssen, oder Gedanken, die sie deuten müssen („Was geht gerade im Wissenschaftler/in der Wissenschaftlerin vor?").
- **Fühlen, was andere fühlen:** Zu den Spiegelphänomenen gehört, sich von den Gefühlen anderer Menschen anstecken zu lassen. Expert*innen nennen dies „soziale Ansteckung" (social contagion). Gefühlsansteckung bedeutet, dass die beobachteten Gefühle beim Betrachtenden unwillkürlich Imitationen auslösen. Dies kann spontanes Lachen und Weinen sein.

> Sie können Betrachter*innen Ihrer Bilder in Ihr Denken einbeziehen. Die Gefühle, die Sie auf Bildern zeigen, können sich auf die Betrachter*innen übertragen.

- **Tun, was andere tun:** Menschen können durch Beobachten von anderen Menschen Handlungen lernen, dies wird als Modell-Lernen bezeichnet (Abb. 9.2). Begley und Davidson (2018) berichten vom „virtuellen Klavierunterricht": In einer Studie an der Harvard Universität übte die eine Hälfte einer Gruppe von Freiwilligen eine Woche lang am Klavier immer und immer wieder ein einfaches Fingerstück mit der rechten

Abb. 9.2 Bilder von Gesichtern können Gefühle zeigen und bei Betrachter*innen auslösen. (© olly/stock.adobe.com)

Hand. Anschließend bestimmten die Forscher*innen mithilfe von Computertomografien, wie viel von dem für die Bewegung dieser Finger zuständigen motorischen Kortex in Anspruch genommen wird. Sie stellten fest, dass das intensive Üben zu einer Vergrößerung der betreffenden Region geführt hatte. Dies war nicht überraschend, weil bereits in anderen Experimenten nachgewiesen worden war, dass das Einüben bestimmter Bewegungsabläufe zu einer solchen Vergrößerung führt. Doch die Wissenschaftler*innen hatten der anderen Hälfte ihrer Studienteilnehmer*innen die Aufgabe gegeben, die Noten nur in ihrer Vorstellung einzuüben. Bei ihnen hatte sich der Gehirnbereich, der die Finger der rechten Hand steuert, genauso vergrößert wie bei den Proband*innen, die tatsächlich am Klavier gesessen hatten. Allein das gedankliche Spielen hatte also den für diese spezifische Funktion zuständigen Raum im motorischen Kortex wachsen lassen.

> Sie können auf Bildern Handlungen vermitteln, die Betrachter*innen lernen können.

Prüfen Sie also, ob Sie solche Spiegelphänomene nutzen, um Ihr Anliegen als Wissenschaftler*in zu transportieren (Tab. 12.17 im Anhang). Nutzen Sie hierfür wieder die Motive des Menschen (Abschn. 2.3.2).

9.1.5 Praxistipps für gelungene Bilder

Wie sollten Bilder sein, damit sie möglichst stark wirken? Die Forschung hat einige Kriterien gefunden:

- **Schauen Sie in die Kamera,** dann aktivieren die Bilder von Ihnen am stärksten.
- **Augen und Ihr Mund** werden als erstes beachtet. Achten Sie darauf, dass diese auf den Bildern zu sehen sind.
- **Lächeln Sie:** In Studien hat sich gezeigt, dass Menschen spontan und unkontrolliert lächeln, wenn sie jemand lächelnd von einem Foto anblickt. Ebenso hat ein grimmiger Blick eine ebensolche Reaktion ausgelöst. Wichtig zu wissen: Diese Wirkung ist nicht bewusst.
- **Leichte Untersicht:** Der optimale Winkel ist, wenn Sie sich aus der leichten Untersicht fotografieren lassen. Der Betrachter bzw. die Betrachterin blickt so leicht und unmerklich zu Ihnen auf.
- **Handeln Sie:** Dynamik verleiht Bildern eine größere Wirkung. Zeigen Sie daher eine typische Handlung, die Ihre Persönlichkeit transportiert.
- **Namensschild:** Prüfen Sie, ob Ihr Name beziehungsweise Ihr Namensschild zu erkennen sind.

- **Interaktion mit Menschen:** Wählen Sie ein Motiv, auf dem Sie mit einem oder zwei anderen Menschen bei einer Handlung zu sehen sind. Besonders gut wäre es, wenn die Betrachter*innen die Handlung kennen, weil sie einem Schema entspricht, zum Beispiel die Einweihung eines Gebäudes oder das Zerschneiden eines Bandes. Das Bild fällt stärker auf, wenn die gezeigte Handlung leicht von der Norm abweicht, zum Beispiel, weil der Auszubildende das Band durchschneidet.
- **Weichen Sie von der Norm ab:** Erstellen Sie eine Liste, wie Forscher*innen normalerweise fotografiert werden, zum Beispiel im Labor. Notieren Sie die Abweichung: Ihr Schreibtisch könnte (geordnet) mit Unterlagen bedeckt sein, Sie sind mit Nachwuchsforscher*innen oder Auszubildenden zu sehen oder arbeiten in Nähe von Menschen, um Nähe auszudrücken.
- **Kontraste** fördern die Klarheit des Bildes: groß und klein, alt und jung, weiß und schwarz. Versuchen Sie, solche Kontraste für Ihre Bilder zu nutzen, um die Erinnerung daran zu stärken.

Weitere Empfehlungen

Blickrichtung

Die Blickrichtung ist insgesamt ein sehr effektives Werkzeug, den Blick der Betrachtenden zu lenken: Schauen Sie nach links, wird der Blick der Betrachtenden mit hoher Wahrscheinlichkeit ebenfalls nach links wandern. Schauen Sie nach rechts, wandert der Blick der Betrachtenden nach rechts. Wenn Sie Gesichter mit Blicken zeigen, die nicht direkt auf die Betrachtenden zeigen, dann führen Sie wiederum den Blick in Leserichtung, in dem Sie aus Sicht der Betrachtenden nach rechts schauen.

Kopfhaltung

In einer Studie wollte der Forscher Siegfried Frey herausfinden, wie deutsche, französische und US-amerikanische Zuschauer*innen auf die in die TV-Nachrichten der drei Länder eingebundenen Bewegtbilder von Politiker*innen reagieren (Frey, 1999). Hierzu zeigte er Studierenden 180 Videoclips mit 60 amerikanischen, 60 französischen und 60 deutschen Politiker*innen. Die Clips waren 10 Sekunden lang. Versuchspersonen waren insgesamt 55 amerikanische, 85 französische und 81 deutsche Studierende. Frey interessierte die spontane Bewertung von Menschen in der Zeit eines Augenzwinkerns. Der Vergleich der Bewegungsmuster jener Politiker*innen, die in der Studie von Frey besonders gut abschnitten, mit jenen, die negativ bewertet wurden, überrascht: Sowie Politiker*innen ihren Kopf seitlich kippten, wurden sie deutlich positiver bewertet. Unsere Wahrnehmung misst dieser scheinbar kleinen Veränderung enormes Gewicht bei, sie entscheidet maßgeblich darüber, welchen Eindruck eine Person macht: Jene Personen, die zunächst als „sympathisch, empfindsam, zärtlich, ehrlich, bescheiden" wahrgenommen wurden, galten den Beurteilenden auf einmal als „unsympathisch, kalt, hinterlistig, arrogant, hart, abweisend" – bloß, weil sie den Kopf ein bisschen anders hielten. Dies stellte sich völlig spontan ein und war für die Betrachter*innen absolut zwingend. Diese enorme Wirkung blieb bestehen, wenn die Versuchspersonen erkannten, welcher anscheinend unbedeutende Anlass sie dazu gebracht hatte, ihre Meinung über die Person grundlegend zu ändern. Überraschende Erkenntnis: Schon die leichte Neigung des Kopfes sendet einen so starken Reiz, dass die Person wesentlich sympathischer erscheint als ohne diese Neigung des Kopfes (siehe Abb. 9.3). Die Deutung von solchen Bewegungsmustern scheint auch kulturübergreifend zu funktionieren.

Dynamische Bilder
Ihre Bilder aktivieren stark, wenn Sie einen Ausschnitt aus einer bekannten Handlung zeigen. Sie können auch Techniken nutzen wie Bewegungsunschärfe, um Bewegung entstehen zu lassen. Das Interessante ist, dass das Gehirn eine Handlung komplettieren kann, auch wenn nur ein Teil auf dem Bild sichtbar ist. Zeigen Sie also Menschen, die etwas tun, die in Bewegung sind. Bewegung zieht die Aufmerksamkeit auf sich.

Konkrete Bilder
Konkrete Bilder sind abstrakten Motiven vorzuziehen. Konkrete Bilder sind möglichst ein getreues Abbild der Wirklichkeit. Abstrakte Bildmotive mögen in der Kunst ihren Platz haben, in der Kommunikation wirken konkrete, klare Bilder besser. Setzen Sie

Abb. 9.3 Bei leichter Kopfneigung erscheinen Sie sympathischer. (© Mix and Match Studio/stock.adobe.com)

realitätsnahe Bilder ein, Strichzeichnungen wirken weniger stark. Deshalb finden Sie auf den meisten Zeitungstiteln Bilder, während die Strichzeichnungen eher im Inneren von Zeitungen zu finden sind.

Platzierung der Bilder
Bilder werden in aller Regel vor Texten beachtet. Beispiel Website: Studien belegen, dass Internetnutzer*innen auf einer Website zuerst die Bilder betrachten. Erst nachdem sie die Bilder betrachtet haben, überfliegen oder lesen sie den Text. Ihre Bezugsgruppen orientieren sich also stark an den Bildern, um sich auf Ihrer Website zu Recht zu finden. Dies führt zur ersten Optimierung:

▶ Platzieren Sie Ihre Bilder so, dass der Blick optimal in Leserichtung geführt wird.

Dies verstärkt die Wirkung des Bildes, weil der dazugehörige Text eher beachtet wird. Ein Bild sollte möglichst links vom dazugehörigen Text stehen. Dann kann der Blick vom Bild zum Text wandern, und diesen in Leserichtung abarbeiten. Steht das Bild rechts vom Text, so zwingen Sie den Betrachtenden eine unnötige Last auf: Sie müssen den Text von hinten her erarbeiten, also von rechts nach links. Gleiches gilt für die vertikale Platzierung:

▶ Texte sollten möglichst unterhalb von Bildern stehen.

Steht die Überschrift über einem Bild, so zwingen Sie dem Betrachter bzw. der Betrachterin unnötige Arbeit auf: Das Auge muss entgegen der gelernten Leserichtung vom Bild aus nach oben springen. Besser ist, dem Auge vom Bild aus zu ermöglichen, nach unten zu wandern, um den zugehörigen Text zu lesen. Studien belegen, dass die Beachtung von Texten um etwa 10 % steigt, wenn Sie diese Regeln einhalten. Das erscheint Ihnen wenig? Vor dem Hintergrund, dass Texte überhaupt wenig beachtet werden – bei Anzeigen sind es weniger als 10 % der Blicke, die auf den Text wandern –, kann dies signifikante Unterschiede in der Wirkung Ihrer Kommunikation zur Folge haben.

Zahl der Bilder
Setzen Sie Bilder möglichst so ein, dass es immer einen klaren Augenfänger (Eye-Catcher) gibt. Hintergrund: Je mehr gleich starke Bilder Sie präsentieren, desto länger braucht der Betrachter bzw. die Betrachterin, sich für eines zu entscheiden – der Einstieg verlangsamt sich deutlich. In der Psychologie nennt man den Zusammenhang zwischen der Zahl der Eye-Catcher und Reaktionszeit das „Fitts"-Gesetz: Haben Sie die Wahl zwischen fünf gleichwertigen Mahlzeiten, werden Sie deutlich länger brauchen, sich für eine zu entscheiden, als wenn es ein Hauptmenü und mehrere Beilagen gibt. Dasselbe gilt für Bilder. So ist es selten hilfreich, mehrere Gesichter in einem Bild zu zeigen.

Besser Sie heben nur ein Gesicht hervor, so erleichtern Sie den Betrachtenden den Einstieg und die weitere Verarbeitung.

Kontrast
Achten Sie darauf, dass Ihre Bilder kontrastreich sind: Gegensätze ziehen die Aufmerksamkeit auf sich. Schwammige oder verschwommene Bilder wirken weniger gut als scharfe Bilder mit hohem Kontrast. Konturen sollten immer scharf und kontrastreich sein. Das Kontrastprinzip ist allgemein anwendbar: So kann auch ein schwarz-weißes Bild in einem farblichen Umfeld stark auffallen, genauso wie ein kleines Bild, das im Kontext von großen Bildern gezeigt wird, auffällt.

Schnell verständliche Bilder
Fragen Sie sich bei jedem Bild, ob es die Betrachtenden sofort verstehen – bürden Sie Ihren Bezugsgruppen kein unnötiges Nachdenken auf. Setzen Sie Bilder ein, welche sofort und unmittelbar kommunizieren. Rechnen Sie damit, dass Ihre Bilder für jeweils maximal ein bis zwei Sekunden betrachtet werden. In dieser kurzen Zeit müssen Ihre Bilder kommunizieren. Vermeiden Sie deshalb Bilder mit Rätseln, Hinweisen oder Gedankenspielen – diese funktionieren fast nie. Haben Sie die Wahl, dann setzen Sie möglichst klare, prägnante Bilder ein.

Buchtipp
Für viele weitere Hinweise über den Einsatz und die Bildwirkung sowie als Literatur zur Vertiefung empfehlen wir Ihnen das Buch „Bilder, die ins Herz treffen" (Herbst, 2012).

9.2 Storytelling

9.2.1 Bedeutung

In den vergangenen Jahren haben Wissenschaftler*innen die Kraft von guten, mitreißenden Geschichten entdeckt: Elisabeth Blackburn ist Nobelpreisträgerin und steht für die Suche nach gesundem Altern durch Telomer-Forschung. Eric Kandel deckt die Geheimnisse des Gedächtnisses auf. Daniel Kahneman zeigt uns, wie bedeutsam unser Unterbewusstes ist und wie es unser Denken, Fühlen und Handeln steuern kann. Gerald Hüther verhilft Eltern, bestmöglich für ihr Kind und für dessen optimale Entfaltung zu sorgen.

Viele lieben Wissenschaftler*innen, die eine spannende, mitreißende Geschichte erzählen. Geschichten lösen starke Erlebnisse aus: Geschichten sind mal beruhigend, mal aufregend, mal elektrisierend. Sie bringen ihr Publikum zum Lachen, zum Weinen und zum Schwärmen. Es gibt viele Geschichten, die sich für Wissenschaftler*innen eignen, zum Beispiel jene der Suche nach dem Zaubertrank, die Suche nach unseren Ursprüngen und der erbitterte Kampf gegen Viren. Solche sinnstiftenden Geschichten heißen auch „Narrative".

▶ Menschen lieben Wissenschaftler*innen, die eine spannende, mitreißende Geschichte erzählen: von der Entdeckung neuer Welten bis hin zu langer Gesundheit bis ins hohe Alter.

Die Frage lautet: Wie können Sie dafür sorgen, dass Sie Ihre Bezugsgruppe durch Geschichten besondere und attraktive Erlebnisse bieten? Und wie können Sie diese Geschichten über lange Zeit erzählen und das Interesse unseres Publikums aufrechterhalten?

9.2.2 Storytelling als Erzählkunst

Was bedeutet Storytelling? Der Duden definiert Storytelling als „Erzählkunst". Dies beinhaltet, dass das Erzählen von Geschichten anspruchsvoll ist und es nicht jeder beherrscht; er beinhaltet aber auch, dass dies erlernbar ist. Der Begriff „Erzählkunst" wiederum ist laut Duden die „Fähigkeit, etwas in mitreißender, spannender Weise zu erzählen" (Duden: Stichwort Erzählkunst, 2020).

▶ Storytelling = Erzählkunst = Fähigkeit, etwas in mitreißender, spannender Weise zu erzählen.

Storytelling für Wissenschaftler*innen bedeutet demnach, Fakten in Form von spannenden und erlebnisreichen Geschichten zu erzählen:

> Ich erzähle Dir, wer ich bin, was ich tue und warum ich von allen Alternativen die beste bin.
> (Adlmaier-Herbst & Mayer, 2021)

Basis von Geschichten sind Fakten

Ist Ihnen der Begriff Fakten in der Definition von Storytelling aufgefallen? Storytelling bedeutet, Geschichten gezielt, bewusst und gekonnt auf der Basis von Fakten zu erzählen. Anhand von Informationen, Daten und Zahlen erzählen Sie, wofür Sie stehen, was Sie leisten und welches einzigartig attraktive Erlebnis Sie Ihren Bezugsgruppen ermöglichen. Warum Fakten so wichtig sind? Ihre Bezugsgruppen müssen sich darauf verlassen können, dass Ihre Geschichten stimmen und belegbar sind. Nur so werden sie vertrauen können und das Risiko als gering empfinden, dass Sie sie enttäuschen.

Storytelling eignet sich hervorragend dazu, Erfolgsgeschichten von Entdeckungen und von höchster Präzision mitreißend zu erzählen, Geschichten vom erfolgreichen Wandel, Geschichten von Innovationen und Erfolgen, Geschichten über Wissenschaftler*innen und ihre Leistungen, Geschichten über die Nutzung von Forschungs-

9.2 Storytelling

ergebnissen zum Wohl von Menschen. Der Wissenschaftler oder die Wissenschaftlerin erzählen, was sie bewegt, wofür und wogegen sie kämpfen. Ganz wichtig: Bezugsgruppen erfahren von Erfolgen, aber auch von Misserfolgen; von Chancen, aber auch von Risiken – denn diese gehören nun mal zum wissenschaftlichen Handeln. Ihre Geschichten können erzählen, wie kompetent Sie sind und wie Sie solche Probleme souverän lösen.

Storytelling hat vier Aufgaben:

1. **Aufmerksamkeit:** Eine gute Geschichte fällt auf im Meer bedeutungsloser Informationen. Sie sorgt dafür, dass sich Menschen unseren Überschriften zuwenden und danach dem Artikel mit unseren Forschungsergebnissen, weil er neu und wichtig ist.
2. **Information:** Storytelling informiert Ihre Bezugsgruppen, damit sie wissen, wer Sie sind, was Sie für diese tun und warum sie dies gut finden werden.
3. **Erlebnisse:** Storytelling löst starke und einzigartige Erlebnisse aus, also Bündel von Gefühlen: Wer Geschichten hört, kann sich sicher und geborgen, inspiriert, angespornt oder überlegen fühlen.
4. **Speichern und Abrufen:** Storytelling sorgt dafür, dass die Bezugsgruppen Ihr Erlebnisversprechen besser speichern und aus ihrem Gedächtnis leichter und schneller abrufen: Je mehr Gefühle Ihre Geschichte auslöst, desto besser erinnern sich Journalist*innen, Geldgeber, Kolleg*innen an diese.

Das Erzählen von Geschichten ist uralt
Was neu ist am Storytelling? Nichts! Das Erzählen von Geschichten ist uralt. Storytelling knüpft an die uralte und höchst wirkungsvolle Tradition des Geschichtenerzählens an, wie jeder sie vom Lagerfeuer kennt. Geschichten haben Menschen schon erzählt, als es noch keine Sprache gab – mit Höhlenmalerei, Bildern, Lauten oder/und Zeichnungen im Sand. Von Bildern und Malerei kam es dann zu Sprache und Schrift. Geschichten gab es am Dorfbrunnen, später im Fernsehen, Kino, Hörbuch und im Podcast – schließlich entstanden Erzählwelten im Gaming und auf interaktiven Plattformen. Wenn etwas neu ist, dann dass Wissenschaftler*innen die Kraft von Geschichten für sich (wieder-)entdeckt haben, wie jeder TED-Talk zeigt.

Storytelling ist Prozesskommunikation
Storytelling handelt von der Entwicklung aus der Vergangenheit über die Gegenwart in die Zukunft. Geschichten erzählen den Bezugsgruppen, welches Anliegen die Wissenschaftlerin oder der Wissenschaftler haben, wo sie derzeit stehen und wohin sie streben. Geschichten erzählen von den Herausforderungen auf dem Weg dorthin und auch davon, wie die Wissenschaftler*innen die Hindernisse beseitigen und die Herausforderungen lösen.

Zu den Kernelementen des Storytelling gehören Konflikte, Alternativen und Lösungen. Welche Form könnte besser geeignet sein, Ihre Themen und die dafür notwendigen Veränderungen aufzuzeigen, als das Storytelling?

Was Storytelling nicht ist
Dass Storytelling erst jetzt so oft angewendet wird, liegt an vielen Missverständnissen und Fehlannahmen. Die häufigsten sind:

- **Falsch: Geschichten sind erfunden.** Richtig ist, dass Geschichten auf Fakten basieren und anhand von Zahlen und Fakten überprüfbar sind. Im Storytelling geht es also *nicht* darum, etwas zu erfinden. Storytelling bedeutet, Fakten über die forschende Person gezielt, systematisch geplant und langfristig in Form von Geschichten aufzubereiten. Wenn Wissenschaftler*innen Geschichten erzählen, die authentisch und glaubwürdig sind, kann Vertrauen entstehen.
- **Falsch: Geschichten sind immer nur positiv.** Richtig ist, dass Geschichten aus Problemen, Konflikten und der Suche nach der Lösung bestehen – so wie Forschung tatsächlich ist. Viele beachten dies nicht und verzichten auf alles, was nicht zur glänzenden Erfolgsgeschichte passt. Wichtigste Folge: Forschung scheint einfach bis trivial – und ist damit unglaubwürdig und langweilig.
- **Falsch: Geschichten sind lang und ausführlich.** Richtig ist, dass Geschichten kürzer und prägnanter sein können als ausschweifende Broschüren und Websites. In der praktischen Arbeit an Presseinformationen in meinen Workshops kann ich den Teilnehmenden immer wieder beweisen, dass prägnante Geschichten nicht länger, sondern sogar kürzer als der Originaltext sind.
- **Falsch: Geschichten sind nur emotional** und nichts für den kritischen Verstand. Richtig ist, dass Geschichten rationale Sachargumente mit einem attraktiven Gefühl verbinden. Studien zufolge sind sie glaubwürdiger als reine Fakten.

9.2.3 Eigenschaften

Für das Vermitteln Ihrer Persönlichkeit im Rahmen Ihres Selbstmarketing sind Geschichten hervorragend geeignet. Geschichten sind aufregende Erzählungen über die Wissenschaftler*innen und deren Leistungen.

- **Geschichten lösen Aufmerksamkeit aus:** Viele hören lieber einer Geschichte zu als Information im neutralen Berichtsstil zu hören. Je höher die Aufmerksamkeit ist, die eine Geschichte erzielt, desto stärker ist die Erinnerungsleistung – wer müde ist, lernt schlechter.
- **Geschichten beziehen die Bezugsgruppen ein:** Unsere Geschichte ist eine Erzählung aus der Wissenschaft, von der alle wissen wollen, wie sie weitergeht und endet.
- **Geschichten sprechen an und gefallen:** Geschichten transportieren starke Gefühle, die mit einer Information einhergehen. Dies ist essenziell, damit unser Gegenüber eine Information aufnimmt und speichert (Abschn. 2.3.2). Geschichten bleiben lange

9.2 Storytelling

im Gedächtnis, wenn sie ein positives Ende haben – an sie erinnert man sich länger und lieber als an negative Dinge.
- **Geschichten sind für alle Bezugsgruppen geeignet:** Alle Menschen sprechen auf gute Geschichten stark an.
- **Geschichten formen Gemeinschaften:** Menschen schließen sich leichter einer Gemeinschaft an, wenn diese eine mitreißende Geschichte verfolgt, zum Beispiel von der Entdeckung neuer Planeten oder dem Kampf gegen ein Virus.
- **Durch Geschichten lernen:** Menschen orientieren sich stark am Handeln anderer Menschen („Wie machen es die anderen?" „Wie werde ich mich fühlen, wenn ich dies auch so tue?"). Jede Geschichte hat eine Kernaussage („Und die Moral von der Geschichte ..."), die durch die Erzählung erlebbar und erinnerbar wird. Menschen lernen an konkreten Beispielen. Das Lernen von Geschichten erleichtert, dass sie bildhaft erzählt werden. Bildhafte Wörter speichert der Mensch in zwei Gedächtnissystemen, was deren starke Verankerung bewirkt (duale Kodierung).
- **Lange an Geschichten erinnern:** Geschichten bleiben lange in Erinnerung, wenn sie stark angesprochen haben – mitunter reicht einmaliges Erleben aus (one trial learning). Sie ankern nachhaltig im Gedächtnis und tauchen immer wieder auf.

Der Stoff, aus dem Geschichten gemacht sind
Das Erzählen von Geschichten setzt voraus, dass Sie Ihre Beweggründe als Wissenschaftler*in kennen, Ihre Träume und Visionen, Ihre Erfolge und Misserfolge, die Motive Ihrer Teamkolleg*innen, Ihre Hoffnungen und Vorbehalte, Risiken und Chancen. Kurzum: Sie müssen den Stoff kennen, aus dem die Geschichte gemacht wird. Durch die Exploration Ihrer Motive und Ihr Erlebnisversprechen können Sie hierfür sehr gute Vorarbeit leisten. Wer hört nicht gerne Geschichten von Wissenschaftler*innen in der digitalen Welt, in der Menschen Videos, Audiofiles und wichtige Tipps tauschen und damit ihr Leben bereichern? Forscher*innen erzählen, wie Roboter funktionieren, was Datensicherheit erschwert und was dagegen getan werden sollte.

9.2.4 Komponenten

Was an diesem Beispiel ersichtlich wird: Die Technik des Storytelling besteht aus den drei Komponenten: *Was* der Wissenschaftler bzw. die Wissenschaftlerin erzählt (Handlung), *wie* dies erzählt wird (Darstellung) und *wozu* (Wirkung).

- **Was:** Mit der Handlung und den Beteiligten verdeutlicht die forschende Person, wie sie die Wünsche und Erwartungen ihrer Bezugsgruppen einzigartig erfüllt.
- **Wie** das erzählt wird, ist durchdacht: Die Handlung hängt zeitlich und inhaltlich zusammen. Ändert sich die Reihenfolge der Ereignisse, ändert sich die Geschichte.
- **Wozu:** Besonders verhaltenswirksam am Storytelling sind die durch die Geschichten entstehenden inneren Gedächtnisbilder, die spontan vor dem inneren Auge der

internen und externen Bezugsgruppen entstehen, wenn sie an diese Wissenschaftler*innen denken. Dies kann Entscheiden und Handeln der Bezugsgruppen erheblich beeinflussen.

▶ Das Storytelling erzählt bedeutende Geschichten auf eine bestimmte Art und Weise, um gezielt auf Entscheidungen und Handeln wichtiger Bezugsgruppen zu wirken.

Dies kann mündlich auf einer Pressekonferenz geschehen, geschrieben in einer Broschüre und in elektronischer Form als Blog – Geschichten spielen sich ab in Texten, in Bildern und in Aktionen wie z. B. einem Jubiläum.

Handlung
Die Handlung beantwortet die Frage, worum es in der Geschichte geht: Welchen Stoff behandelt die Geschichte, was geschieht mit den Figuren? Hier können Sie Ihr Erlebnisversprechen und die Erlebnisdimensionen wirkungsvoll inszenieren (siehe Abschn. 2.8). Geschichten erzählen anschaulich und bildhaft von Wissenschaftler*innen und deren Handeln, um ein Ziel zu erreichen. Mitunter geben Sie ein Verhalten vor, das andere nachahmen können.

Wichtig für überzeugendes Vorleben ist, dass die Handlungen einer Person zu ihrer Persönlichkeit und ihrem gesamten Erscheinungsbild passen, damit die Bezugsgruppen das Handeln als stimmig und zuverlässig erleben. Nur dann sehen sie ein geringes Risiko, enttäuscht zu werden (Abschn. 2.5). Wie also verhält sich die forschende Person gegenüber ihren Kolleg*innen? Ist sie offen für deren Vorschläge und gesprächsbereit? Wie verhält sie sich gegenüber Vorgesetzten? Wie löst sie deren Probleme? Wie löst sie ihr Erlebnisversprechen ein? Wie verhält sie sich gegenüber gesellschaftlichen Gruppen, gegenüber kulturellen Interessen, gegenüber Ökoproblemen, dem Fortschritt in Wissenschaft und Technik und dem sozialen Wandel? Geschichten können dies höchst wirkungsvoll vermitteln.

Physische und emotionale Handlung
Handlungen lassen sich in physische und emotionale Handlungen unterscheiden. Physische Handlungen sind jene Handlungen der Wissenschaftlerin oder des Wissenschaftlers, die für die Bezugsgruppen sichtbar sind. Emotionale Handlungen umfassen das, was Wissenschaftler*innen fühlen, welche Konflikte sie gedanklich durchleben, ihre Zweifel, aber auch ihre Überzeugungen, Probleme zu lösen. Beide Komponenten zeigen den dramatischen Dialog der Person:

- Die Wissenschaftlerin bzw. der Wissenschaftler gerät in einen Konflikt, zum Beispiel zum Klimawandel.
- Die Person interagiert mit anderen (kooperativ, konfrontativ etc.).
- Sie agiert mit sich selbst, zum Beispiel indem sie ihre Angst überwinden muss.

9.2 Storytelling

> Gerade die inneren Konflikte, Dialoge, Zerrissenheit des Helden oder der Heldin sind es, die Nähe zu ihren Bezugsgruppen schaffen.

Sie sollten diese beiden Aspekte in Ihrem Konzept für das Storytelling berücksichtigen, weil beide gleichermaßen interessant für die Bezugsgruppen sein können. Peter Guber, Filmproduzent und Managementberater, schreibt über die Schwierigkeit eines Geschichtenerzählers:

> Er muss zum Herzen der Zuhörer vordringen und ihre Emotionen ansprechen, selbst wenn ihr Verstand mit der Verarbeitung der Informationen beschäftigt ist, die er übermitteln möchte. Unser Verstand ist relativ aufgeschlossen, doch unser Herz beschützen wir mit besonderem Eifer, da wir wissen, wie heftig es uns bewegen kann. Das heißt also, dass Sie zwar auch den Verstand Ihrer Zuhörer im Visier haben, dass jedoch die Herzen den Mittelpunkt bilden sollten. Um die Herzen seiner Zuhörer zu erreichen, muss der visionäre Manager auch sein eigenes Herz offenbaren, während er seine Geschichte darlegt. (Guber, 2008)

Spannung
Warum sind viele Geschichten in Broschüren, in Videos und auf Websites oft so belanglos und langweilig? Antwort: Ihnen fehlt die Spannung. Spannung ist zwar eines der wesentlichen Kennzeichen von Geschichten, doch ist oft unklar, wie sie entsteht und gestaltet wird.

Spannung ist zunächst eine Erregung, die körperlich entsteht und die psychisch erlebt wird (Abb. 9.4): Unser Körper ist aufgeputscht und aktiviert, was für das Aufnehmen

Abb. 9.4 Spannung bedeutet, dass der Autor mehr weiß als sein Publikum. (© pressmaster/stock.adobe.com)

und Speichern von Informationen wichtig ist. Die Erregung kann sich im Verlauf der Geschichte derart steigern, dass sich das Publikum nicht von ihr lösen kann. Sie kann sogar vorübergehend so stark sein, dass sie als negativ empfunden wird, doch muss sie nach einer bestimmten Zeit wieder in eine positive Grundstimmung umschlagen. Überschreitet die Erregung eine gewisse Schwelle, ist das Lernen blockiert, weil der Verstand zwischenzeitlich ausschaltet.

Spannung durch Unsicherheit
In den Filmen von Alfred Hitchcock zeigt sich Spannung (Suspense) dadurch, dass Autor und Publikum über unterschiedliches Wissen verfügen. Beispiel: Der Hauptcharakter hat oft innere Konflikte, zweifelt, ist sich unsicher – dies erzeugt Spannung, da sich die Leser*innen, Zuhörer*innen oder Zuschauer*innen nicht sicher sein können, ob der Charakter seine Pläne wirklich umsetzt. Erzeugen Sie Identifikation und Empathie; denn es ist wichtig, dass sich Leser*innen, Zuhörer*innen oder Zuschauer*innen mit Ihnen identifizieren können und sprichwörtlich „mitfiebern".

> Spannung ist die Erwartung, was als Nächstes kommt.

Überdies werden die handelnden Personen häufig mit Situationen konfrontiert, die auf den ersten Blick unlösbar erscheinen, auch dies erzeugt Spannung: Das Publikum ist in gespannter Erwartung, wie die Handlung weitergeht. Das Internet ermöglicht und fördert in zunehmendem Maße die Interaktivität beim Storytelling: Sie können User*innen mehrere Handlungsoptionen ausprobieren und selbst zur Lösung eines Problems beitragen lassen. Dies baut ebenfalls Spannung auf (siehe Abschn. 7.2.3).

In einer Geschichte suchen das Publikum die Bestätigung des eigenen Weltbildes: Das Gute siegt, der Böse verliert. Der Virus wird besiegt. Sicher ist dies nicht. Diese Unsicherheit ist es, die Spannung erzeugt.

> Spannung lässt sich als Mischung aus Hoffen und Bangen rekonstruieren, dass sich das eigene Weltbild bestätigt.

9.2.5 Held*innenreise als Dramaturgie

Für die Entwicklung Ihrer Kerngeschichte (Core Story) ist die Technik der Held*innenreise nützlich:

1. **Konflikt/Mangel:** Die Welt ist aus den Fugen geraten.
2. **Der Held oder die Heldin ziehen aus:** Die Wissenschaftlerin oder der Wissenschaftler krempeln die Ärmel hoch, um sie wieder in Ordnung zu bringen.

3. **Alternativen:** Die Heldin oder der Held haben Alternativen, welchen Weg sie oder er beschreiten können – dies kann alleine geschehen oder mit anderen; die Person kann sich eigene Kompetenzen erwerben oder mit anderen kooperieren.
4. **Hindernisse:** Die Heldin oder der Held haben Hindernisse zu überwinden wie zum Beispiel fehlende Expertise, fehlendes Geld, fehlende Technologien und Apparaturen.
5. **Helfer*in:** Die Helferin oder der Helfer nahen in Form eines Menschen, von Geld oder einer hilfreichen Einstellung.
6. **Kampf:** Gemeinsam kämpfen Forscher*innen und Helfer*innen gegen den ursprünglichen Missstand an – die Leistung des Forschenden muss sich bewähren.
7. **Sieg:** Die Heldin oder der Held erringen den Sieg.
8. **Rückkehr und Erfolg:** Die Heldin oder der Held kehren zurück und werden für ihre Taten belohnt, zum Beispiel durch Auszeichnungen.

Beispiel einer Held*innenreise
Viele Schmerzerkrankungen sind heute noch nicht heilbar (Mangel). Forscherin Knaus tritt an, dies zu ändern und wirksame Medikamente zu entwickeln (Heldin zieht aus). Dies möchte sie aus eigener Kraft machen. Big Data bilden die Grundlage für viele, teilweise heute noch nicht absehbare Nutzungsmöglichkeiten: von neuen und laufend verbesserten Digitalservices bis zur Früherkennung von Krankheiten (Alternativen). Aber der Weg ist steinig: Die Entwicklung ist teuer, dauert lange, Expert*innen für ungewöhnlichen, nicht-behandelbaren Schmerz sind schwer zu finden. Eine große Herausforderung ist auch, die ständig wachsende Datenmasse zu verarbeiten und insbesondere durch die Verknüpfung dieser Daten verwertbare Informationen zu gewinnen – und gleichzeitig den Datenschutz zu berücksichtigen (Hindernisse). Doch dann trifft Forscherin Knaus auf Doktor Cure, der mit einer neuen Substanz helfen möchte (Helfer). Die Substanz zeigt sich schon in den ersten Tests als sehr wirkungsvoll (Sieg). Die Zusammenarbeit wird ein Erfolg, neue Medikamente sind in Sicht und die Zahl der Menschen steigt, die schmerzfrei und selbstbestimmt leben können.

Kerngeschichte für die Bezugsgruppen ableiten
Aus der Positionierung und der Kerngeschichte leiten Sie die Kerngeschichten für jede wichtige Bezugsgruppe ab, also für Kollegen*innen, Hochschulleitung, Journalist*innen. Hierfür können Sie wieder die Held*innenreise nutzen. Hier die Kerngeschichte aus Sicht einer bestimmten Patientin: Es gibt Patient*innen mit speziellen Formen von Schmerz, denen noch nicht medikamentös geholfen werden kann (Mangel). Eine Patientin sucht also in Internetforen nach Lösungen, bei Ärzt*innen, bei Forscher*innen (Heldin oder Held zieht aus). Doch die Foren helfen auch nicht weiter, der Arzt oder die Ärztin können lediglich alternative, wenig wirkungsvolle Heilmethoden verschreiben, Pharmafirmen haben noch keine Medikamente in der Pipeline (Hindernisse). Doch dank der Kooperation zwischen Forscherin Knaus und dem Schmerzexperten Dr. Cure scheint die Lösung in Sicht (Helfer*innen). Die Substanz, durch eine neue Technologie verteilt – in die Augen eingesetzte Sensoren –, zeigt schon kurz nach Einsetzen erstaunliche

Wirkung (Sieg). Diese Patientin kann schon sehr bald wieder schmerzfrei und selbstbestimmt leben.

Themen aus der Kerngeschichte für Bezugsgruppen ableiten
Aus der Kerngeschichte und den Geschichten für unsere Bezugsgruppen sollten Sie die zentralen Themen für die nächsten Jahre ableiten. Oft sind dies:

- **Menschen:** Forscher*innen, Erfinder*innen, Proband*innen, Verwaltung etc.
- **Wissen:** Wie sind Sie zur Expertin/zum Experten auf ihrem Gebiet geworden? Wie wollen Sie dies bleiben? Wie entsteht neues Wissen? Wie trennen Sie sich von altem Wissen?
- **Leistungen:** Was macht Ihre Leistung so besonders? Technologie? Anwendungstechniken? Wirkung?
- **Neue Netzwerke:** Mit wem arbeiten Sie zusammen, weil Sie nicht alles allein können?

Anordnung der Themen auf der Zeitachse von 3–5 Jahren
Die Themen legen Sie auf dem Zeitstrahl der nächsten drei bis fünf Jahre an. Jedes Jahr können Sie unter ein Schwerpunkt-Motto stellen – je nach Priorisierung für die Bedeutung beim Imageaufbau: Expert*innen im ersten Jahr, Menschen im zweiten Jahr etc.

9.2.6 Geschichten für abstrakte Themen

Viele Themen von Wissenschaftler*innen sind zunächst abstrakt, wie zum Beispiel Klimaschutz, Weltfrieden, Digitalisierung, Nachhaltigkeit, Innovation. Solche abstrakten Begriffe sind erforderlich, um ein Forschungsthema einzuordnen. Das Problem ist, dass diese Begriffe keine klaren, inneren Bilder entstehen lassen, die eine wichtige Voraussetzung für das Verständnis und die Akzeptanz sind.

Die Erzählleiter
Für die anschauliche Darstellung von Begriffen ist die „Erzählleiter" sehr geeignet. Was ist die Idee? Immer wieder haben es Wissenschaften mit abstrakten Begriffen zu tun, wie Digitalisierung und Big Data. Diese Begriffe sind wichtig, um konkretere Inhalte einzuordnen. Wenn jemand über die Nutzung von Apps spricht, findet dies im Rahmen der Digitalisierung statt. Das Problem ist aber, wie gesagt, dass solche abstrakten Begriffe nicht geeignet sind, ein klares Vorstellungsbild bei unseren Bezugsgruppen zu schaffen. Hierfür sind konkrete Begriffe und Bilder erforderlich. Was also tun, um beides zu verbinden?

Die „Erzählleiter" stammt aus der Erzählkunst und funktioniert wie folgt (Abb. 9.5): Am oberen Ende der Leiter sind abstrakte Begriffe zu finden, wie „Digitale Transformation". Mit jedem Schritt auf der Leiter nach unten wird das Thema konkreter.

9.2 Storytelling

Abb. 9.5 Die Erzählleiter ist hilfreich beim abstrakten Themen. (© sisna/stock.adobe.com)

Auf der untersten Stufe sind die Begriffe so konkret, dass sie bildhaft sind und ein Foto davon entstehen könnte. Hier das Beispiel des Begriffs der „Digitalisierung" (auf der Leiter von oben nach unten):

- Digitalisierung,
- Einsatz neuer Technologien,
- neue Technologien in der Medizin,
- Sensoren,
- Sensoren im Auge,
- Sensoren im Auge, die Medikamente freisetzen.

Sie sehen: Sie könnten den Sensor fotografieren, so klar, deutlich und bildhaft ist dieser.

> Die Erzählleiter ermöglicht es, auf der oberen Stufe ein abstraktes Thema einzuordnen, aber auf der unteren Ebene eine klare Vorstellung zu vermitteln und damit für einen Lerneffekt zu sorgen.

Beispiel der **Sozialen Unterstützung:**

- **Soziale Unterstützung:** emotionale Unterstützung, finanzielle Unterstützung, Begleitung.
- **Emotionale Unterstützung:** Empathie, Vertrauen und Fürsorge zeigen, Ratschläge und Vorschläge geben, mithelfen.
- **Empathie:** jemanden trösten, jemanden hören, jemanden umarmen.

Hilfreich für das Storytelling mit Daten ist auch das Buch von Cole Nussbaumer Knaflic (2017).

9.2.7 Tipps für gute Geschichten

Konflikt
Besonders aktivierend ist die Handlung, wenn sie einen Konflikt zum Thema hat: Der Mensch kämpft gegen Angst und Unsicherheit, gegen Eintönigkeit und Langeweile oder gegen Unterlegenheit und Wut. Die Lösung dieses Konfliktes besteht aus Alternativen, die der Mensch ergreifen kann. Am Ende der Handlung steht meist das „Happy End", also die Lösung. Sachbuchautor und Schriftsteller Fritz Gesing schreibt:

> Ein Konflikt ist eine Kollision polarer Kräfte, eine Auseinandersetzung von Menschen und Normen, auch ein innerer Widerstreit von Motiven, Wünschen und Werten. Ausdruck und Höhepunkt eines Konflikts ist eine äußere wie innere Krise, eine gestörte Ordnung, die auf eine Lösung drängt. Insofern führen Konflikte und Krisen auch zu Wendepunkten im Leben eines Individuums, einer Familie oder einer Gesellschaft. (Gesing, 2004, S. 96).

Konflikte in der Wissenschaft können unterschiedlichste Formen annehmen, zum Beispiel:

- **Konflikt mit den Bezugsgruppen:** Der Wissenschaftler oder die Wissenschaftlerin haben einen Konflikt, weil er oder sie andere Entscheidungen treffen, als seine Kolleg*innen wollen.
- **Konflikt mit der Gesellschaft:** Der Wissenschaftler oder die Wissenschaftlerin müssen mit Methoden und Techniken arbeiten, die gesellschaftlich stark umstritten sind, wie im Fall von Gentechnik.

9.2 Storytelling

- **Konflikt mit Technik:** Die Digitalisierung schreitet in allen Lebensbereichen voran. Ein Konflikt wäre, wenn sich der Wissenschaftler oder die Wissenschaftlerin entscheiden, auf traditionelles Handwerk statt auf höchstentwickelte Technik zu setzen.
- **Konflikt mit Unfall oder Katastrophe:** Eine Krise entsteht aufgrund eines Unfalls, bei dem Mitarbeitende verletzt werden, oder einer Katastrophe, die Umwelt und Anwohner*innen belastet.
- **Unterschiedliche Normen und Wertvorstellungen:** Bewahrende und verändernde Personen leisten sich einen Machtkampf in einer Forschungseinrichtung.
- **Generationenkonflikte:** Die neue Hochschulleitung möchte die Wissenschaftseinrichtung strategisch neu ausrichten.

Konflikte können sich im Erleben und Verhalten abspielen, meist sind sie mit äußeren Konflikten verbunden. Dies kann die Unzufriedenheit mit einer augenblicklichen Situation oder Rolle sein oder die Unvereinbarkeit von Interessen. Die Beseitigung dieses Konflikts setzt Energien frei, die zu Entscheidungen und Handlungen der Hauptperson führen.

Der Konflikt als Kernelement einer Geschichte muss einige Voraussetzungen erfüllen, damit er wirksam wird:

- Die Bezugsgruppen, also die Adressat*innen der Geschichte, müssen den Konflikt verstehen und sich in den Konflikt einfühlen können, damit sie am Geschehen teilnehmen können.
- Der Konflikt muss für sie bedeutend sein.
- Die Lösung des Konfliktes muss für die Adressat*innen belohnend sein, indem Gefahr gebannt und Angst vermieden oder das Wohlbefinden gesteigert wird.

Die Hauptperson sollte durch ihr Handeln wesentlich dazu beitragen, den Konflikt zu lösen – möglichst unterstützt durch den Beitrag der Bezugsgruppen, damit die Geschichte auch für sie handlungsauslösend ist.

> Aus welchen Konflikten heraus handeln Sie? Diese können zum Beispiel schlechte Qualität sein, Ignoranz gegenüber der Umwelt, Unsicherheit, Angst, Langeweile und Unterlegenheit – Sie merken, Sie können hier sehr gut an menschliche Grundmotive anknüpfen.

Konflikte beziehen auch die Adressat*innen ein, indem sie wissen wollen, wie der Konflikt endet: Die Zuhörer*innen fragen sich, was der Held oder die Heldin unternehmen werden, um das Problem zu lösen, und ob sein oder ihr Handeln von Erfolg gekrönt sein wird.

Alternativen

Um dem Konflikt zu entgehen, haben Wissenschaftler*innen meist mehrere grundsätzliche Handlungsmöglichkeiten, „Strategien" genannt. Das Aufzeigen von Alternativen im Storytelling hat den Vorteil, dass deutlich wird, dass es eine Standardlösung nicht gibt. Forschung bedeutet, Risiken einzugehen und aus mehreren Alternativen auszuwählen. Die gewählte Strategie kann sich als richtig oder falsch herausstellen. Im Storytelling können Sie daher erläutern, welche Alternativen Sie haben, aus welchem Grund Sie sich für eine Strategie entschieden haben und ob dies die richtige Entscheidung war – wenn sie dies nicht war, können Sie erläutern, wie sie sich weiter verhalten.

Wandel

Geschichten sind immer durch Wandel gekennzeichnet – in der Urform vom Armen in den Reichen, vom Schüchternen in den Selbstbewussten. Auch beim Element des Wandels können Sie auf die Grundmotive des Menschen zurückgreifen. Menschen suchen die positive Seite von Beziehungen, Leistung, Macht und Freiheit, die negative wollen sie meiden (siehe Abschn. 2.3.1). Der Wandel kann sich daher von der Unsicherheit zur Sicherheit, von Eintönigkeit und Langeweile zu Erregung und von Unterlegenheit zu Überlegenheit und Siegesgefühl vollziehen.

Rollen/Archetypen

Rollen helfen den Bezugsgruppen, Ihre Persönlichkeit und Ihre Leistung zu verstehen, weil sie solche Schemata schon kennen: Es gibt Weise, Held*innen, Freund*innen, Berater*innen, den Kumpel, die Partner*innen, Entdecker*innen, die Eroberer*innen. Nutzen auch Sie eine Rolle, um Ihre Persönlichkeit und Ihr Anliegen durch ein klares, verständliches Bild zu transportieren (Neumann & Ross, 2004):

- **Die Trendsetterin/der Trendsetter,** die/der jetzt schon nutzt, was noch keiner hat.
- **Die Seniorin/der Senior,** die/der schon alles erlebt und viele Geschichten zu erzählen hat.
- **Die Querdenkerin/der Querdenker,** die/der stets eine ungewöhnliche Sicht beisteuert.

9.2 Storytelling

- **Die/der Menschelnde,** die/der in Worte fassen kann, was alle fühlen und denken.
- **Die/der Nachdenkliche,** die/der die Folgen stets eher im Blick hat als andere.
- **Die Netzwerkerin/der Netzwerker,** die/der alle und jeden kennt und daher weiß, was abläuft.

> **Weitere Tipps**
> - Legen Sie Ihr **Storytelling langfristig** an: Ihre Bezugsgruppen müssen Ihre Geschichten lernen, bevor sie diese erinnern – dies erfordert Zeit. Ändern Sie daher Ihre Geschichten nicht grundsätzlich mit jeder neuen Botschaft. Erzählen Sie stattdessen das Grundthema Ihrer Geschichten über Jahre hinweg. Grundlage ist das Erlebnisversprechen an Ihre Bezugsgruppen und die Erlebnisdimensionen, die erklären, warum Sie dieses Versprechen einzigartig erfüllen (Abschn. 2.8). Variieren Sie Bestandteile, damit die Geschichten bei Ihren Bezugsgruppen gegenwärtig bleiben und deren Interesse aufrechterhalten wird.
> - Gehen Sie **systematisch** vor: Entwickeln Sie Ihre Geschichten systematisch nach einem vorgegebenen Konzept. Setzen Sie Ihre Geschichten gezielt, widerspruchsfrei und koordiniert ein. Grundlage der Absprache ist Ihr langfristiger, schriftlich festgelegter Verhaltensplan (Konzept), der die Richtung vorgibt, aber noch genügend Raum für Variation und Eigengestaltung lässt (Kap. 11).
> - **Heben Sie sich ab** von anderen Wissenschaftler*innen: Der Kontrast Ihrer Geschichte zu anderen trägt maßgeblich dazu bei, dass bei Ihren Bezugsgruppen ein klares Vorstellungsbild entstehen kann – Sie haben ein einzigartiges Profil (Kap. 4).
> - Erzählen Sie Ihre Geschichten **einfach und klar:** Je einfacher Ihre Geschichte ist, desto leichter können Ihre Bezugsgruppen sie aufnehmen, verarbeiten und speichern. Je klarer eine Geschichte erzählt wird, desto stärker und nachhaltiger wirkt sie auf das Verhalten.
> - **Gefallen** Sie mit Ihren Geschichten: Dies betrifft den Inhalt, der für die Bezugsgruppen bedeutend sein muss, wie die Form, also wie und in welchem Rahmen Sie Ihre Geschichten erzählen.

Buchtipp
Wie Sie professionell Geschichten erzählen, erfahren Sie im Buch „Storytelling" (Herbst, 2021), im *essential* „Science Storytelling: Warum Wissenschaft Geschichten erzählen muss" (Angler, 2020) oder in einem Kurs, s. Abb. 9.6.

Abb. 9.6 In 45 min zum Storytelling mit dem Selbstlernkurs von Iversity. (© Tierney/stock.adobe.com)

9.3 Wichtigste Botschaften

- Zum Vermitteln Ihrer Persönlichkeit durch Kommunikation eignen sich Bilder und Geschichten. Sie bieten klare Orientierung und sorgen dafür, dass Ihre Bezugsgruppen Ihre Persönlichkeit klar und deutlich erkennen und erinnern.
- Bilder können die Bezugsgruppen schnell erkennen, leicht aufnehmen, verarbeiten und lange speichern. Bilder von Menschen ziehen unsere besondere Aufmerksamkeit auf sich, weil Menschen sich grundsätzlich an anderen Menschen orientieren. Für wirkungsvolle Bilder von Menschen hat die Forschung zahlreiche Hinweise gefunden.
- Geschichten wecken ebenfalls unsere Aufmerksamkeit. Sie haben den weiteren besonderen Vorteil, dass sie Ihre Persönlichkeit und Ihr wissenschaftliches Anliegen anschaulich und mit Beispielen darstellen können. Sie fesseln das Interesse der Bezugsgruppen für lange Zeit und sorgen dafür, dass Ihre Botschaften besonders gut gelernt werden.
- Rollen sind Schemata, also komplexe Wissensbestände. Rollen sind gelernt und hierdurch haben Sie die Möglichkeit, bei der Vermittlung Ihrer Persönlichkeit auf Gedächtnisinhalte zurückgreifen zu können.

9.4 Aufgaben

- Wodurch stellen Sie sicher, dass Sie durch Bilder und Geschichten auffallen, dass sie angemessen informieren, Erlebnisse vermitteln und von Ihren Bezugsgruppen gespeichert werden können?
- Welche Bildmotive haben Sie von sich geplant? Wie weichen Sie durch Ihre Bilder von der Norm ab und zeigen Dinge, die Ihre Bezugsgruppe so noch nicht gesehen hat? Welche Bildmotive haben Sie gewählt, um Ihre Persönlichkeit kraftvoll zu transportieren?
- Welche Geschichten erzählen Sie, um Ihre einzigartige Persönlichkeit zu transportieren? Wie setzen Sie durch Geschichten das Erlebnisversprechen und die Erlebnisdimensionen um? Wer sind die handelnden Personen in Ihren Geschichten? Welche Konflikte erleben Sie und warum gehen Ihre Geschichten gut aus? Was hält das Interesse Ihrer Bezugsgruppen an Ihren Geschichten auch über lange Zeit aufrecht?
- Welche Rolle haben Sie sich gegeben, um Ihre Persönlichkeit leichter zu vermitteln?
- Wie haben Sie sichergestellt, dass Sie für Ihre Bezugsgruppen interessant bleiben und diese immer Neues an Ihnen entdecken können?

Störungen und Konflikte

10

> **Zusammenfassung**
>
> Dieses Kapitel stellt Ihnen hilfreiche Methoden und Instrumente vor, wenn es Störungen oder gar Konflikte in der Kommunikation mit Ihren Bezugsgruppen gibt. Zahlreiche Tipps und Tools können Ihnen ermöglichen, eine für alle Beteiligten gelungene Kommunikation zu entwickeln.

Die Corona-Krise zeigt, wie Wissenschaftler*innen brillieren oder in schwierige Situationen geraten. Schwierige Kommunikation kann jederzeit entstehen – Wissenschaftler*innen, die sich heute sicher vor ihnen fühlen, können morgen in gestörte Kommunikation geraten. Ein Blick in die sozialen Medien zeigt, dass der Umgangston zeitweise sehr rau ist. Nicht selten bestehen Kommentare unter Blogbeiträgen und Artikeln aus abstrusen Behauptungen und Beleidigungen. Auch die eigenen Kolleg*innen stehen einer offenen Kommunikation nicht immer wohlwollend gegenüber. Es wäre gut für einen Wissenschaftler oder eine Wissenschaftlerin, auch auf Störungen der Kommunikation vorbereitet zu sein. Das Interesse der Öffentlichkeit und der Wettstreit der Medien um Auflagen und Einschaltquoten verstärkt die Suche nach Konflikten. Der Druck steigt – Fehlentscheidungen und ungeschicktes Handeln häufen sich.

Wissenschaftler*innen versäumen, durch Beobachten ihres Umfeldes und langfristigen, regelmäßigen Austausch mit ihren wichtigen Bezugsgruppen schwierige Situationen zu verhindern oder zumindest die Auswirkungen durch vertrauensvolle und glaubwürdige Kommunikation zu begrenzen. Langfristige, kontinuierliche Kommunikation ist also wichtig, um Konflikten vorzubeugen. Jedoch besinnen sich in der Praxis die Wissenschaftler*innen oft erst in einer Krise auf die Chancen des Austauschs mit ihren Bezugsgruppen – aber dann ist es meist zu spät.

10.1 Begriffe

Ein Konflikt bedeutet, dass zwei (oder mehr) Personen unterschiedliche Absichten verfolgen. Diese Absichten lassen sich nicht ohne Weiteres vereinbaren – die Interaktionspartner*innen blockieren sich mehr oder weniger gegenseitig. Ein Konflikt kann entstehen, wenn Sie Ansprüche und Forderungen Ihrer Bezugsgruppen ignorieren oder zurückweisen. Können Sie den Konflikt nicht beilegen, kann sich eine Krise entwickeln. Die Praxis zeigt:

▶ Konflikte sind nicht das Problem, sondern der Umgang damit.

Das Bearbeiten und Lösen von Konflikten sind notwendig, den Konflikt wirklich beizulegen und zu beenden. Dies setzt voraus, dass die Gesprächsteilnehmer*innen sich dem Konflikt stellen, ihre eigenen Standpunkte klar machen, verhandeln und Kompromisse schließen. Gelingt dies nicht, kann eine Krise entstehen. Krisen sind ungeplante und ungewollte Prozesse von begrenzter Dauer und Beeinflussbarkeit sowie mit ambivalentem Ausgang. Sie sind in der Lage, den Fortbestand einer Organisation substanziell und nachhaltig zu gefährden oder sogar unmöglich zu machen. Die Krise erzeugt starke öffentliche Aufmerksamkeit, das öffentliche Interesse beeinträchtigt die Handlungsfähigkeit der Organisation und von deren Menschen. Krisen können politische, rechtliche und finanzielle Folgen haben.

10.2 Anlässe für Störungen

Viele Anlässe können zu Störungen der Kommunikation zwischen einzelner Wissenschaftler*innen und Bezugsgruppen führen:

- Missverständnisse,
- Fehlinterpretationen,
- gegensätzliche Standpunkte über das Vorgehen in Projekten,
- unterschiedliche Einschätzungen von Konsequenzen aus Forschungsergebnissen,
- Anwendung umstrittener Methoden und Technologien, wie zum Beispiel Big Data und Biotechnologie,
- Themen wie Tierversuche,
- unterschiedliche Absichten über das Vorgehen bei Forschungsprojekten.

Eigene Anlässe festhalten
Bitte prüfen Sie, welche Anlässe bei Ihnen bestehen könnten und notieren Sie diese in einer einfachen Liste (Tab. 12.18).

Anlässe priorisieren

Priorisieren Sie jetzt diese Anlässe nach den Kriterien: „Wie wahrscheinlich tritt der Anlass ein?" und „Wie stark sind die Auswirkungen?" Dies ermöglicht Ihnen, sich mit den relevantesten Anlässen am stärksten zu beschäftigen (Tab. 10.1).

10.3 Vorbeugung von Störungen

Die beste Art, eine Störung zu bewältigen ist, sie schon im Vorfeld abzuwenden. Die zweitbeste ist, gut vorbereitet zu sein, und die schlechteste ist, sich völlig überraschen zu lassen. Das Thema Kommunikationsstörungen beginnt also nicht erst, wenn diese eingetreten, sind sondern lange im Vorfeld. Ziel ist, die Störungen zu verhindern und zumindest so gut wie möglich vorbereitet zu sein. Wissenschaftler*innen können solchen Anlässen vorbeugen, sie können sich vorbereiten, bewältigen und aus der Erfahrung lernen.

> **Kernfragen**
> - Wie kann die forschende Person Störungen verhindern?
> - Wie kann diese die Anlässe früh erkennen?
> - Wie kann sie sich optimal vorbereiten?
> - Wie kann sie wirkungsvoll handeln?
> - Wie kann sie aus der Krise lernen?

Analyse der Krisenanfälligkeit

Folgende Vorsorge ist möglich: Beobachten Sie wissenschaftliche und gesellschaftspolitische Diskussionen ähnlich einem Seismograph, erkennen Sie Signale früh und verfolgen diese. Grundsätzlich können Sie Frühwarninstrumente eher breit oder eher gezielt einsetzen:

- **Monitoring** bedeutet, dass Sie bekannte Themen gezielt und systematisch beobachten und überwachen.
- Durch **Scanning** können Sie Ihr Umfeld eher oberflächlich, breit und ungezielt nach neuen Themen absuchen. Hiermit können Sie bisher als unwichtig geltende Bereiche ermitteln und neue Trends in bereits beobachtbaren Bereichen aufspüren.

Tab. 10.1 Priorisierung von potenziellen Störungen

Priorität 1: Hohe Eintrittswahrscheinlichkeit Große Auswirkungen	Priorität 2: Hohe Eintrittswahrscheinlichkeit Kleine Auswirkungen
Priorität 3: Kleine Eintrittswahrscheinlichkeit Große Auswirkungen	Priorität 4: Kleine Eintrittswahrscheinlichkeit Kleine Auswirkungen

> **Einige mögliche Frühwarnfelder**
> - Konjunkturelle Entwicklung (nach Ländern, Regionen),
> - strukturelle Entwicklung (nach Ländern, Regionen),
> - politische Entwicklung (nach Ländern, Regionen),
> - soziale Entwicklung (nach Ländern, Regionen),
> - technologische Entwicklung,
> - apparative/maschinelle Ausrüstung.

Folgende Kriterien sollte die Frühwarnmeldung mindestens enthalten:

- Um welches Ereignis oder welchen Trend geht es?
- Welchem Bereich kann es zugeordnet werden, zum Beispiel Ökologie, Technik, Lebensmittel, Gesundheit?
- Woher stammen die Informationen, zum Beispiel aus einer Studie?
- Welche positiven und negativen Auswirkungen können Ereignis oder Trend haben?

10.4 Vorbereitung auf Konflikte

Training ist eine gute Vorbereitung auf Konflikte:

- Grundlagen wie Kommunikation und Teambildung,
- Theorie wie die Planung und Gestaltung von Kommunikation,
- Praxis wie Medientraining.

Zu den Grundlagen gehört Wissen über den Aufbau und den Ablauf von Kommunikationsprozessen. Medientraining simuliert Anfragen und kritische Interviews unter wirklichkeitsnahen Bedingungen eines Fernsehstudios oder Hörfunkinterviews. Sie können lernen, wie Sie Reporter*innenfragen beantworten und überzeugend argumentieren. Studien haben gezeigt, dass es genau so entscheidend für die Wirkung einer Aussage ist, welche Meinung oder Vorstellung ein Publikum vom Redner bzw. von der Rednerin hat, wie das, was er bzw. sie sagt. Das heißt, bei gleichen Argumenten wird ein Publikum unterschiedlich beeinflusst – je nach Glaubwürdigkeit und Kompetenz der Kommunikator*innen. Eine agierende Person wird besonders positiv wahrgenommen, wenn sie persönliche Ausstrahlung besitzt, kompetent und sensibel im Umgang mit öffentlichen Anliegen ist und Ungewissheit zugibt.

Der verstorbene Krisentrainer Wolf-Henning Kriebel (2020) hat wichtige Aspekte für die Vorbereitung eines Fernsehinterviews gegeben. Er zeigt, wie anspruchsvoll die professionelle Vorbereitung ist:

- Sind Sie erfahren im Umgang mit Fernsehinterviews? Wenn nicht: Haben Sie Interviews vor der Kamera gründlich geübt und die Übungen sorgfältig ausgewertet?
- Haben Sie sich am Ort vorbereitet, an dem das Interview aufgenommen wird? Wenn das im Studio geschehen soll, haben Sie sich unter Studiobedingungen vorbereitet?
- Live oder Konserve – sind Sie auf beide Situationen vorbereitet?
- Kennen Sie den Anlass der Sendung, die Art, das Thema, den Themenhintergrund, das Konzept, die anderen Beiträge neben Ihrem Interview etc.?
- Haben Sie ein gründliches Vorgespräch mit Ihrer interviewenden Ansprechperson geführt und Thema geplant, den Ablauf der Sendung besprochen, die Länge des Interviews vereinbart?
- Sollte Ihr Interview aufgezeichnet werden: Haben Sie einen schriftlichen Vertrag über die Verwendung Ihres Beitrages vorbereitet, der Sie vor Überraschungen schützt? Dieser Vertrag enthält Ihre Freigabe für den geschnittenen Beitrag, die weitere Verwendung und weitere Vereinbarungen.
- Haben Sie sich mit dem Interviewer und dessen Eigenarten vertraut gemacht?
- Sind Sie mit allen wichtigen Sachverhalten zum Thema, auch mit den wichtigsten Positionen der Kritiker*innen, vertraut?
- Haben Sie sich ein klares Ziel für das Interview gesetzt – mit Botschaften, die Sie in jedem Fall transportieren werden?
- Haben Sie vereinbart, dass Sie einen Original-Mitschnitt Ihres Interviews zu Dokumentationszwecken erhalten?
- Sind Sie vorbereitet, dass immer auch Fragen gestellt werden können, die vorher nicht abgesprochen waren?

10.5 Bewältigung von Störungen

Die Bewältigung der Störung umfasst alle Entscheidungen und Maßnahmen in einem bereits eingetretenen und in seiner Wirkung fühlbaren Konflikt. Die Kommunikation hat in dieser akuten Situation die Aufgabe, zu informieren und auf Unsicherheiten, Bedenken und Ängste einzugehen. Der Weg zur Konfliktlösung ist der systematische, persönliche Austausch mit Bezugsgruppen und ihren Argumenten. Ziel ist die Verständigung durch Informieren, Diskutieren, kritisches Auseinandersetzen und Lösen von Konflikten.

Tab. 10.2 zeigt Ihnen Verhaltensmuster, die Konflikte verschärfen und entschärfen.

Kommunikation kann nicht zustande kommen, weil jemand nicht bereit ist oder nicht kann (Mangel an Informationen) oder nicht will, weil er sich der Kommunikation nicht gewachsen fühlt. Aus Bezugsgruppensicht kann Kommunikation nicht zustande

Tab. 10.2 Verhaltensmuster, die Konflikte verschärfen oder entschärfen (Jeschke, 1998)

Konflikt verhärtend	Konflikt entschärfend
Den Gegner/die Gegnerin einengen	Dem Gegner/der Gegnerin Handlungsspielraum lassen
Den Handlungsspielraum begrenzen	Die Handlungsalternativen erweitern
Eine „Deadline" setzen	Prozessschritte einplanen
Polarisieren	Den Konsens suchen
Persönlich werden	Sachlich bleiben
Überheblich reagieren	Verständnis zeigen
Dritt-Parteien ausschließen	Drittparteien einschließen (Mediator*in)
Kurzfristiges Handeln	Vorausschauend handeln
Mit der Lösung beginnen	Mit dem Problem beginnen
Subjektiv diskutieren	Objektivierbare Kriterien verwenden
Eigenmächtig handeln	Konfliktgegner*innen in den Prozess einbeziehen

kommen, weil die Bezugsgruppen nicht bereit sind, weil diese nicht können (keine Instrumente verfügbar), nicht wollen (sie haben kein Vertrauen) oder nicht dürfen (gesetzliche Vorschriften).

▶ Kommunikation kann nicht zustande kommen. Alle Beteiligten entscheiden, ob sie kommunizieren – oder nicht.

> **Wichtige Empfehlungen**
> - **Auf Gefühle der Beteiligten achten:** Diese sind in Konflikten deutlich stärker als sonst. Daher möglichst erst auf die Gefühle eingehen und das Gegenüber beruhigen.
> - **Prozesskommunikation:** Die Bezugsgruppen wollen auf dem Laufenden sein, auch darüber, wenn es Infos noch nicht gibt.
> - **Klarheit:** Je klarer das Bild der Betroffenen von Ihrer Position, desto besser.
> - **Handlungsbereitschaft beweisen:** Sie zeigen, dass sie Verantwortung übernehmen und Ihren Teil beitragen, die Störung zu beseitigen.

Mediator*in einschalten

Zum Beilegen des Konfliktes können Sie fachkundige Expert*innen hinzuziehen, Mediator*innen. Mediation wird seit den 1970er Jahren zur Konfliktlösung eingesetzt. Dieses Verfahren will Positionen und Interessen der Konfliktparteien direkt beeinflussen. Ziel ist, im persönlichen Austausch unterschiedliche Standpunkte und Ziele der beteiligten Gruppen so zu verknüpfen, dass eine gemeinsam getragene Lösung entsteht.

Mediation gilt nach vielen Erfahrungen vor allem in der Umweltpolitik als besonders erfolgreich.

Folgende Bedingungen kennzeichnen eine ideale Mediation:

- Alle Teilnehmer streben Konsens an.
- Die Vertreter*innen der beteiligten Bezugsgruppen erkennen gegenseitig ihre Legitimität im Verfahren an.
- Sie erkennen eine gleiche Machtverteilung an – vorhandene Unterschiede können sich annähern.
- Sie stimmen der Person des Mediators oder der Mediatorin zu, die in ihrer Aufgabe verfahrens- und ergebnisorientiert verfährt.
- Im Vordergrund steht grundsätzlich der zwischenmenschliche Dialog, nicht das geschriebene Wort.
- Repräsentant*innen aller relevanten Bezugsgruppen sollten teilnehmen, aber die Zahl sollte überschaubar bleiben.
- Bezugsgruppen beziehungsweise Meinungsführer*innen werden frühestmöglich eingebunden, um den Teilnehmer*innen Verantwortung zu übertragen.
- Alle Beteiligten sind ausführlich informiert.
- Die Bezugsgruppen sollten Alternativlösungen vorschlagen, um zu konstruktiver Kritik angeregt zu sein.
- Die Repräsentant*innen der Bezugsgruppen sind kompetent genug, um eine Entscheidung im Verfahren finden und die Beschlüsse später durchzusetzen.
- Die Beschlüsse sind verbindlich und nachvollziehbar.
- Es ist ein Zeitrahmen für die Umsetzung gesetzt.

10.5.1 Gewaltfreie Kommunikation

Um Ihr Gegenüber besser zu verstehen und um gezielt kommunizieren zu können, eignet sich die Gewaltfreie Kommunikation. Das Konzept der Gewaltfreien Kommunikation (GFK) stammt von Marshall B. Rosenberg (2016). Er versteht GFK als Methode, das zwischenmenschliche Miteinander durch Empathie, also Einfühlung, zu verbessern. Kern: Gelungene Kommunikation und dauerhaft friedliche Beziehungen gelingen nur bei echtem empathischem Kontakt. In den Social Media ist Empathie gefragt, weil das Gegenüber oft unbekannt und unsichtbar ist, aber über die Vernetzung mit anderen User*innen erhebliche Macht entwickeln kann.

Die GKV vollzieht sich in vier Schritten:

1. Beobachtung (ohne Bewertung und Deutung),
2. Gefühl (ohne Vorwurf),
3. Bedürfnis (was ich brauche),
4. Bitte (konkret, handlungsorientiert).

Diese vier Schritte sind in zwei Richtungen möglich:

1. Auf sich selbst bezogen (Selbsteinfühlung – Selbstklärung),
2. auf die andere Person bezogen: Einfühlung in andere (gefühlte Vermutung).

Beobachtung bedeutet, eine konkrete Handlung (oder Unterlassung) zu beschreiben, ohne sie zu interpretieren oder zu bewerten. Wichtig: Wenn jemand Beobachtung und Bewertung vermischt, hört der bzw. die andere Kritik und Beschuldigung heraus.

▶ Es kommt also darauf an, die Bewertung von der Beobachtung zu trennen und Neutralität zu wahren.

Die Beobachtung löst beim Betrachtenden ein Gefühl aus, das im Körper wahrnehmbar ist und mit mehreren oder einem Motiv in Verbindung steht, wie zum Beispiel Sicherheit, Verständnis, Liebe. Aus dem Motiv geht die Bitte um eine konkrete Handlung hervor. Um sie möglichst erfüllbar zu machen, lassen sich Bitten und Wünsche unterscheiden: Bitten beziehen sich auf Handlungen im Jetzt. Sie sind leichter zu erfüllen als Wünsche und haben deshalb mehr Chancen auf Erfolg. Rosenberg schlägt vor, Bitten in einer positiven Handlungssprache zu formulieren – sprich, zu sagen, was man will, statt was man nicht will. Wünsche sind allgemeiner, sie beziehen sich auf Zustände („sei anständig") oder auf Ereignisse in der Zukunft. Die GWK ermöglicht, die eigene Position und die der anderen in konkrete Sprache zu fassen und Wünsche zu formulieren.

▶ **Beispiele aus Social Media**
- **Beobachtung/Sachverhalt:** In einem Blog werden mehrmals Anschuldigungen erhoben, die nicht den Fakten entsprechen.
- **Gefühl** des Wissenschaftlers oder der Wissenschaftlerin: verärgert, genervt.
- **Bedürfnis:** Wahrheit und Fairness.
- **Bitte:** „Können Sie mir jetzt sagen, was wir ändern müssten, um solche Anschuldigungen in Zukunft zu vermeiden?"

10.5.2 Statement

Mitunter werden Sie aufgefordert, ein persönliches Statement abzugeben. Aufgrund der Arbeitsweise der Medien steht Ihnen meist nur ein Zeitfenster von 20 Sekunden für das gesprochene Wort zur Verfügung und drei bis fünf Sätze für ein schriftliches Statement. Zur Formulierung eignet sich hervorragend der Fünfer-Satz aus der Rhetorik:

1. **Grundposition:** Formulieren Sie möglichst in einem Satz Ihre Position. Dies zeigt den Zuschauer*innen, wo Sie stehen.
2. **Kernbotschaft:** Begründen Sie Ihre Position.

3. **Kernbotschaft:** Verstärken Sie Ihre Argumentation.
4. **Kernbotschaft:** Optimieren Sie Ihre Argumentation.
5. **Appell:** Im abschließenden Appell richten Sie sich an Personen und bitten Sie um konkretes Handeln: „Deshalb bitte ich die Bevölkerung/den Forschungsminister/die -ministerin …".

> **Folgende Tipps**
> - Bilden Sie kurze Sätze von neun bis zwölf Wörtern, das gibt Prägnanz. Ihr akustisches Statement sollte eher nur neun Wörter pro Satz haben.
> - Leiten Sie Ihre Begründungen mit dem Hinweis ein: „Hier nur drei Beispiele" oder „Lassen Sie mich die drei wichtigsten Gründe nennen", damit diese Zahl in Erinnerung bleibt.
> - Richten Sie den Appell an eine konkrete Person oder Personengruppe, sonst fühlt sich niemand angesprochen (also nicht: „…deshalb muss die Politik…").

10.5.3 Zehn Antworttechniken

„Haben Sie schon einmal gelogen?" Was antworten Sie auf diese Frage? Mitunter gibt es Situationen, in denen Ihr Gegenüber Sie provoziert, unterbricht oder das Tempo anzieht. Was können Sie in diesen Fällen machen? Die schlechte Nachricht: Es gibt zehn Techniken, die das Gegenüber unsicher machen oder sogar aus der Bahn werfen sollen (Tab. 10.3). Die gute Nachricht ist: Es gibt zehn, Sie können sich also gezielt darauf vorbereiten.

Grob gesagt, haben alle Störungen die Aufgabe, Ihnen die Kontrolle über das Gespräch in Inhalt und Form abzunehmen. Sie legen dies offen und nehmen die Kontrolle wieder an sich.

Hier weitere Tipps für den Umgang mit Kommunikationsstörungen:

- **Akzeptieren und befriedigen Sie das Recht der Beteiligten auf Information.** Damit stärken Sie das Vertrauen und tragen zur sachlichen Berichterstattung bei.
- **Profilieren Sie sich als wichtige Informationsquelle:** Sie sind eine der wichtigsten Informationsquellen für Ihre Bezugsgruppen. Dies eröffnet Ihnen die Chance, sich an der Kommunikation maßgeblich zu beteiligen. Geben Sie die Kontrolle aus den Händen – ob freiwillig, aus Arroganz oder mangelnder Planung –, entstehen Halbwahrheiten, Irrtümer, Spekulationen, Vermutungen, Agitation oder falsche Behauptungen. Je professioneller und glaubwürdiger Sie sind, desto stärker werden Sie einbezogen; je weniger Sie offen, ausreichend und glaubwürdig informieren, desto stärker werden andere Beteiligte die Kommunikation bestimmen.
- **Informationen offen geben:** Informieren Sie nur unter Druck, entstehen Zweifel an Ihrer Glaubwürdigkeit. Gelangen Informationen zu spät, zufällig oder ungewollt

Tab. 10.3 Umgang in schwierigen Gesprächen

Störung	Reaktion
Unterbrechung: Interviewer*in fällt dauernd ins Wort	1. Stufe: Auf die Unterbrechung freundlich und ruhig hinweisen: „Herr XXX, bitte lassen Sie mich meinen Gedanken zu Ende bringen – der ist mir sehr wichtig!" 2. Stufe: Mit Nachdruck auf die Unterbrechung eingehen: „Frau YYY, ich möchte doch gerne antworten, wenn Sie mich fragen. Das geht aber nur, wenn Sie mich auch lassen! Darf ich jetzt?" Weitere Möglichkeit: „Halt! Ich war nicht fertig! Wir sollten uns gegenseitig ausreden lassen! Dies ist für mich ein sehr wichtiger Punkt: Ich möchte diesen Punkt unbedingt ganz klar und deutlich herausstellen!" Greifen Sie den Punkt beharrlich so oft auf, bis Sie ihn geklärt haben
Bündel von unterschiedlichen Vorwürfen	Nicht nur einen Punkt herausgreifen, weil dann die anderen Punkte unkommentiert stehen bleiben. Stattdessen in einem Satz alles bewerten und durch einen Block eine gute Voraussetzung für die Gegenargumentation schaffen: „Sie zeichnen da ein völlig falsches Bild. Zuerst möchte ich klarstellen…"
Zunehmendes Tempo durch Interviewer	Nicht darauf eingehen. Stattdessen selbst das Tempo vorgeben: „Bitte lassen Sie mich meinen Gedanken in Ruhe zu Ende bringen, denn er ist mir wichtig." „Halt! Nicht so schnell! Da geht doch das Wichtigste verloren! Ihre Frage ist wichtig, und ich möchte sehr sorgfältig antworten …"
Unterstellung mit Folgefrage: Interviewer*in stellt falsche Behauptungen auf und schließt dann eine Frage an	Nicht sofort die Frage beantworten. Stattdessen sofort die Unterstellung aufgreifen: Frage: „Die Öffentlichkeit lehnt Ihre Forschung doch konsequent ab. Warum haben Sie diese nicht schon längst eingestellt?" Antwort: „Bevor ich auf Ihre Frage eingehe, möchte ich Sie bitten, Ihre Bemerkung zu wiederholen." Danach können Sie mit der GfK vorgehen
Interviewer*in schließt an die Antworten abfällige Kommentare an	„Bitte sagen Sie mir: Was meinen Sie mit dieser Bemerkung?"
Sprünge zwischen Sach- und Beziehungsebene	Entweder auf der gleichen Ebene antworten und dortbleiben oder auf die Sachebene gehen: Frage „Kann man Ihnen das glauben?" Antwort 1: „Ja, das können Sie! Ich rede mit vielen Menschen und mache die Erfahrung, dass die Leute mir abnehmen, was ich sage." Weitere Möglichkeit: Antwort 2: „Das möchte ich unsere Zuschauer*innen entscheiden lassen. Ich möchte jetzt an einem konkreten Beispiel zeigen, dass sich niemand um seine xxx sorgen muss …"

(Fortsetzung)

10.5 Bewältigung von Störungen

Tab. 10.3 (Fortsetzung)

Störung	Reaktion
Ja-Nein-Fragen	Frage: „Sind Ihre Forschungseinrichtungen sicher?" Antwort: „Die Antwort gibt die Praxis. Wir hatten sieben Jahre lang keinen ernsthaften Unfall. Das ist ein gutes Ergebnis."
Ignorieren: Interviewer*in ignoriert die Antwort, die man gerade gegeben hat	Sofort und energisch auf die bereits gegebene Antwort hinweisen „Halt! (Was soll das?) Ich habe eben sehr klar gesagt …"
Versuchsballon: Interviewer*in erweckt den Anschein, etwas zu wissen	Nicht mehr Informationen geben, als der Interviewer bzw. die Interviewerin genannt hat. Stattdessen Grundsatzposition aufzeigen: „Wir haben solche Probleme selten gehabt. Das lässt sich auch bei allergrößter Sorgfalt leider nicht ganz verhindern. Wichtig ist nur, dass man sofort reagiert, wenn unerwartet Nebenwirkungen auftreten. Und das haben wir getan."
Scheinzusammenhang: Interviewer*in stellt einen Zusammenhang zwischen zwei Fakten her, ohne dass diese zusammengehören	Scheinzusammenhang auflösen! Frage: „Warum üben Sie das Diskutieren. Ist es nicht besser, ganz einfach klar und deutlich die Wahrheit zu sagen?" Antwort: „Das sind zwei Fragen, die nichts miteinander zu tun haben! Die Wahrheit zu sagen, ist für uns selbstverständlich! Wir üben die Diskussion mit der Öffentlichkeit, damit wir den Leuten unsere komplizierte Technik noch besser erklären können!"

an die Öffentlichkeit, kann Vertrauen verloren gehen. Auch schlechte Nachrichten sollten Sie schnell und präzise veröffentlichen. Nutzen Sie die Chance, diese zu erläutern. Wollen Sie zwar schnell und aktiv informieren, aber haben nicht genügend Informationen, sollte Sie dies den Journalist*innen sagen: Informationen sollten mit dem Vorbehalt an die Medien gegeben werden, dass sie dem „derzeitigen Stand der Erkenntnisse" entsprechen. Gibt es neue Informationen, können Sie diese nachreichen beziehungsweise korrigieren.

- **Sie müssen nicht zu allen Fragen Stellung beziehen:** Fragen zu geheimen Forschungsmethoden, Patenten oder ähnlichem können Sie mit einem entsprechenden Hinweis verweigern. Rechnen Sie aber damit, dass Ihnen dies als „Geheimniskrämerei" ausgelegt werden kann.
- **Besetzen Sie Begriffe:** Das Besetzen von Begriffen ist wichtig. Haben Sie einen Begriff etabliert, kann er kaum noch ersetzt oder verdrängt werden.
- **Informieren Sie ernsthaft:** Misstrauen schafft, wenn Sie Fragen der Journalist*innen überhaupt nicht oder nur scheinbar beantworten, von der Frage ablenken oder keine konkreten Antworten geben. Die Floskel „kein Kommentar" wirkt wie ein Schuldeingeständnis und Arroganz. Wenn Sie eine Frage nicht beantworten können, sollten Sie die Gründe nennen und erläutern. Sichern Sie zu, die Antwort nachzuliefern.

- **Sachverhalte nicht verschleiern:** Journalist*innen haben schon immer das herausbekommen, was sie wissen wollten – das ist gut so.
- **Spekulieren Sie nicht:** Voreilige Aussagen können Ihre Rechtsposition beeinflussen.
- **Kernbotschaften wiederholen:** Wiederholen Sie wichtige Botschaften mehrfach. Unterstreichen Sie dies durch angemessene Körpersprache, damit zentrale Kommunikationsinhalte stark und stimmig sind.
- **Kernbotschaften schriftlich festhalten:** Halten Sie wichtige Botschaften schriftlich fest und erläutern Sie komplizierte Sachverhalten auch schriftlich. Die Journalist*innen können dies nachlesen und originalgetreu zitieren.

10.6 Wichtigste Botschaften

- Im Rahmen des Selbstmarketing können Wissenschaftler*innen in Situationen kommen, in denen Konflikte entstehen oder die Kommunikation gestört werden kann.
- Die Problembewältigung besteht aus Vorbeugung, Vorbereitung, Bewältigung und Nachbereitung.
- Störungen sollten Sie möglichst sofort klären, da sich sonst tief greifende Probleme ergeben können. Motto: Beziehungsebene vor Sachebene.
- Wichtig ist, die Interessen des Gegenübers kennenzulernen und diese in der eigenen Kommunikation aufzunehmen.
- Anhand der Gewaltfreien Kommunikation können Sie diesen Interessengegensatz diskutieren.
- Beachten Sie auch, dass bei starken Konflikten die Gefühle der Beteiligten zunehmen. Greifen Sie auch dies auf, zum Beispiel im Statement und in Ihrer Gewaltfreien Kommunikation.

10.7 Aufgaben

- Welche Interessenkonflikte und Störungen können bei Ihnen auftreten?
- Entwickeln Sie einen Handlungsplan, wie Sie solche Konflikte vermeiden, wie Sie sich vorbereiten, den Konflikt bewältigen und wie Sie sicherstellen, dass Sie aus Erfahrungen lernen.

Buchtipp
Zur Vertiefung empfehlen wir Ihnen den www.krisennavigator.de von Frank Roselieb (Krisennavigator, 2021).

Das Konzept für Ihr Selbstmarketing 11

> **Zusammenfassung**
>
> Dieses Kapitel stellt vor, welche Bedeutung das Konzept für das Selbstmarketing hat und aus welchen Teilen es besteht. Sie erfahren, wie Sie bei der systematischen und langfristigen Planung Ihres Selbstmarketing vorgehen sollten.

11.1 Bedeutung

Selbstmarketing ist ein systematischer und langfristiger Prozess. Ihr systematisches Vorgehen legen Sie in einem Konzept fest. Dieser ist quasi Ihr „Drehbuch". Dieses Konzept gibt Ihnen Klarheit über Ihr Vorgehen.

Solide Planung bedeutet konkret:

- **Vorausschauendes Denken,** um die Zukunft möglichst weit im eigenen Sinn zu gestalten (zum Beispiel mithilfe der Szenario-Technik),
- **Festlegen des Ziels,** also des angestrebten Zustands,
- Ableiten und Entscheidung von **langfristigen Verhaltensplänen** (Strategien),
- **Koordination der Entscheidungen** für deren bestmögliches Zusammenspiel mit anderen, die an der Erreichung Ihrer Ziele beteiligt sind,
- **schriftliches Festlegen dieses Vorgehens in einem Konzept,** damit dies für Sie verbindlich wird und Sie nachlesen können.

Konkret legt Ihr Konzept für Selbstmarketing fest,

- welche Bezugsgruppen für Sie wichtig sind, damit Sie Ihre Ziele erreichen können,
- welche Ziele Sie bei diesen Bezugsgruppen erreichen möchten,
- mit welchen Strategien sowie Mitteln und Maßnahmen Sie Ihre Ziele erreichen möchten,
- wie Sie das Erreichen dieser Ziele steuern und kontrollieren,
- wie Sie Ihre eigenen Ressourcen sinnvoll einsetzen.

Sie blicken auch in die Zukunft, um diese möglichst aktiv zu gestalten.

11.2 Die vier Schritte der Planung

Geordnete Planung besteht aus vier Schritten, die systematisch aufeinander aufbauen:

Aufbau des Konzeptes
- In der **Analyse** decken Sie auf Grundlage zuverlässiger Informationen relevante Stärken und Schwächen auf: Für welche Persönlichkeit stehen Sie? Für welche Leistung? Honorieren Ihre Bezugsgruppen dies? Vermitteln Sie Ihre Persönlichkeit und Ihre Leistung auf angemessene Weise? Entwickeln sich Bekanntheit, Wissen, Meinungen und Bereitschaften wie geplant? Ziele der Analyse sind zum einen, dass Sie ein klares Bild Ihrer Ausgangssituation haben; zum anderen haben Sie formuliert, was genau jetzt zu tun ist (Handlungsbedarf).
- In der **Planung** legen Sie fest, was Sie erreichen wollen und wie. Hierzu formulieren Sie Ziele für Bekanntheit und Image, sie entwickeln Strategien mit dem bestmöglichen Weg zur Zielerreichung sowie geeignete Maßnahmen.
- In der **Kreation/Gestaltung** entwickeln Sie wirkungsvolle Text-, Bild- und Aktionsideen, die Ihre Markenpersönlichkeit angemessen transportieren.
- Mit der **Kontrolle** stellen Sie sicher, dass Sie ihre Ziele erreichen.

Die vier Phasen beeinflussen sich gegenseitig (Abb. 11.1): Im Planungszeitraum von drei bis fünf Jahren wird sich Ihre Situation derart ändern, dass Sie die Prozesse kontinuierlich bewerten und anpassen müssen. Erst nach drei Jahren zu prüfen, ob Sie Ihre Ziele erreicht haben, reicht nicht aus.

Abb. 11.1 Die vier Schritte des Prozesses

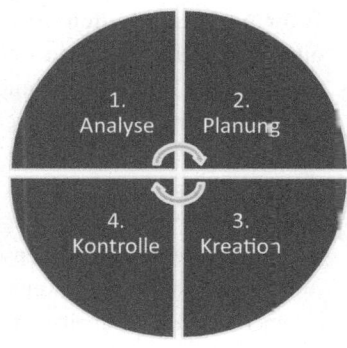

11.3 Analyse

Im ersten Schritt ergründen Sie sorgfältig Ihre Ausgangssituation: Stellen Sie fest, was bisher gut und was schlecht läuft. Prüfen Sie, was künftig auf Sie zukommt, damit Sie diese Entwicklungen zu Ihren Gunsten nutzen. Bestimmen Sie schließlich, was genau Sie zu tun haben. Methodisch besteht die Analyse aus den drei aufeinander folgenden Schritten:

1. Sammeln von Daten, die für die Einschätzung Ihrer Situation relevant sind;
2. Bewertung dieser Daten nach Stärken und Schwächen, Chancen und Risiken;
3. Ableitung von Aufgaben (Handlungsbedarf).

11.3.1 Sammeln von Informationen

Sammeln Sie sorgfältig Informationen, um sich ein klares Bild Ihrer Situation zu machen. Hier einige Anhaltspunkte:

- **Profil:** Welche Ziele verfolgen Sie als Wissenschaftler*in? Wie positionieren Sie sich derzeit im akademischen Umfeld? Welche Ziele sprechen Sie an? Was charakterisiert Ihr Erscheinungsbild?
- **Erlebnisversprechen:** Haben Sie ein Erlebnisversprechen formuliert (alternativ: Leitbild, Vision)? Leben Sie es?
- **Positionierung:** Ist sie angemessen, um sich im akademischen Umfeld zu profilieren?
- **Vermittlung:** Nutzen Sie Ihr Äußeres, Ihre Kommunikation und Ihr Verhalten optimal, um Ihre Persönlichkeit zu präsentieren? Ist Ihr Erscheinungsbild widerspruchsfrei? Vermittelt es Ihr Erlebnisversprechen?
- **Bekanntheit, Wissen, Meinungen und Bereitschaften:** Wie bekannt sind Sie im Vergleich zu anderen Wissenschaftler*innen? Stimmen Ihre Außendarstellung und Ihr Erlebnisversprechen überein? Welche Nischen ergeben sich für Sie?

- **Informationsverhalten und Mediennutzung Ihrer Bezugsgruppen:** Versuchen Sie auch herauszufinden, wie sich Ihre Bezugsgruppen informieren, welche Kanäle und welche Mittel und Maßnahmen sie nutzen. Diese Erkenntnisse sind essenziell, wenn es darum geht, wie Ihre Botschaften an Ihre Bezugsgruppen gelangen.

▶ **Praxistipps**
Beziehen Sie Ihr Umfeld in Ihre Analyse ein, zum Beispiel Kolleg*innen, Vorgesetzte, andere Wissenschaftler*innen, Familie.

Was machen Sie, wenn Ihnen keine Erkenntnisse vorliegen, zum Beispiel über Ihre Bekanntheit und Ihr Image? Stellen Sie Vermutungen an und planen weiter auf dieser Grundlage. Verfolgen Sie aufmerksam die weitere Entwicklung und schreiten Sie ein, wenn Sie die Annahmen korrigieren sollten.

11.3.2 Bewertung

Bewerten Sie die gesammelten Informationen nach Ihren gegenwärtigen Stärken und Schwächen sowie nach Ihren künftigen Chancen und Risiken: Worin sind Sie gut? Welche positiven Aspekte können Sie nutzen? Was sollten Sie weiterführen, weil es gut läuft? Was muss besser werden? Was kommt auf Sie zu, das Sie berücksichtigen? Sprachkenntnisse? Methodenkenntnisse? Fachkenntnisse? Prüfen Sie, was an Positivem und Negativem auf Sie zukommt.

- **Beispiele für Stärken:** Sie sind ausreichend in der Bezugsgruppe bekannt, zum Beispiel bei potenziellen Geldgebern. Sie haben ein klares Profil. Ihre Bezugsgruppen meinen, dass Ihre Leistung einzigartig ist. Ihre Kolleg*innen sind stolz, mit Ihnen zu arbeiten, und unterstützen Sie tatkräftig.
- **Beispiele für Schwächen:** Sie sind im Vergleich zu anderen Wissenschaftler*innen in einer Bezugsgruppe nicht ausreichend bekannt. Sie gehören nicht zum engen Kreis jener Menschen, die für eine Entscheidung infrage kommen. Ihre Bezugsgruppen sind unzureichend über Ihre Leistung informiert. Sie haben eine schlechte Meinung über sie. Man kann sie nicht ausreichend von anderen Forscher*innen auf Ihrem Gebiet unterscheiden.
- **Beispiele für Chancen:** Ihre Kompetenz wird auch weiterhin bedeutend sein. Der Kreis jener Menschen, die Ihre Leistung in Anspruch nehmen könnte, nimmt zu. Ihre Leistung spricht Motive und Ziele von Menschen an, die künftig wichtiger werden wie Sinngebung, Wohlfühlen, Ausgleich.
- **Beispiele für Risiken:** Neue Wissenschaftler*innen treten auf. Neue Forscher*innen aus aller Welt streiten mit Ihnen um Forschungsgelder.

Prüfen Sie, ob und welche Konsequenzen solche Entwicklungen für Ihr Selbstmarketing haben könnten.

▶ **Praxistipps**
- Stärken, Schwächen, Chancen und Risiken decken Sie vollständig auf. Fehlt eine große Schwäche, kann sich dies gravierend auswirken.
- Stärken und Schwächen erkennen Sie sprachlich daran, dass Sie einen Punkt beschreiben, der in der Gegenwart liegt („… ist …"). Chancen und Risiken beschreiben Prozesse in der Zukunft („Die emotionale Ansprache der Bezugsgruppen wird künftig noch wichtiger", „Die Größe der Bezugsgruppe bleibt konstant").
- Je genauer Sie Schwächen formulieren, desto genauer können Sie das Problem lösen. Formulierungen wie „Bin kaum bekannt" sind ungenau, denn sie ermöglichen keine angemessene Maßnahmenplanung – oder könnten Sie sagen, wie viel Sie genau tun müssten, um dies zu ändern, und wann genau Sie dies erreicht hätten? Genauer ist: „Bei den zehn wichtigsten Wissenschaftsjournalist*innen bin ich nicht bekannt.", „Im Vergleich zur Konkurrenz bin ich um die Größe x bei den Bezugsgruppen zu wenig bekannt." Diese Formulierung ermöglicht Ihnen, konkrete Aufgaben, genaue Ziele und angemessene Maßnahmen abzuleiten.
- Das Ergebnis Ihrer Bewertung ist eine lange Liste, die Sie nur schwer im Auge behalten können. Sinnvoll ist aufgrund begrenzter Mittel fast immer, die Einzelpunkte nach ihrem Beitrag zur Steigerung Ihres Wertes zu gewichten, damit Sie keine Ressourcen in Unwichtiges stecken. Die Gewichtung erfolgt nach den beiden Eigenschaften wichtig und eilig.

11.3.3 Aufgabe

Das Ergebnis Ihrer Analyse ist das Ableiten von Aufgaben für Ihr Selbstmarketing: Welche Schwächen müssen Sie beseitigen? Welche Stärken können Sie nutzen? Welche Chancen eröffnen sich Ihnen? Auf welche Risiken müssen Sie sich vorbereiten? Die Stärken helfen, die Schwächen zu überwinden. Dies klingt selbstverständlich, doch in der Praxis konzentrieren sich die Verantwortlichen häufig nur auf ihre Schwächen, ohne ihre Stärken gezielt und kraftvoll zu nutzen. Konkrete Aufgaben könnten sein:

- Sie müssen Ihre Bezugsgruppen über eine konkrete Leistung informieren.
- Sie müssen sich von anderen Wissenschaftler*innen deutlicher unterscheiden.
- Sie müssen Teil jener Personen werden, die durch starke gedankliche Präsenz für eine Entscheidung infrage kommen.

Mit dem Formulieren der Aufgabe ist die Analyse zu Ende: Der Handlungsbedarf ist formuliert. Dieser dient dazu, Ihre einzigartige Position in den Köpfen Ihrer Bezugsgruppen aufzubauen, die zukunftsfähig ist (siehe Tab. 12.19 im Anhang).

11.4 Planung

Die Planung besteht aus dem stimmigen Gesamtplan, wie Sie die Aufgaben Ihres Selbstmarketing lösen. Die Qualität dieses Plans können Sie durch die Frage prüfen, warum gerade dieses Vorgehen Ihre Aufgaben am besten löst – und kein anderes.

▶ Ihr Plan ist zwangsläufig und nicht beliebig. Warum ist Ihre Planung die Beste?

Der Plan für Ihr Selbstmarketing besteht aus drei Kernelementen:

1. **Was:** Welche Ziele wollen Sie erreichen?
2. **Wie:** Wie müssen Sie sich grundsätzlich verhalten, um an diese Ziele zu gelangen (Strategien)?
3. **Womit:** Mit welchen Mitteln und Maßnahmen können Sie diese Ziele erreichen?

Aus diesen drei Bausteinen leiten Sie Ihre Entscheidungen ab – die Entscheidungen sind darauf gerichtet, dieses Lösungskonzept kraftvoll umzusetzen (s. Abb. 11.2).

11.4.1 Ziele

Ihre Ziele geben an, was Sie bis wann erreichen wollen: Welche Bekanntheit wollen Sie konkret zu einem Zeitpunkt erzielt haben? Welches Wissen haben Sie aufgebaut? Welche Meinungen haben Ihre Bezugsgruppen über Sie entwickelt? Konkret bestehen Ziele aus drei Komponenten:

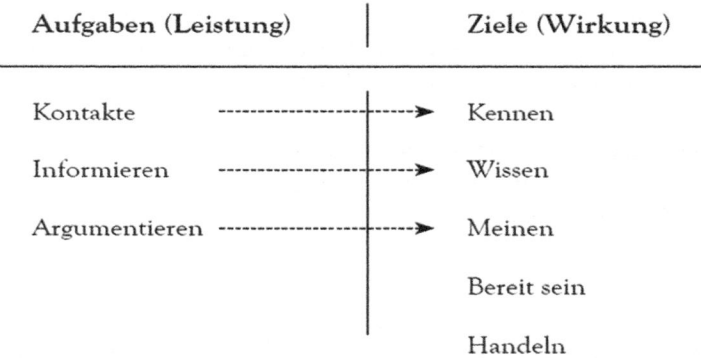

Abb. 11.2 Zusammenhang von Aufgaben und Zielen

11.4 Planung

1. **Was?** Der Inhalt sagt aus, welcher Zustand angestrebt wird.
2. **Wie viel?** Das Ausmaß ist wichtig für die Intensität Ihrer Handlungen.
3. **Wann?** Der Zeitpunkt legt exakt fest, wann etwas erreicht sein soll.

Nur wenn Sie diese Kriterien formulieren, können Sie angemessene Mittel und Maßnahmen bestimmen.

▶ Je genauer Sie das Ziel formulieren, desto eher können Sie während und nach der Durchführung den Erfolg Ihres Selbstmarketing prüfen.

Einige Beispiele für Ziele:

- „In sechs Monaten bin ich bei allen zehn für mich wichtigen Wissenschaftsjournalist*innen bekannt."
- „In sechs Monaten ist allen meinen Kolleg*innen bekannt, dass ich einen Twitter-Account habe."
- „In zwei Monaten sind meine Geldgeber über mein Erlebnisversprechen informiert."
- „Die Geldgeber stimmen der Aussage zu, dass meine Arbeit wichtig und hilfreich ist."

▶ **Praxistipps**
- Unterscheiden Sie zwischen Aufgaben und Zielen: Oft werden nur Aufgaben formuliert, wie etwa „Bekanntheit steigern" und „Image verbessern". Welche Entscheidungen sollen Sie aus solchen Vorgaben ableiten? Wo werden Sie in einem Jahr stehen? Wo in drei Jahren?
- Nicht alle Ziele sind gleich wichtig: Einige Ziele müssen Sie schnell erreichen, andere erst nach längerer Zeit. Hilfreich kann es daher sein, Oberziele und Unterziele zu bilden.

11.4.2 Strategien

Die Strategie legt die Stoßrichtung Ihres Verhaltens fest. Es sind jene Erfolgsfaktoren, mit denen Sie Ihre Ziele möglichst optimal erreichen – also wenig Zeit, wenig Energie, wenig Geld. Strategien können Sie auch vergleichen mit dem Muster, das Ihren Entscheidungen zugrunde liegt. Die erforderlichen Einzelschritte und Maßnahmen stellen die Taktik dar. Manche vergleichen die Strategie mit einem Dach, unter dem sich die Einzelschritte befinden. Ein anderes Bild der Strategie ist das einer Leitplanke, die einen Autofahrer in der richtigen Spur hält.

Die Praxis zeigt, dass es im Rahmen der richtigen Strategie wahrscheinlicher ist, mit einer nur mittelmäßig umgesetzten gewöhnlichen Idee Erfolg zu haben, als mit einer gut umgesetzten außergewöhnlichen Idee im Rahmen der falschen Strategie.

▶ Hinter einer guten Kampagne steht also immer eine gute Strategie.

Wichtige Strategien sind:

- **Positionierungsstrategie:** Was macht mich einzigartig? Ist es die Leistung? Sind es meine Beziehungen (Kap. 4)?
- **Argumentationsstrategie:** Mit welchen Botschaften will ich überzeugen? Hierfür können Sie Ihr Erlebnisversprechen nutzen (Abschn. 2.8).
- **Kanalstrategie:** Über welche Kanäle will ich meine Bezugsgruppen ansprechen? Also durch persönliche Kommunikation, Printkommunikation oder digitale Kommunikation? Oder alles gemeinsam (Abschn. 7.2)?
- **Reichweite:** Wollen Sie alle erreichen oder nur ein kleines Segment (Innovatoren)? Die wichtigsten Journalist*innen oder einen größeren Kreis? Nur Geldgeber für ein bestimmtes Thema oder darüber hinaus?

Zentrale Strategien für Ihr Selbstmarketing sind zum Beispiel Entscheidungen über Ihr Selbstverständnis:

- **Sie kommunizieren Ihr Selbstverständnis:** Ihre Analyse hat gezeigt, dass Ihre Bezugsgruppen ein diffuses Vorstellungsbild von Ihnen haben. Die Strategie ist daher vor allem darauf gerichtet, Ihren Bezugsgruppen Ihre Persönlichkeit, Ihre Leistung und Ihr Erlebnisversprechen zu vermitteln.
- **Sie korrigieren Ihr Selbstverständnis:** Diese Strategie sollten Sie wählen, wenn Ihre Person und Ihre Leistung grundsätzlich nicht auf Interesse oder Bedarf bei den Bezugsgruppen stoßen.
- **Sie ändern die Wahrnehmung Ihrer Bezugsgruppen:** Sie versuchen, die Wahrnehmung und Erwartungen Ihrer Bezugsgruppen zu ändern, um diese näher an die eigene Position zu führen. Motto: Bisher haben Sie bestimmte Erwartungen an einen Wissenschaftler oder eine Wissenschaftlerin gehabt. Ich zeige Ihnen, warum es besser ist, andere Erwartungen zu haben. Diese Ziele werden Sie nur schwer erreichen, wenn Sie die tiefsitzende Grundhaltung (Einstellung) ändern wollen.

Hier weitere Grundsatzstrategien im Selbstmarketing:

- **Segmentierungsstrategie:** Bedienen Sie einen Massenmarkt (alle Hochschulen oder Forschungseinrichtungen) oder richten Sie sich an ein kleines Segment (Innovatoren)?
- **Gebietsstrategie:** Dies beschreibt Ihren Wirkungskreis. Sie können lokal beginnen, nach drei bis fünf Jahren regional werden und vielleicht in zehn Jahren national oder gar international sein.
- **Bekanntheitsstrategie:** Werden Sie langsam bekannt oder schnell?
- **Zeitstrategien:** Gehen Sie langsam und schrittweise vor oder schnell?

Strategien des Selbstmarketing gibt es viele. Mindestens so viele kann es geben, wie es Ziele gibt, weil die Strategien den grundsätzlichen Weg zum Ziel festlegen.

11.4.3 Mittel und Maßnahmen

Ihre Maßnahmen haben die Aufgabe, Sie bei den Bezugsgruppen bekannt zu machen und ein starkes und einzigartiges Image aufzubauen (Kap. 6). Für den Einsatz der Maßnahmen und Instrumente gibt es kein Patentrezept, aber viele Möglichkeiten. Hierin liegen zum einen der Reiz und zum anderen der Unterschied zu den anderen Forschenden. Ein gewisses unvermeidliches Risiko durch die Unvorhersehbarkeit der Wirkung haben Sie durch Ihre gute Vorarbeit in der Analyse minimiert.

Die Instrumente Ihres Selbstmarketing sind Ihr Äußeres, Ihre Kommunikation und Ihr Verhalten. Diese Instrumente sind aus der übergeordneten Strategie abgeleitet. Die Instrumente haben die Aufgabe, Sie bei den Bezugsgruppen bekannt zu machen und ein klares, einzigartiges Vorstellungsbild aufzubauen (Kap. 6).

In Kap. 7 finden Sie die ausführliche Schreibung von Mittel und Maßnahmen im Selbstmarketing.

11.4.4 Weitere Planungselemente

Neben den drei Kernelementen Ziele, Strategien und Instrumente sind auch der solide Zeitplan und die sorgfältige und langfristige Budgetplanung für Ihr Selbstmarketing unerlässlich (vgl. Tab. 12.20 im Anhang):

- **Zeitplan:** Der Zeitplan hält den Gesamtablauf sowie Einzelschritte, Maßnahmen, Termine und Zuständigkeiten fest. Dies dient dazu, Instrumente und Maßnahmen zu koordinieren und zu kontrollieren.
- **Budget:** Aus der Planung leiten Sie die Kosten für Ihr Selbstmarketing ab. Dies ermöglicht Ihnen zum einen den Überblick über die Kosten; zum anderen ist es möglich, Maßnahmen zu kürzen oder hinzuzufügen.

11.5 Kreation

In der Kreation gestalten Sie Texte, Bilder und Aktionen entsprechend Ihren Bezugsgruppen. Wie also sollten diese konkret aussehen, damit Sie Ihre Ziele erreichen: Welche Anforderungen gibt es an die Texte? Welche Formulierungen verwenden Sie? Wie lauten die Überschriften, wie die Lauftexte? Welche Anforderungen gibt es an die Bilder? Welche Motive zeigen Sie? Sind die Motive einzigartig? Greifen Sie auf Gedächtnisinhalte der Bezugsgruppen zurück? Aktivieren Sie diese? Welche Anforderungen gibt es an Aktionen? Die Vorgaben sind ein klarer Orientierungsrahmen mit der Argumentationsgrundlinie etc., aber sie lassen dennoch ausreichend Raum für Kreativität.

Zu den allgemeinen Anforderungen an Texte und Bilder gehört, dass diese schnell erkannt und Ihnen eindeutig zugeordnet werden können. Ihre Bezugsgruppen können Sie hierdurch deutlich von anderen unterscheiden und finden dies gut. Folgende Voraussetzungen müssen hierfür geschaffen sein:

- **Aufmerksam machen:** Das Interesse vieler Bezugsgruppen lässt generell nach. Sie sollten daher durch die Kreation Aufmerksamkeit auslösen. Hierfür können Sie Gestaltungsprinzipien nutzen, wie die Abweichung vom Erwarteten.
- **Unterscheiden Sie sich:** Ein wirklich vermeidbarer Fehler in der Kreation sind austauschbare Motive. Achten Sie daher auf die einzigartige Gestaltung Ihrer Medien im Vergleich mit anderen Forschenden.
- **Knüpfen Sie an Gedächtnisinhalte an:** Sie sollten Ihre Bezugsgruppen nicht überfordern: Texte, Bilder und Aktionen sollten an Bekanntes anknüpfen, aber kleine Änderungen schaffen. Hilfreiche Sätze hierfür sind: „Anders, als Sie es kennen", „SO haben Sie das noch nie gesehen" oder einfach das Prinzip „Abweichen von der Norm".
- **Nutzen Sie die Kraft von Bildern und Geschichten:** Bilder aktivieren und wirken stark. Nutzen Sie diese Chance, indem Sie durch Ihre Texte innere Bilder entstehen lassen.

Insgesamt sollten Ihre Maßnahmen aufmerksamkeitsstark sein und bildhaft, um den Lese- und Wahrnehmungsgewohnheiten Rechnung zu tragen (siehe ausführlich auch Kap. 9).

Erstellen Sie eine Tabelle wie Tab. 12.21 im Anhang, in die Sie die gestalterischen Anforderungen an Ihre Mittel und Maßnahmen eintragen.

11.6 Kontrolle

Sie haben in Ihrer Planung Ziele gesetzt, die Sie in Ihrem Selbstmarketing erreichen möchten. Ob Ihnen dies gelingt und ob Sie immer auf dem richtigen Weg sind, können Sie steuern und kontrollieren. Für die Kontrolle unterscheiden Sie zum einen die Zeitpunkte der Kontrolle sowie die Methoden und Instrumente der Kontrolle.

11.6.1 Zeitpunkte

Mittel und Maßnahmen, zum Beispiel eine Mailaktion, können Sie vor, während und nach Ihren Aktionen kontrollieren – oder zu allen drei Zeitpunkten:

11.6 Kontrolle

- **Vorher:** Ein Pre-Test bewertet eine Maßnahme, bevor sie stattfindet. Zum Beispiel lassen Sie eine Mail noch einmal von einer unabhängigen Person bewerten. Wird sie verstanden? Kommt Ihre Botschaft an? Ist klar, wie die Angeschriebenen handeln sollen?
- **Laufend:** Sie bewerten das Selbstmarketing während der Durchführung. Wie sind die Reaktionen auf die Tweets bei Twitter? Auf das Video bei YouTube? Zum Beispiel achten Sie in den Gesprächen mit Ihren Bezugsgruppen darauf, ob sie wie geplant verlaufen. Haben Sie eine eigene Website geschaffen, können Sie die Qualität dieses Angebots prüfen lassen: Ist das Angebot übersichtlich? Können Informationen leicht gefunden werden? Transportiert die Website Ihr Anliegen und Ihre Persönlichkeit?
- **Nachträglich:** Sie können Ihre Maßnahmen nach der Durchführung prüfen: Sie bewerten, ob Sie Ihre Bezugsgruppen mit der Maßnahme erreicht haben, welche Informationen diese aufgenommen haben und wie sich dies auf die Meinung über sie ausgewirkt hat.

11.6.2 Kontrollinstrumente

Für die Kontrolle stehen Ihnen die Methoden und Instrumente der empirischen Sozialwissenschaften zur Verfügung, also

- Befragungen,
- Beobachtungen,
- Experimente.

Befragung
Die Befragung ist besonders beliebt und leicht durchzuführen. Sie können Ihre Bezugsgruppen persönlich, telefonisch oder schriftlich befragen. Die persönliche Befragung ermöglicht Ihnen, in die Tiefe zu gehen, während telefonische und schriftliche Befragungen meist stark standardisiert sind – Fragen und Antwortmöglichkeiten sind weitgehend vorgegeben. Befragungen können eher offen oder eher standardisiert sein:

- **Standardisierte Befragungen:** Sie fragen Menschen mit einem standardisierten Fragebogen. Der Vorteil ist: Da mögliche Antworten vorgegeben sind, können Sie die Angaben der Bezugsgruppen direkt vergleichen. Es gibt jedoch auch einen Nachteil: Der Katalog könnte Punkte nicht berücksichtigen, die für Sie aus Sicht der Bezugsgruppen wichtig sind.
- **Offene Befragungen:** Im persönlichen Interview setzen Sie den Befragten weniger Grenzen – ein Leitfaden über die Dimensionen Ihres Selbstmarketing lenkt Ihr Gespräch in die gewünschte Richtung, aber Sie geben keine Antworten vor.
- **Assoziationstests:** Sie geben Wörter vor und bitten die Befragten, schnell ihre Assoziationen mitzuteilen. Sie können auch den Anfang von Sätzen vorgeben und

bitten, dass die Befragten diesen Satz ergänzen: „Was fehlen würde, wenn es diese Wissenschaftlerin bzw. diesen Wissenschaftler nicht gäbe, wäre…", „Was diese Wissenschaftlerin bzw. diesen Wissenschaftler einzigartig macht, ist …"
- **Projektionsverfahren:** Projektionsverfahren bedeuten, dass Sie die befragte Person bitten, das Vorstellungsbild, das diese von Ihnen hat, auf etwas zu übertragen, zum Beispiel ein Tier: Also wenn diese Wissenschaftlerin bzw. diesen Wissenschaftler ein Tier wäre, welches Tier wäre dies. Welches Auto? Welche Heldin oder Held aus der Kindheit?

Beobachtung

Beobachtungen beziehen sich auf das konkrete Verhalten von Menschen. Dies könnte zum Beispiel die Reaktion des Publikums auf einer Veranstaltung sein, die Beobachtung des Verhaltens von Besucher*innen Ihrer Website oder das Verhalten von Journalist*innen beim Veröffentlichen von Artikeln über Sie.

Experiment

Im Experiment schaffen Sie eine künstliche Situation. Zum Beispiel bitten Sie die Befragten, eine Aufgabe auf Ihrer Website zu lösen und eine bestimmte Information zu finden. Die Befragten lösen die Aufgabe und sprechen hierbei laut ihre Beobachtungen, Empfindungen etc. aus. Ein anderes Experiment wäre, wenn Sie eine Versuchsperson aus mehreren Gestaltungsvorlagen (Flyer, Folien etc.) spontan eine Auswahl treffen lassen, um das beste Bildmotiv zu bestimmen.

Eine Checkliste dazu finden Sie im Anhang: Tab. 12.22.

11.7 Übersichten

11.7.1 Konzeption des Selbstmarketing

Sehr übersichtlich wird Ihr Plan für Ihr Selbstmarketing, wenn Sie sich eine Tabelle mit allen gezeigten Schritten anlegen (Tab. 12.23). Der Vorteil: Sie können genau überprüfen, ob Sie alle Schwächen beseitigen und alle Stärken nutzen werden. Andersherum können Sie alle Mittel und Maßnahmen daraufhin prüfen, welche Ziele Sie verfolgen.

11.7.2 Personality Canvas

Falls Sie mit einem Canvas arbeiten möchten, haben wir Ihnen eine Übersicht erstellt, Abb. 12.2 im Anhang.

11.8 Wichtigste Botschaften

- **Systematisch und langfristig:** Ihr Selbstmarketing sollte systematisch und langfristig geplant sein: Der Aufbau von Bekanntheit und Image ist ein Lernprozess, der dauert. Vertrauensvolle Beziehungen entstehen nicht von heute auf morgen, sondern sie müssen sich entwickeln und immer neu bewähren. Auch der sinnvolle Einsatz der eigenen Mittel setzt geordnetes Vorgehen voraus.
- **Vorgehen in vier Schritten:** Das systematische Vorgehen entspricht den in vielen Managementbereichen bekannten und bewährten vier Schritten: Analyse, Planung, Gestaltung und Kontrolle.
- Essenziell für das Selbstmarketing ist das **Setzen von Zielen.** Hierdurch werden Sie sich klar, was Sie überhaupt erreichen wollen und können. Und nur wenn Sie sich Ziele setzen, können Sie prüfen, ob Sie auf dem richtigen Weg sind bzw. ob Ihr Selbstmarketing erfolgreich war.
- **Strategien als Stoßrichtung:** Die Strategien legen Ihr Grundsatzverhalten fest. Dies ermöglicht Ihnen – den Leitplanken auf der Autobahn ähnlich – sich langfristig zu orientieren und Entscheidungen leichter und gezielter zu treffen.
- **Geringeres Risiko:** Ihr Konzept muss nicht zwangsläufig zum gewünschten Erfolg führen; doch es verringert das Risiko, dass Sie Ihre Mittel und Aktivitäten investieren, die an Ihren Zielen und Bezugsgruppen vorbeigehen. Zudem können Sie durch konzeptionelles Vorgehen frühzeitig Chancen und Risiken erkennen, die in den nächsten Jahren auf Sie zukommen und die Sie in Ihrem Selbstmarketing berücksichtigen können.

11.9 Aufgaben

- **Analyse:** Wie ist Ihre Ausgangssituation? Wie bekannt sind Sie bei Ihren Bezugsgruppen? Sind Sie bei diesen ausreichend gedanklich präsent, um im Fall einer Entscheidung spontan erinnert zu werden? Welches Wissen haben Ihre Bezugsgruppen über Sie? Was sollten sie wissen? Was wollen Sie wissen? Was meinen Ihre Bezugsgruppen über Sie? Stimmt dieses Urteil mit Ihren Wünschen und Zielen überein?
- **Planung:** Was planen Sie? Was streben Sie an, was sind Ihre Ziele? Welches Verhalten müssen Sie grundsätzlich zeigen, um zu diesen Zielen zu gelangen? Mit welchen Mitteln und Maßnahmen wollen und können Sie Ihre Ziele erreichen?
- **Kreation:** Welche Auswirkungen haben Ihre Bezugsgruppen auf die Gestaltung Ihrer Mittel und Maßnahmen? Welche Texte vermitteln Sie? Welche Bilder zeigen Sie von sich? Wie werden Aktionen genau ablaufen?
- **Kontrolle:** Wie steuern und kontrollieren Sie den Erfolg Ihrer Markenführung? Welche Zwischenschritte haben Sie sich gesetzt? Wann und wie wollen Sie messen, ob Sie die Zwischenziele und das endgültige Ziel erreicht haben?

- **Ressourcen:** Wie haben Sie Ihre Mittel zugeordnet? Worin werden Sie am meisten Zeit, Geld und Energie investieren?

Buchtipp

Zur Vertiefung empfehlen wir Ihnen das Buch „Das Kommunikationskonzept" von Klaus Schmidbauer und Oliver Jortzig (2017).

Anhang zur Selbstbeurteilung

12

> **Zusammenfassung**
>
> In diesem Kapitel haben Ihnen zahlreiche Checklisten und weitere Tools für Ihr Selbstmarketing zusammengestellt. Diese sollen Sie unterstützen, Ihre einzigartige Persönlichkeit als Wissenschaftler*in zu erkunden und durch wirkungsvolles Selbstmarketing zu vermitteln.

(Siehe Tab. 12.1 und Abb. 12.1).
(Siehe Tab. 12.2).
(Siehe Tab. 12.3).
(Siehe Tab. 12.4).
(Siehe Tab. 12.5).
(Siehe Tab. 12.6).
(Siehe Tab. 12.7).

Tab. 12.1 Belege für meine Kompetenzen (siehe Abschn. 2.2)

Kompetenzen	Belege

© Der/die Autor(en), exklusiv lizenziert durch Springer Fachmedien Wiesbaden GmbH, ein Teil von Springer Nature 2021
D. G. Adlmaier-Herbst und A. Mayer, *Selbstmarketing für Wissenschaftler*innen*,
https://doi.org/10.1007/978-3-658-33839-8_12

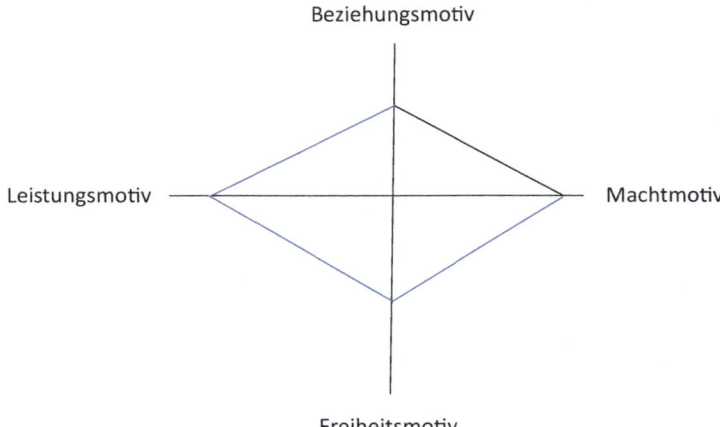

Abb. 12.1 Motivkreuz: Mit dieser Illustration können Sie den einzigartigen Mix Ihrer Persönlichkeit sichtbar machen (siehe Abschn. 2.3.1)

Tab. 12.2 Äußere Merkmale: Welche Charakteristika kennzeichnen Ihr Erscheinungsbild (siehe Abschn. 2.4)

Welche äußeren Merkmale kennzeichnen Sie? Welche machen Sie einzigartig?

Tab. 12.3 Kleidung und Symbole als Bestandteile Ihres Erscheinungsbildes (siehe Abschn. 2.4.2)

Welche Kleidung und Symbole verwenden Sie? Anhand welcher Kleidung und Symbole sind Sie erkennbar?

12 Anhang zur Selbstbeurteilung

Tab. 12.4 Orte können zur Erinnerung an Ihre Persönlichkeit beitragen (siehe Abschn. 2 4)

Wie nutzen Sie Orte für Ihr Selbstmarketing?

Tab. 12.5 Checkliste äußere Kennzeichen

Äußere Kennzeichen meiner Persönlichkeit		
Bereich	Beispiel	Meine Kennzeichen
Kleidung	Hut, Fliege, Stiefel, Turnschuhe	
Gesicht	Tattoo, Piercing, Haarschnitt, Leberfleck	
Körper	Piercing, Tattoo	
Schmuck	Ring, Kette	
Accessoires	Goldrandbrille, Lederhandtasche	
Geschenke	Mousepads, kleine Akkus	

Tab. 12.6 Ihre Stimme kann charakteristisches Merkmal für Sie sein (siehe Abschn. 2.4.3)

Was kennzeichnet meine Stimme?

Tab. 12.7 Merkmale meiner Persönlichkeit und wie ich diese für mein Selbstmarketing nutze (siehe Abschn. 2.4)

Äußere Merkmale	Nutzung im Selbstmarketing
Kommunikation	
Verhalten	

Tab. 12.8 Erlebnisdimensionen, die Sie aus Ihrem Erlebnisversprechen abgeleitet haben (siehe Kap. 3)

Was sind meine Erlebnisdimensionen?

Tab. 12.9 Positionierung nach dem Prinzip der Abweichung von der Norm (siehe Kap. 4)

Norm: Wie es die anderen machen	Abweichung: Wie ich es mache
…	…
…	…
…	…
…	…

12 Anhang zur Selbstbeurteilung

Tab. 12.10 Bezugsgruppen und ihre speziellen Handlungsbeiträge (siehe Kap. 5)

Bezugsgruppen	Spezielle Handlungsbeiträge
Leitung der Forschungseinrichtung oder Hochschule	Forschungsbedingungen am Arbeitsplatz
Andere Forschungseinrichtungen	Ausstattung am Arbeitsplatz, Stellen
Internationale Forschergruppen	Anwendbarkeit der Forschungsergebnisse, Wissenszuwachs
Geldgeber	Finanzielle Forschungsförderung
Politiker*innen	Handlungsspielraum und Schutz (Patent)
Journalist*innen	Öffentliche Berichterstattung
Fachkolleg*innen	
Wissenschaftler*innen anderer Disziplinen	
Studierende	
Mitglieder bestimmter Berufsgruppen oder Verbände	
Drittmittelgeber	
Politische Entscheidungsträger*innen	
Eigene Pressestelle	
Fachjournalist*innen	
Lokaljournalist*innen	
Interessierte Laien: Kinder verschiedener Altersstufen, Eltern	

(Siehe Tab. 12.8).
(Siehe Tab. 12.9).
(Siehe Tab. 12.10).
(Siehe Tab. 12.11).
(Siehe Tab. 12.12).
(Siehe Tab. 12.13).
(Siehe Tab. 12.14).

Tab. 12.11 Bezugsgruppen in meinem Selbstmarketing (siehe Kap. 5)

Bezugsgruppe	Handlungsbeitrag

Tab. 12.12 Wissen und Bezugsgruppen (siehe Abschn. 6.1.3)

Bezugsgruppen	Wissen: Welches möchte ich aufbauen? Welches entwickeln? Welches abbauen?

Tab. 12.13 Bezugsgruppen und Meinungen (siehe Abschn. 6.1.4)

Bezugsgruppen	Welche wichtigen Motive/Ziele ich (möglichst einzigartig) erfülle

Tab. 12.14 Einsatz von digitaler Kommunikation (siehe Abschn. 7.2.3)

Bezugsgruppe	Mittel und Maßnahmen
Kolleg*innen	Mails
Vorgesetzte	Mails
Studierende	Mails, Newsletter, YouTube-Videos
Andere Wissenschaftler*innen	Social Media, YouTube-Videos
Öffentlichkeit	Social Media, Podcasts

Tab. 12.15 Vermittlung des Erlebnisversprechens an die Bezugsgruppen (siehe Kap. 7)

Bezugsgruppen	Kanäle	Mittel und Maßnahmen
Journalist*innen	Persönlich Print Digital	Pressemeldung Presseinformation Statement Themen-/Fachbeitrag Pressemappe Pressefoto Pressekonferenz Journalisten-Newsletter Medienpartnerschaften
…	…	…
…	…	…

12 Anhang zur Selbstbeurteilung

Tab. 12.16 Gegenüberstellung herkömmlicher Instrumente und Ihrer persönlichen Note (siehe Abschn. 7.4)

Welche Instrumente andere nutzen	Wie sich meine Instrumente unterscheiden (andere Instrumente/andere Gestaltung)

Tab. 12.17 Wie Sie Spiegelphänomene für Ihr Selbstmarketing nutzen (siehe Kap. 9)

Denken	Fühlen	Handeln

(Siehe Tab. 12.15).
(Siehe Tab. 12.16).
(Siehe Tab. 12.17).
(Siehe Tab. 12.18).
(Siehe Tab. 12.19).
(Siehe Tab. 12.20).
(Siehe Tab. 12.21).
(Siehe Tab. 12.22).
(Siehe Tab. 12.23 und Abb. 12.2).

Tab. 12.18 Anlässe für Störungen (siehe Abschn. 10.2)

Eigene Anlässe festhalten
4.
5.
6.
7.

Tab. 12.19 Aufgaben für mein Selbstmarketing (siehe Abschn. 1.4)

	Konsequenzen
Meine Stärken:	
Meine Schwächen:	
Meine Chancen:	
Meine Risiken:	

Tab. 12.20 Zeitpläne für Mittel und Maßnahmen der nächsten drei Jahre (siehe Abschn. 11.4.3)

2022				
Mittel und Maßnahmen	**1. Quartal**	**2. Quartal**	**3. Quartal**	**4. Quartal**
1				
2				
3				
2023				
Mittel und Maßnahmen	**1. Quartal**	**2. Quartal**	**3. Quartal**	**4. Quartal**
1				
2				
3				
2024				
Mittel und Maßnahmen	**1. Quartal**	**2. Quartal**	**3. Quartal**	**4. Quartal**
1				
2				
3				

Tab. 12.21 Anforderungen an Maßnahmen (siehe Abschn. 11.4.3)

Konkrete Auswirkungen meiner Planung auf meine Texte:	
Konkrete Auswirkungen meiner Planung auf meine Bilder:	
Konkrete Auswirkungen meiner Planung auf meine Aktionen:	

Tab. 12.22 Checkliste für meine Kontrolle (siehe Abschn. 11.6)

Was ich kontrolliere:	
Wann ich es kontrolliere:	
Wie ich es kontrolliere:	

Tab. 12.23 Überblick über das Konzept (siehe Abschn. 11.7)

Bezugsgruppe	Stärken und Schwächen	Aufgaben	Ziele	Strategien	Maßnahmen	Kreation	Kontrolle
Wichtige Wissenschaftsjournalist*innen	Keine Bekanntheit	Kontakt aufbauen	Ende des Jahres kennen mich alle wichtigen Wissenschaftsjournalist*innen	Persönliche Kommunikation	Redaktionsbesuche Einladung in die Hochschule	Live-Demonstration der neuesten Forschungsergebnisse	Medienberichterstattung

Canvas für mein Selbstmarketing

Designed for: *Date:*   *Version:*

Bezugsgruppen

Wer sind meine Bezugsgruppen? Welche davon sind besonders wichtig? Welche Merkmale haben diese Bezugsgruppen (Personae)? Wie informieren sie sich und welche Kanäle sowie Mittel und Maßnahmen nutzen sie, damit ich sie erreichen kann?

Wertbeiträge der Bezugsgruppen

Welchen konkreten Wertbeitrag kann jede meiner Bezugsgruppen für mich leisten? Wie kann mich jede Bezugsgruppe durch ihr Handeln in meiner Tätigkeit unterstützen?

Storytelling

Welche Geschichte erzähle ich, um meine Bezugsgruppen zu überzeugen, ihren Wertbeitrag zu leisten? Was ist meine Heldenreise als Forscher*in? Welche Geschichten meines Erlebnisversprechens erzähle ich jede meiner Bezugsgruppen? Welche Bilder zeige ich davon, wie ich mein Erlebnisversprechen lebe?

Kanäle

Welche Kanäle nutze ich, um jede der Bezugsgruppen zu erreichen? Welche Bedeutung spielt die persönliche Kommunikation? Welche die Printmedien? Weche die digitale Kommunikation? Welche brauche ich für meine Ziele und welche will die Bezugsgruppe?

Mittel und Maßnahmen

Welche Mittel und Maßnahmen nutze ich? Gespräche? Printprodukte? Veranstaltungen? Social Media? Welche brauche ich, um meine Ziele zu erreichen? Welche nutze ich, weil dies die Bezugsgruppen bevorzugen?

Schlüsselressourcen

Welche Ressourcen brauche ich für mein Selbstmarketing? Welche Ressourcen möchte ich einsetzen? Wie hoch ist mein Budget? Welche Arbeitskapazität werde ich investieren?

Ziele

Welche Ziele verfolge ich mit mmeinem Selbstmarketing? Welche Bekanntheit will ich in jeder wichtigen Bezugsgruppe erreichen? Welchen Wissensstand? Welches Meinungsklima? Welche Bereitschaften will ich mit meinem Selbstmarketing erzeugt haben?

Erlebnisversprechen

Wie stelle ich mich selbst kurz vor? Wie kann ich meine Forschermarke möglichst prägnant formulieren? Wer bin ich? Was tue ich? Was ist der Nutzen bzw. die Belohnung für mein Gegenüber?

Ich bin:……
Der Dir:……
Damit Du:……….

Meine einzigartige Persönlichkeit (Forschermarke)

Was sind meine Ziele als Forscher*in? Welche Motive sind bei mir wie stark ausgeprägt, um mein Forscherdasein mit Energie auszustatten? Was ist meine Leistung als Forschende? Wie kann ich meine Kompetenz über Nachweise belegen (Publikationen etc.)? Was charakterisiert mein Erscheinungsbild (Äußeres, Kommunikation, Verhalten)? Welche Merkmale meines Erscheinungsbildes machen mich einzigartig?

Ziele als Forscher*in:……
Motive:………
Leistungen und Belege:………..
Erscheinungsbild: ………..

Was sind wichtige Erlebnisdimensionen, die für die Bezugsgruppe wichtig sind und über die ich immer wieder kommunizieren will: Menschen? Wissen? Projekte? Kooperationen?

Abb. 12.2 Personality Canvas

Literatur

Academia: About. https://www.academia.edu/about. Zugegriffen: 14. Juni 2021.
Adlmaier-Herbst, G., & Mayer, A. (2021). *Der Forscher als Marke*. Springer Gabler.
Adobe/Advanis. (2018). Adobe consumer content survey auf. https://blogs.adobe.com/digitaleurope/files/2018/02/Adobe-Germany-Consumer-Content-Report.pdf. Zugegriffen: 16. Febr. 2021.
Ambady, N., & Rosenthal, R. (1993). Half a minute: Predicting teacher evaluations from thin slices of nonverbal behavior and physical attractiveness. *Journal of Personality and Social Psychology, 64*, 431–441.
Angler, M. W. (2020). *Science Storytelling: Warum Wissenschaft Geschichten erzählen muss*. Springer Gabler.
Backlinko. (2021a). Pinterest usage and revenue statistics: How many people use pinterest in 2021? https://backlinko.com/pinterest-users. Zugegriffen: 10. Mai 2021.
Backlinko. (2021b). Spotify usage and growth statistics: How many people use spotify in 2021? https://backlinko.com/spotify-users. Zugegriffen: 10. Mai 2021.
Begley, S., & Davidson, R. (2013). *The emotional life of your brain: How its unique patterns affect the way you think, feel, and live - and how you can change them*. Hodder.
Berne, E. (1983). *Was sagen Sie, nachdem Sie »Guten Tag« gesagt haben?* (24. Aufl.). Fischer.
Benyon, D. (2019). *Designing user experience. A guide to HCI, UX and interaction design* (4. Aufl.). Pearson.
Damasio, A. (2004). *Descartes' Irrtum. Fühlen, Denken und das menschliche Gehirn*. Ullstein.
Datareportal. (2021). Global social media stats. https://datareportal.com/social-media-users. Zugegriffen: 10. Mai 2021.
Dehner, U., & Dehner, R. (2021). *Transaktionsanalyse im Coaching. Coachings professionalisieren mit Konzepten, Modellen und Techniken aus der Transaktionsanalyse*. ManagerSeminare.
DMR. (2021). Slideshare statistics, user counts and facts (2021). https://expandedramblings.com/index.php/slideshare-statistics. Zugegriffen: 10. Mai 2021.
Duden. (2020). *Die deutsche Rechtschreibung: Das umfassende Standardwerk auf der Grundlage der aktuellen amtlichen Regeln*. Dudenverlag.
Ethority. (2018). Social media prisma. https://ethority.de/social-media-prisma. Zugegriffen: 16. Febr. 2021.
Facebook. (2021). https://investor.fb.com/investor-news/press-release-details/2021/Facebook-Reports-First-Quarter-2021-Results/default.aspx. Zugegriffen: 10. Mai 2021.

Frey, S. (1999). *Die Macht des Bildes. Der Einfluß der nonverbalen Kommunikation auf Kultur und Politik*. Huber.
Gesing, F. (2004). *Kreativ schreiben. Handwerk und Techniken des Erzählens*. Springer Gabler.
Gerhold, D. (2005). *Das Kommunikationsmodell der Transaktionsanalyse*. Paderborn.
Guber, P. (2008). Die Macht von Geschichten. Harvard Business manager vom 26.02.2008. https://www.manager-magazin.de/harvard/print/hm/d-55840969.html. Zugegriffen: 16. Febr. 2021.
Jeschke, B. G. (1998). *Konfliktmanagement und Unternehmenserfolg. Ein situativer Ansatz*. Springer Gabler.
Hagehülsmann, U., & Hagehülsmann, H. (2007). *Der Mensch im Spannungsfeld der Organisation* (3. Aufl.). Junfermann Verlag.
Harseim, T., & Goodey, G. (2017). How do researchers use social media and scholarly collaboration networks (SCNs)? Springer Nature, http://blogs.nature.com/ofschemesandmemes/2017/06/15/how-do-researchers-use-social-media-and-scholarly-collaboration-networks-scns. Zugegriffen: 16. Febr. 2021.
Herbst, D. (2008). *Charisma ist keine Lampe*. Springer Gabler.
Herbst, D. G. (2012). *Bilder, die ins Herz treffen*. Viola Falkenberg.
Herbst, D. G. (2021). *Storytelling* (4. Aufl.). Halem.
Herbst, D. G., & Musiolik, T. H. (2016). Digitale Markenführung: Menschen als Stimmungsmacher. *Marketing & Kommunikation*. 4. April 2016.
Hotez, P. J. (2018). Crafting your scientist brand. *PLoS Biology, 16*(10). https://doi.org/10.1371/journal.pbio.3000024.
Kahneman, D. (2016). *Schnelles Denken, langsames Denken*. Penguin.
Khoros. (2021). The 2021 social media demographics guide. https://khoros.com/resources/social-media-demographics-guide. Zugegriffen: 10. Mai 2021.
König, M. (2017). Wissenschaftlerinnen und Wissenschaftler, nutzt soziale Medien! https://www.wissenschaftskommunikation.de/wissenschaftlerinnen-und-wissenschaftler-nutzt-soziale-medien-5941.Zugegriffen. Zugegriffen: 16. Febr. 2021.
Konkiel, S. (2014). 7 ways to make your Google scholar profile better. https://blog.impactstory.org/make-google-scholar-better. Zugegriffen: 4. Febr. 2021.
Könnecker, C. (2020). Wissenschaftskommunikation und Social Media: Neue Akteure, Polarisierung und Vertrauen. In J. Schnurr & A. Mäder (Hrsg.), *Wissenschaft und Gesellschaft: Ein vertrauensvoller Dialog* (S. 25–47). Springer.
Könnecker, C., Niemann, P., Böhmert, C. (2018). Young researchers and science communication: Results of an extensive survey. https://www.lindau-nobel.org/de/blog-young-researchers-and-science-communication. Zugegriffen: 16. Febr. 2021.
Kratzert, R. (2019). Content Pyramide H3: So macht Content Planung Spaß! https://blog.trurnit.de/content-planung-mit-der-content-pyramide. Zugegriffen: 16. Febr. 2021.
Kriebel, W. H. (2000). *Crashkurs Medienauftritt: Überzeugen in Interviews mit Gegenwind* (2. Aufl.). Redline.
Krisennavigator: Ein „Spin-Off" der Christian-Albrechts-Universität zu Kiel. 24. Jahrgang (2021). Ausgabe 4 (April). www.krisennavigator.de. Zugegriffen: 30. Apr. 2021.
Kroeber-Riel, W. (1996). *Bildkommunikation*. Vahlen.
Kuhl, J. (2021). Theorie der Persönlichkeits-System-Interaktionen (PSI-Theorie). www.psi-theorie.de. Zugegriffen: 30. Apr. 2021.
Li, C., & Bernoff, J. (2011). *Groundswell: Winning in a world transformed by social technologies*. Harvard Business Review Press.
Lotter, W. (2005). Der rote Faden. In: brandeins, Februar 2005. https://www.brandeins.de/magazine/brand-eins-wirtschaftsmagazin/2005/marke/der-rote-faden. Zugegriffen: 30. Apr. 2021.

Matthews, D. (2016). Do academic social networks share academics' interests? https://www.timeshighereducation.com/features/do-academic-social-networks-share-academics-interests. Zugegriffen: 4. Febr. 2021.

Meckel, M. (2020). Christian Drosten bringt Licht ins Dunkel der Pandemie. In: Handelsblatt vom 22.12.2020. https://www.handelsblatt.com/politik/deutschland/erklaerer-des-jahres-christian-drosten-bringt-licht-in-das-dunkel-der-pandemie/26716470.html?ticket=ST-4597912-uZSflP4dPIZN5pBukshZ-ap4. Zugegriffen: 26. Apr. 2021.

Medium. (2021). https://expandedramblings.com/index.php/medium-facts-statistics. Zugegriffen: 10. Mai 2021.

Meffert, H., & Burmann, C. (1996). *Identitätsorientierte Markenführung. Grundlagen für das Management von Markenportfolios. Arbeitspapier Nr. 100 der Wissenschaftlichen Gesellschaft für Marketing und Unternehmensführung*. Vahlen.

Merten, W., & Knoll, T. (Hrsg.). (2019). *Handbuch Wissenschaftsmarketing: Konzepte, Instrumente, Praxisbeispiele*. Springer Gabler.

Nessmann, K. (2003). PR für Personen. In D. Herbst (Hrsg.), *Der Mensch als Marke* (S. 161–180). Göttingen.

Nessmann, K. (2005). Personen-PR. Personenbezogene Öffentlichkeitsarbeit. In G. Bentele, M. Piwinger, & G. Schönborn (Hrsg.), *Kommunikationsmanagement*, (Loseblattwerk 2001 ff., Nr. 3.34, S. 1–70). Luchterhand.

Neumann, R., & Ross, A. (2004). *Der perfekte Auftritt. Erste Hilfe für Manager in der Öffentlichkeit*. Murmann.

Nussbaumer Knaflic, C. (2017). *Storytelling mit Daten: Die Grundlagen der effektiven Kommunikation und Visualisierung mit Daten*. Vahlen.

Peters, I. (2021). Was hat die Wissenschaft vom Social-Media-Prinzip? https://www.forschung-und-lehre.de/was-hat-die-wissenschaft-vom-social-media-prinzip-341. Zugegriffen: 14. Juni 2021.

Peoples, B. K., Midway, S. R., Sackett, D., Lynch, A., & Cooney, P. B. (2016). Twitter Predicts Citation Rates of Ecological Research. *PLoS ONE, 11*(11). https://doi.org/10.1371/journal.pone.0166570.

Pöppel, E. (2008). *Zum Entscheiden geboren. Hirnforschung für Manager*. Hanser.

Researchgate: About. https://www.researchgate.net/about. Zugegriffen: 14. Juni 2021.

Resch, F., Parzer, P., Brunner, R. M., Haffner, J., Koch, E., Oelkers-Ax, R., Schuch, B., & Strehlow, U. (1999). *Entwicklungspsychopathologie des Kindes- und Jugendalters. Ein Lehrbuch*. Belz.

Rosenberg, M. B. (2016). *Gewaltfreie Kommunikation: Eine Sprache des Lebens*. Junfermann.

Scheffer, D. (2004). *Implizite Motive. Entwicklung, Struktur und Messung*. Hogrefe.

Scheier, C., & Held, M. (2006). *Wie Werbung wirkt*. Haufe.

Schmidbauer, K., & Jortzig, O. (2017). *Wirksame Kommunikation – Mit Konzept: Ein Handbuch für Praxis und Studium*. Talpa.

Shephard, R. N. (1978). The mental image. *American Psychologist, 33*, 125–137.

Storch, M., & Krause, F. (2021). Zürcher Ressourcen Modell (ZRM), Institut für Selbstmanagement und Motivation (ISMZ), Spin-off der Universität Zürich. www.zrm.ch. Zugegriffen: 30. Apr. 2021.

Storch, M., Krause, F., & Küttel, Y. (2020). Ressourcenorientiertes Selbstmanagement für Lehrkräfte. Das Zürcher Ressourcen Modell ZRM. https://www.majastorch.de/wp-content/uploads/2020/04/selbstmgmt_lehrkraefte.pdf. Zugegriffen: 16. Febr. 2021.

Todorov, A. (2017). *Face value: The irresistible influence of first impressions*. Princeton Univers. Press.

Twitter. (2021). https://backlinko.com/twitter-users. Zugegriffen: 10. Mai 2021.

Watzlawick, P. (2011). *Man kann nicht nicht kommunizieren: Das Lesebuch*. Hogrefe.
Wikipedia. (2020). https://de.wikipedia.org/wiki/Wikipedia. Zugegriffen: 10. Mai 2021.
Wikipedia. (2021). Science slam. https://de.wikipedia.org/wiki/Science-Slam. Zugegriffen: 14. Juni 2021.
Wissenschaft im Dialog (WiD). (2018). Wissenschaftsbarometer 2018. https://www.wissenschaft-im-dialog.de/fileadmin/user_upload/Projekte/Wissenschaftsbarometer/Dokumente_18/Downloads_allgemein/Broschuere_Wissenschaftsbarometer2018_Web.pdf. Zugegriffen: 26. Apr. 2021.
YouTube. (2021). https://backlinko.com/youtube-users. Zugegriffen: 10. Mai 2021.
XING. (2021). https://werben.xing.com/daten-und-fakten. Zugegriffen: 10. Mai 2021.

www.iversity.org

Jetzt auch als Online-Kurs:

Storytelling im Business

Warum sind viele Texte im Business so langweilig? Haben Sie sich das auch schon mal gefragt? Wollen Sie es anders machen und Ihre Fakten spannend und mitreißend verpacken? Storytelling ist hierfür optimal.

Um spannende Geschichten wirkungsvoll zu schreiben, sollten Sie zum einen wissen, welche wissenschaftlichen Erkenntnisse über die enorme Wirkung von Geschichten im Gehirn vorliegen und welche Prinzipien am stärksten wirken; zum anderen sollten Sie diese Erkenntnisse für das Erzählen Ihrer Geschichten in der Praxis sicher, phantasievoll und erfolgreich nutzen können. Beides können Sie in meinem spannenden Espresso-Kurs Storytelling bei iversity lernen.

Prof. Dr. Georg Adlmaier-Herbst: Storytelling im Business

Jetzt informieren & anmelden unter www.iversity.org!

Bild: © Tierney - stock.adobe.com

The manufacturer's authorised representative in the EU is Springer Nature Customer Service Centre GmbH, Europaplatz 3, 69115 Heidelberg, Germany. If you have any concerns regarding our products, please contact ProductSafety@springernature.com

Printed and bound by CPI Group (UK) Ltd, Croydon, CR0 4YY

25/03/2026

02078229-0004